O VERDADEIRO, O BELO E O BOM REDEFINIDOS

Howard Gardner

O VERDADEIRO, O BELO E O BOM REDEFINIDOS

Novas diretrizes para a educação no século XXI

Tradução de Nivaldo Montingelli Jr.

Título original
TRUTH, BEAUTY, AND GOODNESS REFRAMED
Educating for the Virtues in the Twenty-First Century

Copyright © 2011 *by* Howard Gardner

Todos os direitos reservados. Nenhuma parte desta obra pode ser reproduzida ou transmitida por qualquer forma ou meio eletrônico ou mecânico, inclusive fotocópia, gravação ou sistema de armazenagem e recuperação de informação, sem a permissão escrita do editor.

Edição brasileira publicada mediante acordo com o autor,
a/c Baror International, Armonk, Nova York, EUA.

Direitos para a língua portuguesa reservados
com exclusividade para o Brasil à
EDITORA ROCCO LTDA.
Av. Presidente Wilson, 231 – 8º andar
20030-021 – Rio de Janeiro – RJ
Tel.: (21) 3525-2000 – Fax: (21) 3525-2001
rocco@rocco.com.br
www.rocco.com.br

Printed in Brazil/Impresso no Brasil

preparação de originais
DANIELLE VIDIGAL

CIP-Brasil. Catalogação na fonte.
Sindicato Nacional dos Editores de Livros, RJ.

G214v	Gardner, Howard, 1943- O verdadeiro, o belo e o bom redefinidos: novas diretrizes para a educação no século XXI/Howard Gardner; tradução de Nivaldo Montingelli Jr. – Rio de Janeiro: Rocco, 2012. 16x23cm Tradução de: Truth, beauty, and goodness reframed: educating for the virtues in the twenty-first century. ISBN 978-85-325-2727-1 1. Virtudes – Estudo e ensino. I. Título
11-8135	CDD–179.9 CDU–179.9

Aos meus colegas do Museu de Arte Moderna

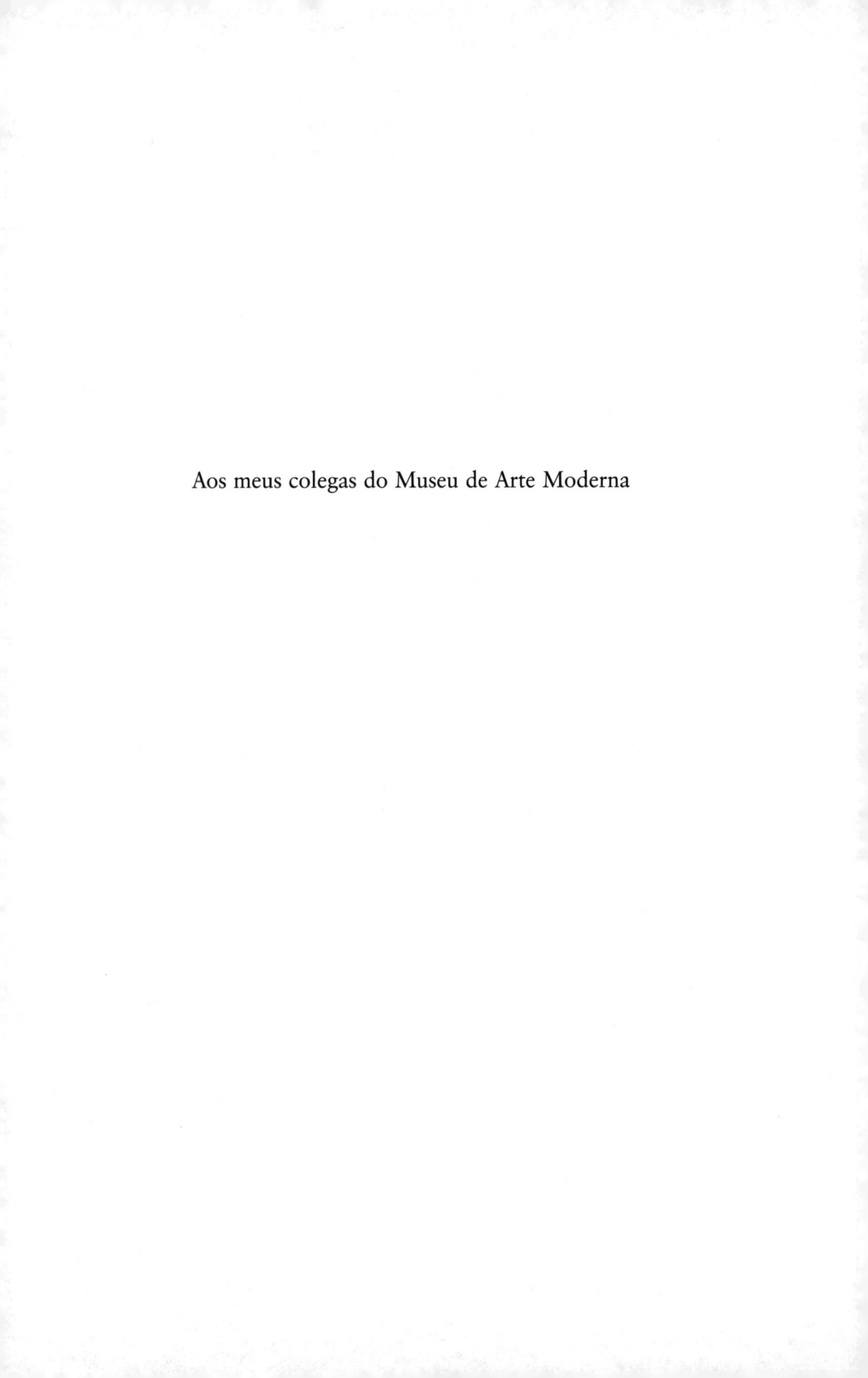

SUMÁRIO

Prefácio 9
CAPÍTULO 1 As virtudes e os desafios 13
CAPÍTULO 2 Verdade 31
CAPÍTULO 3 Beleza 49
CAPÍTULO 4 Bondade 83
CAPÍTULO 5 Um começo promissor 113
CAPÍTULO 6 Aprendendo por toda a vida 159
CONCLUSÃO Olhando para a frente 191
Agradecimentos 209
Notas 211

PREFÁCIO

Em 1904 Henry Adams, notável historiador e membro da provavelmente mais distinta família da história americana, publicou um longo (perto de duzentas páginas) e tortuoso ensaio denominado *Mont-Saint Michel and Chartres: A Study of Thirteenth-Century Unity*. Adams não se sentia à vontade para tratar das muitas transformações ocorridas desde seu nascimento em 1838: o crescimento de cidades, a ascensão do transporte em massa, a chegada de imigrantes, os assassinatos políticos, os avanços científicos como darwinismo e, acima de tudo, as novas tecnologias – raios X, rádio, automóvel. Ao contrário de seu contemporâneo, o novelista Henry James, Adams não deu as costas àqueles acontecimentos infelizes na Europa. Em vez disso, ele olhava com nostalgia para uma época muito anterior – a Europa da era medieval.

Para ele, a vida na França nos séculos XI e XII representava um ideal. E aquele ideal foi dramaticamente transmitido, na realidade incorporado, pelas magníficas catedrais góticas – edificações inspiradoras de temor respeitoso, onde pessoas de vários antecedentes e classes se reuniam para venerar e contemplar esplêndidas obras de arte, ouvir corais magníficos e se elevarem espiritualmente. Essas catedrais testificaram uma preciosa unidade de vida. A entidade abstrata – a Igreja – e suas realizações físicas – a catedral – representavam um mundo ao qual todos podiam aspirar. Aquele mundo era *verdadeiro* – dirigido pela palavra de Deus. Era *belo* – uma construção magnífica feita pelo homem à imagem de Deus. E era *bom* – com a luz inspiradora da Igreja e os exemplos de Cristo e dos santos, as pessoas poderiam viver uma vida boa. Em uma passagem característica, Adams fala de forma eloquente e emocionada:

> O Monte inteiro ainda mantinha o estilo grandioso; expressava a unidade entre Igreja e Estado, Deus e o Homem, Paz e Guerra, Vida e Morte, Bons e Maus; resolvia todo o problema do universo... Deus reconcilia tudo. O Mundo é uma harmonia evidente, óbvia e sagrada... A pessoa olha para ele como um quadro: um símbolo de unidade; uma afirmação de Deus e do Homem em uma união mais corajosa, forte e íntima do que já foi expresso por outra arte.

E como se a comparação com sua própria época não fosse suficientemente clara, Adams colocou-a em outras palavras: "Tudo que os séculos podem fazer é expressar a ideia de uma forma diferente: um milagre ou um dínamo; um domo ou uma mina de carvão; uma catedral ou uma feira mundial."

Quase um século depois, em 2010, o romancista transformado em ensaísta David Shields publicou um livro intitulado *Reality Hunger: A Manifesto*. O livro é mais difícil de descrever que o de Adams. Apresentado em 26 capítulos, cada um identificado por uma letra do alfabeto e um título conciso, ele consiste, na verdade, em 618 sátiras variando entre algumas palavras e uma página. A gama dos assuntos cobertos é muito ampla – de escrever para ter na memória até a comunicação em política – e a ordem das sátiras parece arbitrária ou mesmo randômica.

O que torna o livro único é que quase todo ele consiste em citações de outros escritores. O leitor atento ou bem informado infere gradualmente que grande parte do texto provém de outros, mas na maioria dos casos não fica claro quem é o "eu" ou "nós" que está escrevendo as palavras ou a que está fazendo referência – a livro ou a outras obras literárias. Somente no final do livro é que Shields declara o que fez e por quê – e então, relutantemente, seguindo os conselhos dos advogados da Random House, fornece dezenas e dezenas de notas de rodapé, indicando as fontes de quase todas as citações.

Prefácio

Mas, a essa altura, leitores como eu já começaram a suspeitar. Se fomos levados ao longo de um caminho enganoso por duzentas páginas, por que deveríamos de repente acreditar no autor? E de fato quase todas as citações colocam em questão o que é a verdade, se ela pode ser alcançada e se isso tem importância. Considere apenas algumas:

> *"A duração de um fato está encolhendo. Não creio que haja tempo para salvá-lo."*
>
> *"Todas as melhores histórias são boas."*
>
> *"Uma coisa pode ser verdadeira e falsa ao mesmo tempo."*
>
> *"É difícil distinguir o que aconteceu daquilo que pareceu acontecer."*

Sou levado a rever o livro de Shields à luz da trindade que inspirou Henry Adams. Como estudioso da realidade, devo perguntar: "O que é *verdadeiro* no livro de Shields?" Como estudioso de moralidade, devo perguntar: "Será que é *bom* publicar um livro que na verdade é uma série de citações, inicialmente não reconhecidas dessa forma?" E como estudioso das artes, devo perguntar: "Esta obra é *bela*?"

Em princípio, o livro de David Shields poderia ter sido escrito em qualquer época – certamente na época de Henry Adams e talvez até durante a Idade Média. Contudo, ele é incontestavelmente uma obra de nosso tempo. Ele representa os sentimentos de pós-modernismo – o questionamento decidido a qualquer noção de virtudes impecáveis. E incorpora as práticas de colagem e desordem possibilitadas pelos novos meios digitais.

Os dois livros – e estes dois autores – exemplificam a problemática do atual volume. Nunca mais poderemos aceitar termos como *verdadeiro*, *belo* e *bom* sem um escrutínio, ou mesmo ceticismo. Contudo, ao menos uma parte de nós e talvez a maioria quer preservá-las de forma válida.

E assim, minha meta neste livro é dupla: redefinir verdade, beleza e bondade no nosso tempo e explicar como podemos incentivar o avanço dessas virtudes.

CAPÍTULO 1

AS VIRTUDES E OS DESAFIOS

Aqui estou eu, sentado em meu estúdio em Cambridge, Massachusetts. É uma linda e gelada manhã de janeiro, com a luz do sol passando pela janela à minha esquerda. Em uma caixa sobre a mesa há um conjunto de cartões, cada um exibindo uma reprodução de uma conhecida pintura impressionista. O livro em que estou trabalhando – e que agora você está lendo – apresenta duas finalidades. Primeiro, ajudar todos nós a pensar com clareza a respeito da atual situação de três virtudes humanas cruciais – verdade, beleza e bondade. À luz dessa redefinição, ofereço sugestões para pais, professores e outros, inclusive nós mesmos, que ponderamos a respeito de como devemos educar ao longo de gerações.

Acabei de escrever algumas frases que parecem acima de crítica para qualquer pessoa, com exceção de filósofos treinados. De fato, as frases são para exemplificar aquelas que chamarei de *virtudes clássicas*. As declarações são *verdadeiras* – estamos realmente em janeiro. Estou de fato sentado no estúdio etc. Falo de pinturas de artistas como Claude Monet e Edgar Degas, obras de arte amplamente consideradas *belas*. E citei as metas de meu exercício literário – discutir questões essenciais de forma criteriosa e oferecer recomendações educacionais sensatas –, tarefas amplamente consideradas *boas*.

Vamos supor que afirmações como essas, e os sentimentos que contêm, não sejam problemáticas como acabei de declarar. Assim, este livro seria fácil de concluir – na verdade, poderia parar aqui mesmo. E, de fato, a maioria das pessoas vive suas vidas dando essas virtudes como praticamente certas. Elas assumem que a maior parte daquilo que ouvem das outras, leem na mídia e percebem com os sentidos é *verdadeiro*. Mal conseguiríamos funcionar se dedicássemos tempo a duvidar de cada informação que atingisse nossos sentidos e nossa psique. Analogamente, quer invoquemos ou não a palavra *beleza*, nossas escolhas refletem nossa sensibilidade estética: valorizamos determinadas visões e sons mais do que outras, gravitamos no sentido de determinadas cenas e experiências mesmo quando evitamos outras e prestamos atenção à nossa própria aparência, bem como a dos seres humanos (e bichos de estimação, jardins, refeições e salas de jantar) por cuja apresentação nos sentidos responsáveis. E há a questão de nossas relações com outras pessoas e nossas avaliações do comportamento de outras pessoas – a quem conhecemos pessoalmente, bem como aquelas que provêm do noticiário, da história ou da literatura. Com pouca frequência hesitamos em julgar algumas como boas, algumas como más e a maioria das outras como um amálgama indeterminado. Dificilmente conseguiríamos sobreviver – na verdade, mal conseguiríamos passar o dia – se não navegássemos, ao menos de forma implícita, entre o que é verdadeiro (e o que não é), o que é belo (e o que não é) e o que é bom (e o que não é). Tente fazer isso!

Nossas virtudes clássicas, porém, têm sido agredidas por acontecimentos da nossa época. No Ocidente, nas últimas décadas, as concepções de verdade, beleza e bondade foram submetidas a tensões consideráveis, talvez sem paralelo, de duas fontes inesperadas, ambas novas: as ideias que descrevemos como pós-modernas e os meios digitais, cada vez mais amplos e poderosos.

Por um ângulo – o *filosófico* –, as críticas pós-modernas emanadas das disciplinas humanistas questionam a legitimidade deste trio de conceitos (daqui em diante, *o trio*). De acordo com este critério cético, as avaliações do que é verdadeiro, belo ou bom refletem nada mais que as preferências do detentor do poder em determinado momento; em um mundo multicultural e relativista, o máximo a que podemos aspirar são conversações civis por divisões muitas vezes inconciliáveis. Por exemplo, os pós-modernistas moderados podem questionar minha caracterização da arte impres-

As virtudes e os desafios

sionista como bela, alegando que estou apenas me rendendo a um estilo de pintura que, por um conjunto acidental de circunstâncias, veio a dominar os compêndios. Os pós-modernistas mais agressivos simplesmente descartariam o termo *belo* – alegando que o conceito não tem significado, ou algo ainda mais venal: que atribuí a mim o direito de determinar mérito. Também minhas declarações a respeito de verdade e bondade seriam consideradas arrogantes, subjetivas ou sem significado.

Por um ângulo bem diferente – o *tecnológico* –, os novos meios digitais anteciparam um estado de coisas caótico. Graças à sua predominância, nos vemos diante de uma miscelânea de afirmações e contra-afirmações; uma mistura sem paralelo de criações, revisadas constantemente; e um cenário ético não regulado, confuso e, na verdade, pouco examinado. Como determinar o que é verdade – quando uma declaração na Wikipédia a respeito de quem sou e o que estou fazendo pode ser mudada por qualquer pessoa a qualquer momento? Ou quando todos nós podemos nos apresentar como quisermos em sites de redes sociais? Ou quando blogs podem afirmar, sem provas nem consequências, que o atual presidente americano nasceu no Quênia? Como determinar o que é belo quando uma foto tirada por um mestre de renome pode ser infinitamente editada no Photoshop, ou quando julgamentos de obras de arte feitos por uma votação majoritária recebem mais peso que aqueles dados pelos peritos? Como chegar à bondade – o curso de ação correto – quando é tão fácil fazer circular boatos não comprovados a respeito da vida privada de outra pessoa, ou quando quase todos baixam músicas mesmo sabendo que isso é tecnicamente ilegal.

As críticas pós-modernas e os meios digitais possuem origens e histórias independentes, mas criam aliados fortes e poderosos. Qualquer uma dessas forças provoca ansiedade nas pessoas que dão valor à verdade, à beleza e à bondade; em conjunto, elas fazem parar para pensar até os mais confiantes. Neste livro, defendo sem hesitação a importância, de fato, a vitalidade essencial, deste trio. Sem afirmar que elas constituem os únicos agentes perturbadores, procuro levar a sério as ameaças representadas pelo pós-modernismo e pelos meios digitais. Acredito que a análise resultante irá revelar o "núcleo essencial" dessas virtudes, ajudar-nos a preservar esse núcleo em nossa época e sugerir a melhor forma de passar essas virtudes para futuras gerações.

Por que *deveríamos* nos importar com o verdadeiro, o belo e o bom? E por que o fazemos? De fato, por que me preocupo tanto? Essa preocupação é fundamental para nossa condição de seres humanos e tem sido assim há milhares de anos. Os primeiros humanos exibiam uma inteligência maquiavélica: enganavam uns aos outros com palavras ou gestos propositais, atos que somente são possíveis se uma pessoa acredita que outro membro da espécie não tem acesso àquilo que a primeira pessoa acredita ser verdadeiro. Esses humanos também decoravam a si mesmos, seus túmulos e, mais dramaticamente, as paredes internas das cavernas onde praticavam ritos – sem dúvida criando (e talvez coroando) manifestações de beleza. E mesmo quando estátuas eram erigidas para celebrar heróis humanos e divinos, castigos rápidos e brutais aguardavam aqueles que violavam visivelmente as normas do grupo – aqueles que cometiam atos considerados abomináveis. De fato, desde o alvorecer da história, toda civilização conhecida desenvolveu uma concepção de quais afirmações são verdadeiras e quais são falsas; quais experiências são consideradas belas, feias ou banais; e quais ações e relacionamentos humanos são considerados bons, comprometidos ou francamente maus.

Os seres humanos atingiram um marco crucial quando começaram a falar e escrever de forma explícita a respeito dessas virtudes e de sua carência: nos primeiros textos da Bíblia hebraica, nos Diálogos de Confúcio e nos Upanishads Védicos encontramos referências reveladoras de importantes verdades, exemplos de linguagem e imagens belas e uma clara identificação do bem e do mal. E chegaram a um ponto alto quando os filósofos atenienses – em especial Sócrates, Platão e Aristóteles – enunciaram de forma explícita suas definições de verdade, beleza e bondade e o que significa levar vidas orientadas por este conjunto de virtudes. (O filósofo Alfred North Whitehead se manteve dentro de limites hiperbólicos aceitáveis quando escreveu: "A mais segura caracterização geral da tradição filosófica europeia é que ela consiste de uma série de notas de rodapé de Platão.")

Por vezes, a definição e o delineamento dessas virtudes podem não ter sido amplamente debatidos, mas apenas ditados de cima para baixo. Os regimes totalitários e autoritários representam desafios fundamentais à exploração permanente das três virtudes – porque déspotas como Stalin, Mao ou Hitler declaram que esses assuntos foram resolvidos e insistem em silenciar todos os dissidentes. O escritor George Orwell tinha em mente essas sociedades quando, em sua distópica obra *1984*, o Ministro da verdade declara: "Guerra é paz. Liberdade é escravidão."

Embora a preocupação com as virtudes esteja sempre presente, o vigoroso debate a respeito delas permeia as sociedades mais vitais. O conhecimento da verdade é inato, como sugere a pergunta feita por Sócrates a um escravo, ou é estabelecido pelas espécies de observações e classificações realizadas por observadores bem informados e detalhadas por Aristóteles? Será a beleza atingida pela rigorosa obediência às proporções de ouro, ou ela é uma dádiva oferecida pelos deuses, ou roubada deles ou de Deus? A bondade emerge de uma única divindade, de conflitos entre aqueles que estão empoleirados no panteão olímpico, ou de leis gravadas em um tablet por um líder poderoso ou por representantes do populacho? Essa discussão parece ter florescido durante o reinado de Hamurabi na Babilônia, na Grécia do século IV, na Roma do tempo da República, na dinastia Sung chinesa, no califado mouro na Síria e no Egito, no Renascimento italiano e na fundação das grandes democracias constitucionais da era moderna. Através do retrospecto histórico, vemos claramente as ameaças surgidas quando um espírito de debate e indagação colide com delineações estreitas: a Córdoba medieval de Maimonides é superada pela Espanha da Inquisição; a China confucionista de poetas, pintores e sábios cedeu lugar, ao longo dos séculos, aos massacres humanos e destruições culturais da China maoista.

Mas, quando as concepções dentro de uma sociedade entram em conflito agudo, é provável a ocorrência de mudanças drásticas. Considere os últimos suspiros da Rússia czarista nas primeiras décadas do século XX, ou os anos finais da República de Weimar alemã no final dos anos 1920. Em cada caso, desapareceu o debate civil e surgiram grupos armados;

como disse o poeta Yeats, "o centro não aguentou". Os resultados finais foram a Rússia stalinista do gulag e a Alemanha nazista dos campos de concentração – sociedades nas quais *qualquer* debate aberto a respeito das virtudes tornou-se tabu.

Em nossa sociedade e em nossa época, nacionalmente e em grande parte do planeta, inquirição e debate livres são manifestos – e este estado de coisas é certamente preferível à alternativa. Considere alguns exemplos. Para cada declaração pró-virtude de uma autoridade, há a objeção de outra. Albert Camus, ganhador do Prêmio Nobel, declarou: "Só uma coisa na Terra parece ser um bem maior que a justiça – isto é, se não a própria verdade, sua busca." Como se fosse em resposta, Harold Pinter, também ganhador do Prêmio Nobel, afirmou que: "Não há distinções claras entre aquilo que é verdadeiro e aquilo que é falso. Uma coisa não é necessariamente verdadeira ou falsa; ela pode ser ambos." O escritor Gustav Flaubert quer ter as duas coisas: "De todas as mentiras, a arte é a menos falsa." Toda uma geração de artistas e escritores a respeito de arte evita discutir a beleza; e então, logo depois, a crítica Elaine Scarry, o filósofo Roger Scruton e o sábio Umberto Eco dedicaram livros inteiros à exploração da beleza. Essas questões exigem uma reavaliação. As condições mudam, as pessoas mudam e, na ausência de um diálogo contínuo, a sabedoria aceita geralmente evolui para ortodoxia sem reflexão. Contudo, precisamos definir constantemente um curso entre amenizar as diferenças, por um lado, e adotar uma atitude francamente hostil em relação a quem tem pontos de vista diferentes, do outro.

E assim chegamos à nossa atual situação. Qualquer sociedade que espera durar precisa garantir que esses conceitos e valores sejam passados adiante de forma viável para as futuras gerações. Isso porque, se abrirmos mão de vidas marcadas pela verdade, beleza e bondade – ou ao menos pela busca perene por elas – para todos os fins, estaremos nos resignando a um mundo em que nada tem valor, em que qualquer coisa serve. Para que não sucumbamos a essa existência sem alegria, sem normas e sem sentido, é vital rever as concepções do trio sob uma luz clara. Lembrando os acalorados debates que marcaram as eras civilizadas anteriores, precisamos

As virtudes e os desafios

determinar o que é essencial, o que não pode nem deve ser abandonado, o que não é mais relevante nem justificável e o que deve ser reconcebido para o futuro. Debate sim, dispensa não. Em última análise, precisamos transcender o relativismo e o cinismo do pós-modernismo; temos de enfrentar as grandes mudanças vinculadas a um universo digital, mas não podemos simplesmente reverter para as simplicidades ou os absolutismos de eras passadas ou de ditaduras contemporâneas. Também precisamos reconsiderar como nossos jovens devem ser apresentados a essas três virtudes e como – e até que ponto – as pessoas mais velhas deverão reconceituá-las periodicamente.

Comecemos pela verdade. Por cortesia das críticas pós-modernas, não nos sentimos seguros para afirmar que a verdade é evidente e consensual. Talvez estejamos meramente vendo o mundo através de nossos preconceitos – sejam eles da Fox News, da National Public Radio, da BBC ou da Al Jazeera. Talvez a verdade esteja entrelaçada por demais com o poder para ter qualquer validade – o que era de fato verdade na Rússia stalinista orwelliana ou na China maoísta, ou na Washington da "verdade intuitiva" de Bush-Cheney-Rumsfeld. E se considerarmos a confusão de informações e desinformações à disposição de qualquer mecanismo de busca, como poderemos determinar o que é verdade, ou mesmo se a *busca* pela verdade transformou-se numa tarefa impossível?

A seguir, a beleza. Talvez consigamos um consenso universal – ou pelo menos uma esmagadora maioria dos peritos e amantes da arte – de que um vaso grego clássico, uma miniatura persa ou uma pintura marinha de Claude Monet sobre minha mesa são belos. Mas, como você pode se lembrar, as obras de pintores impressionistas como Monet eram amplamente repudiadas pelos críticos de renome há 140 anos. E hoje, em qualquer museu de arte abrangente, vemos expostas muitas obras apreciadas e valiosas, mas que normalmente não merecem ser qualificadas como *belas* (por exemplo, obras dos pintores britânicos Francis Bacon e Lucien Freud). Não é de se admirar que muitas pessoas que hoje escrevem sobre arte evitem qualquer afirmação a respeito de beleza. De fato, em grande parte do mundo acadêmico ou entre as "classes tagarelas" é considerado não sofisticado mencionar a beleza, porque a finalidade da arte, como alega a "opinião esclarecida", não é fazer objetos maravilhosos (isso está ultrapassado ou é kitsch), mas sim nos chocar ou fazer com que pensemos de uma nova forma.

Ou considere as opções disponíveis com os novos meios digitais. Hoje é possível criar e recriar infinitamente obras de arte através do Photoshop; realizar incontáveis misturas de passagens musicais; juntar dezenas de versos, de poetas conhecidos e obscuros, reescrevendo-os à vontade. Fazendo isso, a pessoa substitui um julgamento autorizado de "belo" pelos caprichos do gosto individual ou pelos esforços cumulativos de legiões de criadores anônimos cujas obras nunca são realizadas. Quando qualquer padrão de imagem ou som é passageiro e quando qualquer pessoa com um mouse pode se tornar uma criadora de arte, o termo *beleza* parece flutuar sem rumo no ciberespaço. Em um exemplo de pensamento pós-moderno, a falecida crítica Susan Sontag opinou: "Na forma de imagens fotográficas, coisas e eventos recebem novos usos e significados, que vão além da distinção entre o belo e o feio, o verdadeiro e o falso, o útil e o inútil, o bom gosto e o mau gosto."

E finalmente o bom. Dentro de uma determinada era histórica ou área geográfica, é possível identificar com alguma confiança o que é bom e o que é mau. Por exemplo, na Atenas antiga, o valor na guerra e a gentileza com os escravos eram considerados bons. A recusa em participar da batalha ou em perdoar um escravo era uma posição dúbia – talvez a base para uma dose forçada de veneno. Mas, com conhecimento das idas e vindas da história humana e uma crescente familiaridade com as diferentes culturas pelo tempo e espaço, nós nos tornamos inseguros e tímidos a respeito de afirmações de bem e mal. O terrorista de um grupo é o lutador pela liberdade de outro: quem incorpora bem ou mal – Atenas ou Esparta, o Hamas ou a Liga de Defesa Judaica?

Mais uma vez, nossa era tecnologicamente saturada representa profundos desafios a afirmações relativamente não controversas a respeito do que é e não é bom, moral e ético. Nesta era digital, como pensar a respeito de privacidade, direitos autorais, confiabilidade de um correspondente eletrônico que não se pode olhar no olho e que pode reaparecer a qualquer momento sob aparência totalmente diferente, em uma rede social ou em um blog? O que é "bondade" na realidade virtual do Second Life? Em jogos para usuários múltiplos como World of Warcraft, é certo ameaçar e trapacear porque, afinal de contas, esse jogo não é *realmente* real. Os boatos plausíveis, mas não confirmados, que circulam pela internet à velocidade da luz são alertas, incentivos à investigação ou mentiras perniciosas? Em nossa era digital, fragmentada e polifônica, o ideal de padrões morais comuns parece cada vez mais ilusório.

Em minha visão, as três virtudes são conceitualmente distintas entre si – cada uma deve ser considerada por seus próprios méritos (e deméritos). Como exemplo, compreendemos que uma coisa pode ser verdadeira (o fato de mais de 57 mil americanos terem perdido suas vidas na Guerra do Vietnã) sem ser bela nem boa. Pelo mesmo raciocínio, uma coisa pode ser boa sem ser bela – considere um documentário horroroso a respeito da vida na prisão, cuja intenção é chocar as pessoas para que aceitem uma reforma prisional. E uma cena do mundo natural depois do desaparecimento de todos os seres humanos pode ser bela do ponto de vista cinematográfico, apesar de não ser historicamente verdadeira nem boa, ao menos para a espécie aniquilada – isto é, nós.

Contudo, é importante reconhecer que aquilo que parece evidente para os adultos bem informados contemporâneos nem sempre foi assim. Um personagem de *A volta para casa*, de Bernhard Schlink, reflete: "Contra qualquer lógica, as crianças esperam que o que é bom e belo seja verdadeiro e aquilo que é mau seja falso e feio." De fato, em muitas sociedades, durante a maior parte da história, as três virtudes eram vistas como sendo integralmente ligadas ou mesmo idênticas. A escritora Margaret Atwood sugeriu um desses períodos com referência ao antigo conceito egípcio de "ma-at". Segundo ela, "'Ma-at' significava verdade, justiça, equilíbrio, os princípios que regiam a natureza e o universo, a progressão imponente do tempo... os padrões de comportamento verdadeiros, justos e morais, a maneira de ser correta das coisas – todas essas noções resumidas em uma única palavra. Seu oposto era caos físico, egoísmo, falsidade, mau comportamento – qualquer tipo de perturbação no padrão divinamente ordenado das coisas."

Assim, devo caminhar por uma linha fina. Portanto, trato cada virtude de forma independente. Irei apresentar as características que a definem, os traços constantes e variáveis e as ameaças representadas pelo pós-modernismo e pelos meios digitais. Na verdade, no ponto de vista, cada uma das virtudes tem uma situação diferente e terá um destino diferente. Contudo, tenho em mente a tendência humana – através das eras e faixas etárias – de confundir as virtudes. E tomarei o cuidado de salientar as ocasiões em que estamos de fato lidando com mais de uma virtude, assim como as maneiras pelas quais as virtudes se chocam entre elas.

Tendo delineado um esquema reconhecidamente grandioso, devo refletir sobre o que me trouxe até este ponto. Fui treinado como psicólogo nas áreas especializadas de psicologia do desenvolvimento, neuropsicologia e psicologia cognitiva. Apesar de ter vagueado amplamente pelos terrenos disciplinares, ainda vejo o mundo pelas lentes de um psicólogo. O termo "amplamente" é captado em três impulsos sucessivos de meu trabalho: comecei como psicólogo das artes, portanto pesquisador do tradicional terreno da *beleza*. A seguir, por muitos anos, investiguei a cognição humana: com estudos do intelecto e de compreensão, focalizei aquilo que é verdadeiro e como fazemos essa determinação. Há pouco tempo colaborei por 15 anos com um estudo de ética. Nossa equipe procurou determinar o que significa ser um bom trabalhador, um bom cidadão, uma boa pessoa na sociedade global do século XXI, com o ritmo rápido, saturada de mídia e voltada para o consumidor. Na ausência de um plano mestre (pelo menos que me tivesse sido revelado), minha vida acadêmica na verdade traçou um arco da beleza através da verdade até a bondade.

Embora eu tenha por muito tempo me interessado pelas questões aqui abordadas, meu modo de pensar mudou de forma significativa nos últimos anos. Graças a meus estudos psicológicos de inteligência – em especial, a teoria de inteligências múltiplas –, envolvi-me em esforços educacionais nos Estados Unidos e no exterior. Isto acabou me estimulando a aplicar minha própria filosofia educacional. No livro *The Disciplined Mind*, publicado em 1999, criei todo um currículo em torno de três tópicos: evolução darwiniana, a música de Mozart e o Holocausto da II Guerra Mundial. Esses assuntos não foram escolhidos ao acaso. A evolução foi selecionada explicitamente como exemplo de verdade científica; Mozart, como exemplo de beleza artística; e o Holocausto, como um caso histórico da maldade humana (o mais agudo contraste com o bem). Podem dizer que escrevi o livro como um *naïf* – simplesmente aceitei como não problemático o trio de virtudes clássicas. Assim sendo, é provável que a maioria dos leitores – e dos professores – me considere não versado em pensamento pós-moderno.

Mas agora percebo um perigo nessa ingenuidade. Se aceitarmos simplesmente as verdades, estaremos despreparados para argumentos sofisticados (ou mesmo sofistas) que atacam noções do verdadeiro, do belo e do bom. Por exemplo: como os impressionistas foram inicialmente rejeitados pelos críticos instruídos, como sabemos que estamos certos em reverenciar suas obras e elogiar sua beleza? Somos mais inteligentes e temos mais discernimento que os "olhos" de 1870? Como pode a escravidão ou o status inferior das mulheres terem sido adotados na antiga Grécia, a sociedade em que foram forjadas a filosofia e a democracia? Por que as pessoas acreditaram por tanto tempo que o Sol gira em torno da Terra e que esta era plana, e por que tantas ainda acreditam que o homem foi criado no sexto dia? (De acordo com uma pesquisa recente realizada pelo grupo Barna, 60% dos americanos acreditam que Deus criou o universo em seis dias.) A falta de respostas satisfatórias a essas perguntas irritantes pode levar até mesmo adultos sofisticados a deixar de lado noções de beleza, verdade e bondade. Os jovens inquietos, já preparados para questionar a sabedoria convencional, fazem o mesmo ainda mais depressa.

Em minha ingenuidade, por volta de 1999 também ignorei mudanças culturais rápidas, como a emergência dos novos meios digitais, os quais no mínimo complicam essas noções clássicas. Se um registro na Wikipédia pode ser alterado de minuto em minuto, como podemos estabelecer o que é verdadeiro ou, de fato, se a verdade existe mesmo? Se o website do artista Damien Hirst atrai consistentemente atenção e sua arte alcança preços recorde, podemos concluir que as obras – das quais uma das mais notórias sendo um tubarão morto flutuando em formol – devem ser belas, ou que a beleza não é mais importante? Se uma adolescente se suicida depois de ter o nome eliminado da lista de uma pessoa no Facebook, ou de ter sido fotografada sem saber praticando sexo, existe uma pessoa má a quem podemos culpar? Compreendo os sentimentos de um personagem do romance *Fama*, de Daniel Kehlmann: "É tão estranho que a tecnologia tenha nos trazido para um mundo onde não existem mais lugares fixos. Você fala de qualquer lugar, pode estar em qualquer lugar e, como nada pode ser verificado, qualquer coisa que você imaginar é, no fundo, uma verdade. Se ninguém pode me provar onde estou, se eu mesmo não estou absolutamente certo, onde está o tribunal que pode julgar essas coisas?"

Embora a ideia para um livro possa aparecer em um instante memorável, seus germes estão invariavelmente dispersos ao longo do tempo e do espaço. Mesmo quando escrevi *The Disciplined Mind*, eu estava ciente de que havia escolhido os exemplos mais claros e que as noções de verdade, beleza e bondade eram evidentes e estavam acima de qualquer controvérsia. Quando faço palestras, as pessoas que me fazem perguntas, com frequência, me faziam lembrar deste ponto. Entre meus filhos, os amigos deles e os meus alunos, percebi visões ainda mais relativistas, se não niilistas das virtudes clássicas: para as pessoas uma ou duas gerações mais jovens, as virtudes pareciam altamente problemáticas, ou mesmo anacrônicas. Tive contato com relatos pós-modernos por muitos anos, mas devido ao aprofundamento de meu envolvimento com o Museu de Arte Moderna de Nova York, comecei a prestar mais atenção a eles. Talvez mais importante, comecei a aprender a respeito dos meios digitais. Comecei a usá-los de forma muito incerta e, com o auxílio de colegas talentosos, iniciei uma exploração sistemática de seu uso pelos jovens. Gradualmente fui compreendendo que minhas hipóteses mais fundamentais estavam sendo questionadas. Eu precisava estudar, refletir e, como era meu costume, apresentar minhas conclusões em forma de livro.

Posso citar de forma sucinta essas conclusões: cada uma das virtudes abrange um domínio abstrato de experiência – proposições verbais, experiências evocativas e relações entre seres humanos, respectivamente. Cada uma é mais bem exemplificada por determinadas atividades humanas específicas: a ciência e o jornalismo transitam na verdade; arte e natureza são a esfera da beleza; a bondade diz respeito à qualidade das relações entre seres humanos. O trio de virtudes, apesar de estar instável e sob ataque, permanece essencial para a experiência humana e, de fato, a sobrevivência da espécie. Elas não podem ser, nem serão, abandonadas.

Sendo específicos, podemos ter cada vez mais confiança de que existem verdades em várias esferas. Devemos nos esforçar para identificar e afirmar verdades, permanecendo abertos para revisá-las à luz de novos conhecimentos. Precisamos reconhecer as limitações de uma regra de beleza e igualmente de um conjunto de atributos artísticos com a beleza no comando. Agora a beleza assume um lugar ao lado de outros valores estéticos igualmente obrigatórios. Como compensação, cada um de nós tem uma oportunidade ímpar para alcançar um senso individualizado de beleza. Com respeito ao bem, devemos reconhecer duas esferas: a moralidade duradoura existente entre vizinhos e a ética associada aos papéis sempre em evolução de trabalhador e de cidadão. Apesar de louvarem seus costumes idiossincráticos, as sociedades humanas embutidas em uma matriz global são hoje desafiadas a criar e honrar concepções do bem que transcendem particularidades de tempo e lugar.

Cada idade tem seus modos predominantes de explicação, que regem ou até mesmo constituem o modo de pensar de uma era. Por exemplo, logo depois da revolução newtoniana na física, tornou-se comum conceitualizar as pessoas e seu universo como dispositivos mecânicos. Analogamente, os filósofos do Iluminismo viam o mundo marchando regularmente para adiante do som do *progresso*, da *razão* e da *perfeição* – e se uma revolução política pudesse ajudar a mudar as coisas, tanto melhor. Então, em reação aos excessos das dramáticas sublevações políticas do final do século XVIII, o século XIX promoveu crenças nas práticas distintivas de culturas, civilizações, regiões e nações individuais e o poder das forças e ideias irracionais.

Quando examino minhas motivações para escrever este livro, percebo que fui muito estimulado pela necessidade de reagir a duas poderosas análises da condição humana – uma emanando da biologia, a outra da economia. Em minha visão, essas considerações ganharam nos últimos anos uma ascendência indevida. É fato que quase todos nós aprendemos com conceitos e descobertas em biologia e economia – cito livremente os exemplos e argumentos. Contudo, em conjunto vejo bem o mundo com essas lentes. As pessoas que estão presas a considerações biológicas ou econômicas dão pouca atenção ao poder dos agentes individuais e à eficácia de indivíduos que trabalham juntos de forma voluntária e incansável para atingir metas desejáveis. Em certo sentido, este livro pode ser lido como um argumento sustentável contra a hegemonia do determinismo biológico e/ou econômico.

Em primeiro lugar, a lente biológica. À medida que aprendemos mais a respeito do cérebro e de genética, tanto os acadêmicos como os leigos tornam-se curiosos a respeito da extensão até a qual várias características humanas são determinadas pela neurobiologia. Existe um gene para nosso senso estético? Certas partes do cérebro são dedicadas à detecção da verdade? Quais? Podemos identificar os circuitos que regem os julgamentos morais? Esses locais biologicamente especificáveis podem ou não ser identificados. Mas o simples fato de sabermos que determinados genes nos inclinam a preferir uma apresentação gráfica a outra, ou que certas áreas do cérebro se acendem quando estamos tomando uma decisão ética difícil está longe de constituir a última palavra sobre nossos sensos de beleza ou moralidade. Nem mesmo estou certo de que esse conhecimento constitui a primeira palavra: o que sabemos agora e o que não sabíamos antes?

Ainda mais insidioso é um argumento biológico em duas etapas: (1) Nós, os seres humanos, somos o que somos devido à evolução – o que é, em essência, um truísmo; (2) portanto, graças a um declive escorregadio, a evolução determina a natureza e os limites de nossos julgamentos de verdade, nossas preferências estéticas, nossos códigos moral e ético. Eu, ao contrário, afirmo que o que é distintamente humano é nossa capacidade de mudar, ou transcender, quaisquer traços e inclinações que podemos ter como dons iniciais, por cortesia da evolução. Nossa pré-história, nossa história escrita e nossas numerosas e diversas culturas atestam a flexibilidade de nossa espécie e o caráter insondável do curso futuro.

As virtudes e os desafios

Em segundo lugar, a lente econômica. É verdade que a economia tornou-se um modo privilegiado de explicação sociocientífica para o comportamento humano, de uma maneira que parece particularmente atraente para os americanos. Mas ela também se mostrou sedutora em outras partes do mundo; a aplicação de modelos matemáticos ou estatísticos a problemas da vida real tornou-se uma forma de análise intelectualmente privilegiada. Vamos contar, vamos classificar, vamos mapear e correlacionar variáveis. Então saberemos o que é o que e, com toda probabilidade, o que deveremos fazer. Em poucas palavras, podemos e devemos quantificar e classificar – e podemos confiar na quantificação e na classificação resultante. A massa é sábia – e podemos confiar na determinação do que é verdade. Como o mercado também não erra, as melhores obras de arte conseguem os mais altos preços. Finalmente, através de um processo magnífico, se não milagroso, a sociedade sai ganhando porque cada um de nós persegue o próprio interesse de forma legal.

Mesmo antes da crise financeira de setembro de 2008, muitos comentaristas apontavam falhas nessa visão de homens e mercados. Já havíamos tido amplas demonstrações de que os mercados não se ajustam automaticamente; que as pessoas não sabem quais são seus próprios interesses; na verdade, que indivíduos e mercados são frequentemente irracionais e indignos de confiança; e que sua combinação pode ser tóxica, tanto quanto tônica. Contudo, a lente econômica permanece como a posição da segunda linha de defesa para uma grande parcela da população. Mesmo com as falhas e limitações dessa perspectiva recentemente reconhecida, a maioria das pessoas acredita que as sociedades devem recorrer a análises econômicas sempre que possível – uma assim chamada abordagem de confiabilidade. Se um critério de classificação não funcionar, simplesmente empregaremos outro. Atualmente, não há nenhuma visão alternativa da natureza com a mesma influência.

Gosto das obras do jornalista Malcolm Gladwell, aclamado com justiça por seus livros sobre julgamentos intuitivos ou "blink" e os desempenhos muitas vezes surpreendentes que surgem quando, por uma razão ou outra, a pessoa é uma "estranha". Lendo Gladwell, a pessoa fica impressionada com o exemplo revelador – o perito que sente, em um piscar de olhos, que a nova aquisição do museu é uma falsificação; ou a descoberta de que os jogadores profissionais de hóquei tendem a nascer nos primeiros meses do ano; ou o fenômeno do livro de baixa venda que de repente pula para a lista dos mais vendidos. Porém, com alguma reflexão não é difícil identificar casos que contradizem os memoráveis exemplos de Gladwell. Julgamentos intuitivos apresentados em um piscar de olhos costumam ser precisos, exceto quando não são, quando são desastrosos. Os jogadores profissionais de hóquei nascem no início dos anos, com exceção daqueles que não têm nada de especial, ou dos numerosos jogadores talentosos nascidos em meses posteriores. E a grande maioria dos livros tem vendas que mudam gradualmente, sem nenhuma chance realista de chegar à lista de mais vendidos.

Na minha opinião, as lentes biológica e econômica apresentam a mesma falha ou, para ser mais bondoso, as mesmas *limitações* de previsibilidade ou explicação. Pode haver um gene ou uma área do cérebro que se acende quando somos altruístas; mas há muitas situações nas quais nos comportamos de forma egoísta. Os seres humanos podem tomar decisões de forma racional, particularmente quando participam de um jogo gerado pela economia, exceto por todas aquelas situações em que fatores contextuais, ideológicos ou de personalidade induzem reações não racionais.

Não cedo a ninguém meu primeiro lugar como admirador da obra de Charles Darwin e da importância da teoria evolucionária proposta por ele. Contudo, acredito que os esforços para explicar comportamentos, potenciais e limitações dos humanos em termos darwinianos foram longe demais. As coisas que os seres humanos consideram belo devem muito mais aos caprichos históricos, culturais e – certamente – ao acaso do que aos gostos que evoluíram há dezenas de milhares de anos nas savanas da África oriental. Pelo mesmo raciocínio, a evolução não estabelece que os seres humanos são fundamentalmente altruístas, empáticos e bons, nem que são fundamentalmente egoístas, insensíveis e malevolentes. Existem propensões poderosas em ambas as direções. Veja os fatos nos campos da história, da cultura, do desenvolvimento humano e da educação. Eles determinam quais grupos de características chegam ao núcleo em um determinado momento e em uma determinada circunstância. A ação humana é muito importante – de fato, ela nos permite transcender o determinismo alegado pelos teóricos do mercado e da evolução.

Não é minha intenção combater as perspectivas biológica ou econômica, exceto quando esse disciplinamento parece aprovado. Em vez disso, enfatizo que a biologia ou a economia dificilmente provê a explicação definitiva de ações, decisões e pensamentos humanos. Mesmo quando estes trabalham juntos, como no novo campo da neuroeconomia, o poder explicativo delas se mostra notavelmente limitado. Quero em vez disso chamar atenção para a importância de histórias únicas, perfis culturais diferentes e acidentes felizes – ou infelizes. E quero salientar a notável capacidade dos indivíduos para tomar suas próprias decisões, mesmo em face de fortes pressões para que sigam determinada direção; e de alguns poucos indivíduos notáveis, por conta de sua capacidade e imaginação para abrir novas possibilidades, que mudam o curso da história. Quando a biologia e a economia aumentam nossa compreensão, ótimo; mas quando elas nos impedem de buscar em regiões inexploradas da paisagem humana, como têm feito com frequência nas últimas décadas, então essas perspectivas devem ser descartadas.

Não é possível entender o status dessas virtudes sem assumir uma perspectiva multidisciplinar: a filosofia tem seu lugar, mas o mesmo se dá com psicologia, história e estudos culturais e até mesmo economia e biologia. No decorrer do livro, irei me movimentar livremente entre esses terrenos disciplinares, citando ao mesmo tempo exemplos de eventos atuais e de experiências no dia a dia, inclusive minhas. Mas chega de generalidades, sumários, notas promissórias. Está na hora de examinar cada uma das virtudes, primeiro nos termos delas mesmas e depois à luz dos desafios representados por novas correntes de pensamento e novas formas de tecnologia. Depois das três pesquisas, ofereço minhas criteriosas visões a respeito de como melhor educar os jovens e de como quem não é mais jovem pode permanecer engajado nesses tópicos perenes. Sem ilusões sobre a possibilidade de recuperá-las em sua forma idealizada, acredito que possamos preservar as características centrais das virtudes clássicas.

CAPÍTULO 2

VERDADE

Como este capítulo trata da verdade, é razoável começar com uma consideração da verdade e me certificar de que estou comprometido com dizer a verdade – caso contrário, por que deveria você desperdiçar seu tempo lendo este livro? Permita então que eu inicie com uma afirmação simples: a verdade é essencialmente um domínio de declarações, de proposições – dois mais dois são quatro, verdade; dois mais dois são cinco, falso. As declarações podem ser a respeito de qualquer assunto: o passado, o tempo, as aspirações ou os medos de uma pessoa. E como revela a primeira frase deste parágrafo, declarações podem ser até a respeito delas mesmas.

De fato, esta situação – de que as declarações podem ser referentes a elas mesmas – pode nos causar problemas. Temos aqui o famoso paradoxo do mentiroso: suponha que eu faça esta declaração: "Howard Gardner mente o tempo todo." Se essa declaração tiver sido feita por mim e for verdadeira, estarei me contradizendo por declarar uma verdade. Se, por outro lado, a declaração for falsa (eu disse uma verdade a respeito de mim mesmo), terei mentido ao me caracterizar como mentiroso crônico. O paradoxo do mentiroso já divertiu muitas pessoas, mas provocou indigestão principalmente nos filósofos. Ele nos lembra que a linguagem é um recurso maleável; como uma ilusão visual, ela pode fazer truques estranhos com nossas mentes.

Dei a entender que verdade (e falsidade) são assuntos delicados. A noção de que verdade e falsidade são evidentes por si, questões de simples bomsenso, não resiste a um escrutínio. E de fato, não creio que possamos estabelecer a verdade de forma tão confiável, que qualquer declaração – ou conjunto de declarações – possa ser considerada inviolavelmente verdadeira, por todo o tempo e em todas as circunstâncias (embora 2 + 2 = 4 chegue muito perto).

Contudo, seria catastrófico adotar a posição oposta – desistir do esforço para abordar e, quando possível, estabelecer verdades. Suponha que adotamos visões pós-modernas extremas – por exemplo, declarar que a verdade não passa de uma expressão de poder, ou que ela não pode ser estabelecida com qualquer validade, ou que a verdade é um conceito vazio. Sob essas circunstâncias, mal poderíamos funcionar. Ou se cedêssemos todos os julgamentos aos meios digitais – se supuséssemos que a verdade nada mais é que o voto da maioria em uma página da web, ou acreditássemos que a mais recente modificação de uma enciclopédia on-line é mais definitiva que os julgamentos acumulados dos peritos –, estaríamos entregando um julgamento abalizado aos caprichos da multidão (ou aos surfistas da web com mais tempo disponível).

É importante preservar, ou mesmo valorizar, a ideia central da verdade. Acredito que seres humanos, trabalhando com cuidado e de forma cooperativa ao longo do tempo, podem convergir cada vez mais para uma determinação do real estado de coisas – para como as coisas são na verdade. Não existe, porém, uma área única de verdade. Há verdades diferentes, em esferas de conhecimento diferentes, bem como verdades em esferas práticas diferentes. Essas verdades não devem ser confundidas nem combinadas umas com as outras.

A seguir, traçarei o curso de um senso de verdade à medida que ele se desenvolve; note as muitas razões pelas quais não podemos simplesmente confiar nas evidências de nossos sentidos, considerar as várias esferas de verdade, rever as ameaças representadas pelo pós-modernismo e pelos meios digitais ao senso de verdade e indicar o que resta do valor. Não é preciso dizer que o estabelecimento da legitimidade da verdade é importante – o mesmo vale, é claro, para o resto da investigação sobre beleza, bondade e educação que realizo aqui. Isso porque embora a verdade não seja igual à beleza ou à bondade, sua ausência impede julgamentos abalizados de qualquer das virtudes.

A verdade possui como lar natural a linguagem humana, mas a possibilidade de se apurar o verdadeiro estado de coisas se estende até a criança que ainda não fala. Desde os primeiros dias de vida, nossos cinco sentidos nos dizem como é o mundo e, por sugestão, como ele *não* é. Um bebê vê um copo e o agarra com confiança – há de fato um copo ali. Um bebê tenta pegar um copo virtual, põe os dedos ao redor dele, descobre um simulacro e protesta, fica frustrado ou até chora.

Dois anos mais tarde um evento paralelo ocorre no nível verbal. A criança anuncia "Lá está o papai" e a mãe acena com a cabeça em sinal de concordância e diz: "É verdade, é o papai." Mas se a mãe apontar para uma foto dela mesma e disser "Esse é o papai", a criança ficará confusa e perplexa, exclamando "Não, não, não é o papai". De alguma forma, como mostra esta proposição verbal simples, a criança de dois anos sabe a diferença entre verdade e falsidade.

Nossa concepção de verdade surge inicialmente do senso comum, com ênfase em *senso* e *comum*. No primeiro caso nos baseamos em nossos sentidos e, no segundo, naquilo que é comumente sentido, isto é, naquilo que é visto, ouvido ou cheirado não apenas por nós, mas também por outros membros representativos da comunidade, em particular aqueles considerados bem informados. E para grande parte da vida, bem como para o proverbial "homem no ônibus de Clapham" (um homem hipotético em relação ao qual o comportamento de um acusado pode ser julgado) ou a "velhinha de Dubuque" (protótipo de provinciana para a qual a revista *The New Yorker* não era feita, segundo seu editor em 1925), isso é suficiente.

Infelizmente, o senso comum não pode nos levar muito longe. Informação falsa ou desinformação podem se espalhar rapidamente em uma comunidade – transformando-se, na expressão sardônica tornada famosa pelo economista John Kenneth Galbraith, em "sabedoria convencional". Afinal, apesar das evidências de nossos sentidos, a Terra não é plana, o Sol não gira em torno dela, a Terra e outros corpos celestes não flutuam no éter, tempo e espaço não são absolutos, os seres humanos não foram criados no sexto dia – a lista das verdades outrora amplamente reconhecidas é infindável. Posso acrescentar que inúmeras verdades não têm interesse. Eu poderia escrever que hoje é dia 9 de janeiro, amanhã é dia 10 de janeiro e depois de amanhã, 11 de janeiro etc. – nada disso é falso, mas nada se ganha juntando um monte de declarações que são verdadeiras, mas triviais. Dois mais dois pode não ser igual a cinco, mas na geometria não euclidiana as linhas paralelas se *encontram*.

Mesmo quando devemos confiar em nossos sentidos, podemos ser manipulados com facilidade para ignorar as evidências que eles oferecem. Há meio século, o psicólogo social Solomon Asch pediu a pessoas sentadas em torno de uma mesa que indicassem qual de duas linhas era mais longa. A resposta correta estava perfeitamente clara – uma das linhas era perceptivelmente maior que a outra. Mas, em uma segunda rodada, pessoas que eram colegas do líder do experimento escolheram a linha mais curta. Sob essas circunstâncias mudadas, um respondente inocente em geral aceitaria a opinião dos outros membros do grupo, escolhendo aquilo que acreditava ser falso, talvez até começando a duvidar de seus sentidos. Essa tendência de concordar com os outros surgiu em numerosos experimentos. Por exemplo, se um grupo é levado a crer que uma determinada música é popular e a um grupo semelhante não é dada essa informação, o primeiro grupo tenderá a dar à música uma nota mais alta e a baixá-la na internet com maior frequência. Podemos ser facilmente levados a ir contra as evidências de nossos sentidos ou nossas mentes. Qualquer defesa da verdade deve ter conhecimento dessas seduções.

Finalmente, é importante ter em mente que nem todas as declarações podem ser descritas com precisão como verdadeiras ou falsas. Muitas delas são indeterminadas, para o presente ou para sempre. Por exemplo, a afirmação frequente de que "usamos somente 10% de nossos cérebros" não é algo que possa ser determinado pela ciência. (De fato, sua validade depende do que se quer dizer e se ela pode mesmo ser averiguada.) E, é claro, muitas outras declarações ou são exageradamente tolas ("Sou a pessoa mais sortuda do planeta") ou poéticas ("Meu amor é uma rosa vermelha") ou sem significado ("Incolores ideias verdes dormem furiosamente").

Quando refletimos sobre a busca humana pela verdade, podemos e devemos começar com a fenomenal experiência de nossos sentidos. A possibilidade de uma busca pela verdade se baseia na existência de nossos órgãos dos sentidos – nossas maneiras de conhecer o mundo que está além de nossa pele e fora de nosso crânio. A esfera do conhecimento humano representa uma jornada comunal ao longo de muitos séculos e territórios, para colocar nossos sentidos de verdade em terreno mais firme; para separar as verdades garantidas das declarações que podem ser igualmente sedutoras à primeira vista, mas acabam sendo julgadas como falsas ou destituídas de significado; para valorizar as declarações que merecem ser repetidas ou mesmo colocadas na Galeria de Verdades Fortemente Apoiadas e Importantes.

Na busca pela verdade, nossos maiores aliados são as disciplinas escolares e os ofícios profissionais – em resumo, áreas de conhecimento que se desenvolveram e aprofundaram ao longo dos séculos. Cada disciplina e cada ofício exploram uma esfera diferente de realidade e procuram estabelecer verdades – as verdades do conhecimento, as verdades da prática. O conjunto mais firme de verdades está na matemática: $2 + 2 = 4$, e enquanto permanecermos no território da aritmética, esta verdade não mudará. Os axiomas descobertos por Euclides também permanecem verdadeiros; somente quando surge um novo ramo da matemática, como a geometria não euclidiana (ou hiperbólica), é que as hipóteses euclidianas podem ser questionadas dentro dessa nova subdisciplina. Outras disciplinas – como física, biologia, história, psicologia ou economia – possuem seus respectivos métodos e critérios para apurar verdades.

Mesmo antes de existir a matemática, havia as buscas de ordem prática – como plantar e colher cereais; como matar, preparar e devorar um animal; como fundir e moldar bronze; como fazer baixar a febre sem prejudicar o paciente. Eu as chamo de *ofícios práticos*. Eles vão desde as assim chamadas profissões aprendidas – como jornalismo, engenharia e arquitetura – até a feitura de objetos, sejam eles gravatas, aquedutos ou violinos. Pode parecer que me desviei de minha definição de verdade como um domínio das declarações. Mas é importante notar que, em princípio, essas práticas podem ser – e muitas vezes são – incluídas em proposições verbais:

"Primeiro você olha a sua volta; a seguir, ergue sua arma; então mira cuidadosamente etc." Em geral é mais fácil *demonstrar* como matar e cortar um animal do que *converter* a sequência de ações em uma série de palavras ou frases. Contudo, toda a indústria de livros de autoajuda, como a bem-sucedida série de "Books for Dummies" (Livros para leigos), assume que grande parte daquilo que constitui a prática pode ser bem traduzida para a forma verbal, talvez com uma ilustração ocasional.

Há certamente elos poderosos entre os ofícios práticos – alguns dos quais datam de séculos atrás – e a ciência como veio a ser seguida, primeiramente na Europa do século XVII e hoje em grande parte do mundo. Tenha em mente que Albert Einstein, um grande cientista pela definição de qualquer um, começou sua vida profissional como funcionário do registro de patentes quando ficou intrigado com um problema prático: como sincronizar as horas nos relógios das estações ferroviárias situadas ao longo de uma linha. Mas a disciplina da ciência é um empreendimento fundamentalmente distinto daquele vinculado à efetiva habilidade profissional. A ciência representa um esforço para estabelecer não as verdades da prática, mas sim um modelo de como funciona o mundo ou talvez de forma mais franca, mas menos elegante, os modelos múltiplos de como funciona o mundo. Os modelos são inicialmente descritivos (uma lagarta cresce e se transforma em mariposa ou borboleta), mas em última análise eles podem ser causais (Y acontece por causa de X) e preditivos (se eu permito que X aconteça, o resultado será Y).

Idealmente, os cientistas realizam observações escrupulosas e neutras e/ou executam experimentos cuidadosos e transparentes. Com base nessas observações e experimentos, os cientistas criam modelos – do mundo físico, do mundo biológico, da espécie humana etc. Esses modelos nunca são finais. Na verdade, o que distingue a ciência da fé, da ficção ou do folclore é a possibilidade de alterar, retificar ou reprovar o modelo. Em geral estes ajustes são executados de forma gradual. Mas como nos ensinaram os historiadores de ciência, há às vezes mudanças abruptas e drásticas de paradigmas científicos – e a seguir surge um novo conjunto de verdades (por exemplo, aquelas a respeito da evolução, da relatividade ou das placas tectônicas). É provável que possamos ordenar as ciências em termos da segurança relativa das verdades, com a física perto do topo da hierarquia e psicologia e economia mais perto do fundo. Mas todas as ciências marcham – ou pelo menos tentam marchar – no ritmo do mesmo tambor epistemológico.

A história também procura estabelecer verdades, mas sua disciplina – e suas respectivas verdades – opera de uma maneira fundamentalmente distinta. A história é um esforço para estabelecer o que aconteceu no passado – em nossos termos, para criar declarações verdadeiras a respeito do passado. Mas ao contrário da ciência, a história não pode ser submetida a observações ou experimentações; ela aconteceu uma vez e isso é tudo. Antes da invenção da escrita, história e mitos eram indistinguíveis para todos os fins. Os grupos anteriores à escrita tinham seus "mitos de origem", mas não havia como estabelecer a validade de qualquer um dos relatos. Com a chegada da escrita, os historiadores trabalhavam sobretudo a partir do registro escrito; mais recentemente, começaram a usar relatos orais gravados e registros gráficos (fotos, filmes, vídeos) e cadeias de e-mail. Porém, muito mais que a ciência, ou pelo menos de uma forma diferente, a história envolve um *salto imaginativo*: o historiador deve procurar entender como os seres humanos – de algumas maneiras semelhantes de acordo com o tempo e o espaço, em outros casos de maneiras fantásticas e quase inexplicavelmente diferentes por essas divisões – vieram a pensar e agir da maneira que fizeram. (Os tipos de saltos dados por um biólogo procurando compreender como uma lagarta se transforma em borboleta não são comparáveis.)

Também em um dramático contraste com os cientistas, os historiadores de cada era reprocessam as crônicas do passado. É possível que hoje não saibamos mais a respeito do Império Romano do que há oitenta anos. Mas é inconcebível que historiadores americanos contemporâneos escrevam essa história no início do século XXI da mesma forma que em 1930 porque em nossa época, para melhor ou pior, os Estados Unidos *se tornaram* o Império Romano (uma ideia presumivelmente distante das mentes dos historiadores americanos durante os últimos anos do mandato do presidente Herbert Hoover). Qualquer história contemporânea de Roma será inevitavelmente afetada por esse conhecimento. No entanto, apesar dessas advertências, muitos historiadores acreditam que, apesar de tudo, podem chegar cada vez mais perto – na frase de um famoso historiador do século XIX – de "como realmente aconteceu". Repete o historiador contemporâneo Benny Morris: "Acredito que existe uma verdade histórica; que ela existe independentemente das subjetividades dos acadêmicos; que é dever do historiador tentar chegar até ela."

Ao caracterizar desta maneira história e ciência, estou ciente de que nem todos os cientistas descrevem seus esforços precisamente da mesma maneira e que há numerosas disputas entre historiadores, historiógrafos, filósofos de história e assim por diante a respeito das metas e métodos de suas profissões. Ciência e história são alvos móveis. Os estudiosos do século XXI estão muito mais cientes do que aqueles de gerações anteriores de que os cientistas atuam sob a influência de poderosas metáforas (a ciência como exploração, descoberta, documentação, avanços e recuos), e que o escopo e as ferramentas da história sofrem mudanças contínuas. Contudo, em sua maioria, cientistas e historiadores concordariam que os amplos movimentos que delineei, quando observados de uma distância suficiente, são descritos de forma precisa – isto é, ciência e história estão ambas em busca de declarações que representem as verdades apuradas por suas respectivas disciplinas. (Tente conseguir estabilidade no trabalho se você nega a diferença entre relatos verdadeiros e falsos.) E provavelmente mais importante, quase todos concordariam que existem, por um lado, diferenças significativas entre a disciplina (ou disciplinas) da ciência e suas respectivas verdades e, por outro, entre a disciplina (ou disciplinas) da história e suas respectivas verdades. Mas isso não é tudo: um pós-modernista convicto deve derrubar *todas* as disciplinas dos pedestais; o pós-modernista deve chegar à desanimadora conclusão de que a ciência é tão sem importância quanto a história, que esta é tão sem importância quanto a ciência, que qualquer esforço para se chegar às verdades científicas ou históricas é inútil.

Outras disciplinas buscam a verdade por suas próprias maneiras, mas não iremos analisá-las. (Se você suspeita que tento evitar avaliar a verdade

Verdade

da psicologia, bem, pode ter razão!) Em vez disso, abordo a outra arena de verdades: as profissões práticas – aquelas que os filósofos americanos do século XIX poderiam ter considerado as esferas da verdade pragmática.

Como exemplo de profissão que busca explicitamente estabelecer as próprias verdades, vamos considerar o jornalismo – às vezes apelidado de primeiro rascunho da história. Os repórteres tentam capturar aquilo que está acontecendo à medida que acontece ou pouco tempo depois – hoje e ontem. De certa forma, os jornalistas atuam como historiadores – também leem textos e tentam estabelecer contexto, motivação, perspectiva. Mas eles estão a pouca distância do assunto; seu conhecimento e seu ponto de observação são necessariamente limitados; eles precisam triangular em poucas horas; o prazo de fechamento está sempre por perto. O jornalista quer ter a história correta, mas também é importante que a registre prontamente.

Jornalistas são feitos, não nascidos ou criados instantaneamente. No passado, eles começavam como aprendizes. Esses repórteres inexperientes saíam com os repórteres mais maduros para cobrir histórias locais. Eles observavam como os veteranos faziam perguntas, anotavam, checavam fontes, interagiam com os editores, faziam acompanhamentos e correções. Ninguém iniciava sua carreira cobrindo a Casa Branca para o *New York Times*. Os repórteres tradicionais começavam pela cobertura de reuniões de conselhos de escolas ou de pequenos casos criminais em uma cidade pequena. Somente aqueles que dominavam a profissão – que tivessem dado duro em Mahanoy City, Pensilvânia – finalmente eram transferidos para Harrisburg, o distrito financeiro de Filadélfia ou, se estivessem entre os mais afortunados, para o Congresso dos Estados Unidos ou uma capital europeia.

Este quadro de "como se faz um jornalista" era verdadeiro no que alguns consideravam como a "era dourada" do jornalismo – na América de meados do século XX (e talvez em outras nações modernas) em que havia poucas grandes redes de rádio; quando algumas publicações periódicas, como *Life, Look, Time* e *Saturday Evening Post* eram lidas em todo o país; e quando jornais e revistas eram lucrativos o suficiente para sustentar escritórios de reportagem por todo o globo e para dar aos jornalistas o tempo de que precisavam para escrever, fotografar e editar.

Embora eu tenha vivido essa era, ela hoje parece remota. A proliferação de fontes noticiosas significa que poucas atingem audiências amplas como as redes de rádio ou as publicações de 1960. As margens de lucro são menores e muitas agências de notícias precisaram cortar drasticamente a cobertura ou sair dos negócios. Além disso, o advento da internet possibilita que qualquer um relate observações como notícias, crie ou espalhe boatos, exiba fotos ou vídeos de eventos em andamento, para superar ou mesmo refutar a *grande imprensa* como o *New York Times* ou a BBC. E esta situação provoca incidentes embaraçosos: golpes jornalísticos por blogueiros como Matt Drudge, do Drudge Report; e escândalos de plágio ou pura invenção por repórteres como Jayson Blair, do *New York Times*.

As pressões e críticas que hoje caracterizam as vidas profissionais dos jornalistas fazem deles presas fáceis para aqueles que desprezam a profissão de jornalista e/ou questionam o ideal de verdade jornalística. Em que, perguntam eles, uma repórter que chama a si mesma de jornalista difere de uma cidadã consciente que posta no Tweeter aquilo que observa, exibe cenas de um crime no YouTube ou cria um blog muito lido sobre a prefeitura ou a mudança do clima? E, dado que muitos itens relatados pela "imprensa estabelecida" mostram-se falsos, e que essa mesma imprensa também perde muitas histórias importantes, por que deveríamos atribuir um status especial aos jornalistas? Por que devemos reverenciar ou esperar verdades jornalísticas?

Discordo totalmente daqueles que descartam o jornalismo como o conhecemos. A despeito de suas falhas e de seus praticantes deficientes, o jornalismo continua a ser uma profissão essencial e valiosa – a maneira ótima para estabelecer o que acontece durante *nosso* tempo, o tempo durante o qual devemos viver, agir, tomar decisões e sofrer ou ganhar com suas consequências. Além disso, nesta época em que lapsos éticos e crimes gritantes permeiam os cenários político, econômico e clerical (será que houve um tempo ou um lugar em que não ocorriam essas malfeitorias?), jornalistas investigativos bem treinados são essenciais para a sobrevivência das instituições democráticas.

Há uma diferença fundamental entre o jornalismo efetivo de um lado, e, do outro, o propagandista, manipulador de opiniões, criador de boatos ou mesmo blogueiro bem-intencionado. O credo do jornalista requer que ele observe os eventos com atenção e imparcialidade; avalie a confiabilidade das fontes, evite fontes anônimas (exceto em circunstâncias extraordinárias), confirme ou ignore boatos, ofereça a pessoas que estão sendo criticadas ou acusadas de um crime a oportunidade de replicar e assim por diante. Como ocorre em qualquer profissão, uma pessoa somente adquire conhecimentos de reportagem através de conselhos de especialistas, treinamento cuidadoso com feedback, aprendizado com os próprios erros, interação com bons profissionais e o benefício com as avaliações deles – positivas e críticas. Pode parecer difícil de acreditar hoje, mas durante décadas muitos jornalistas até se recusavam a votar – não queriam prejudicar sua imparcialidade. Thomas Jefferson declarou: "Se coubesse a mim decidir se deveríamos ter um governo sem jornais ou jornais sem um governo, eu não hesitaria em escolher a segunda opção." Ele tinha uma opinião válida, ou mesmo uma verdade a ser considerada evidente! Esta é a profissão prática do jornalismo – dedicada à rápida avaliação dos fatos.

É verdade que a determinação da verdade jornalística tornou-se muito mais difícil na era da internet. Tenho idade suficiente para me lembrar de um tempo em que o CBS Evening News divulgava aquilo que nós, os telespectadores, acreditávamos ser a verdade confiável a respeito do mundo todas as noites, através das vozes de Douglas Edwards ou Walter Cronkite. Cronkite até encerrava o programa noticioso com a frase "É assim que as coisas são". Mas depois seu amigo, o comentarista Eric Sevareid, nos contou o que aquilo significava. As verdades do noticiário noturno eram confirmadas pelas edições semanais das revistas *Time* e *Life*. Apesar de eu não defender aqueles veículos como impecáveis, eles tornavam nossas vidas mais fáceis.

Hoje em dia, nenhuma rede de notícias possui tanta autoridade. Os jovens evitam jornais impressos e muitos nem mesmo leem as notícias na edição on-line do *New York Times* ou da *Newsweek*. Em vez disso, leem alguns blogs, preferindo normalmente aqueles com os quais eles concordam, assistem aos satiristas Jon Stewart e Stephen Colbert no Comedy Channel e decidem o que é verdadeiro (ou belo e bom) com base nessas fontes muitas vezes excêntricas. Ou, como me disseram muitos jovens: "Se for importante, ouvirei a respeito."

Em minha vida houve um abalo sísmico. Talvez refletindo o ceticismo pós-moderno a respeito da possibilidade de estabelecer a verdade, a autoridade e a objetividade foram suplementadas – ou mesmo suplantadas – por autenticidade e transparência. Em outras palavras, os jovens (e, cada vez mais, os não tão jovens) não acreditam nas pessoas devido a status, treinamento ou especialização. Os jovens preferem dar crédito aos indivíduos que parecem ser francos e admitem livremente suas propensões.

Mas não posso me satisfazer com nostalgia. É importante reconhecer que muitos "digerati" (membros da elite digital) consideram os novos veículos um nirvana democrático – e às vezes compartilho do otimismo deles. O democrata on-line esquadrinha regularmente dezenas de fontes, desconta suas propensões individuais e chega à sua verdade, ou verdades – e talvez até à Verdade. Encontrei recentemente uma versão deste ponto de vista. Conheci um jovem (vou chamá-lo de Ned) em uma dessas conferências em que o folheto informativo continha uma foto e uma curta biografia de cada participante. Sem demonstrar emoções, Ned disse: "Nunca presto atenção nessas biografias enlatadas. Em vez disso, consulto um mecanismo de busca e leio a respeito de todos os participantes para saber quem eles *realmente* são – o bom, o mau e o feio." Se este exemplo for de fato seguido, então iremos todos nos tornar nossos melhores jornalistas e, no extremo, nossos melhores historiadores. E este é de fato o desafio para quem quer preservar as noções centrais de verdade: podemos pesquisar e sintetizar com sabedoria e concordar a respeito do que realmente aconteceu? Se pudermos fazê-lo, se pudermos pegar a folha certa das práticas de Ned, então estaremos em uma posição melhor do que nunca para apurar o estado real das coisas.

Assim como as disciplinas eruditas apresentam suas respectivas verdades, as profissões possuem as *delas* e estas precisam ser afiadas. Não há dúvida de que essas profissões hoje dependem muito mais dos resultados do trabalho escolar nas disciplinas. Quando necessário, os jornalistas utilizam descobertas da ciência, da economia, da filosofia. Os artesãos fazem uso de matemática, ciências naturais e ciências sociais – baseiam-se em verdades que surgiram das disciplinas e que podem ser aplicáveis a várias profissões. Profissionais como advogados ou engenheiros não mais precisam desenvolver suas próprias estimativas – podem fazer uso dos conhecimentos de estatística. Cada vez mais os juízes citam descobertas científicas e os jurados devem ponderar os testemunhos conflitantes de testemunhas que exibem especialização em várias disciplinas. Os membros do clero fazem uso de pesquisas e alguns deles realizam suas próprias "pesquisas institucionais". Contudo, essas importações dos meios acadêmicos não substituem as missões e os métodos centrais de cada profissão ou arte. Os profissionais – advogados, médicos, professores – também se baseiam nas verdades práticas de suas profissões – "grandes casos fazem leis ruins", "ouça o paciente com atenção e então ouça com mais atenção ainda", "prepare-se bem para a aula, mas esteja preparado para deixar de lado seu roteiro de cinquenta minutos caso algo de importante aconteça nos próximos minutos". E é assim que deve ser, porque damos aos profissionais um status privilegiado e a seguir lhes pedimos julgamentos complexos e isentos, em condições de incerteza.

A despeito do exemplo do jovem na conferência, não devemos ser ingênuos a ponto de acreditar que os indivíduos, em sua maioria, podem se tornar seus próprios jornalistas ou historiadores. Analogamente, não devemos esperar que um surfista médio da web possa se tornar seu melhor advogado, médico ou professor. Mas a proliferação de fontes na web pode prenunciar uma nova situação: no futuro *podemos* esperar mais conhecimento, perguntas melhores e recusa em aceitar autoridade, ou mesmo reverenciar só porque uma agência de credenciamento colocou algumas letras adicionais antes ou depois do nome de um profissional.

Devemos nos manter abertos às mudanças em profissões, à emergência de novas profissões e a um maior envolvimento por parte de leigos. Contudo, todos que estão preocupados com os valores centrais das profissões devem permanecer vigilantes. Em um dos mais frios encontros recentes de mídia, o jornalista Ron Suskind foi admoestado por um importante conselheiro do presidente George W. Bush, que lhe disse que os jornalistas vivem na "comunidade baseada na realidade" e acreditam, erradamente, que seu trabalho é estudar a realidade discernível. O conselheiro prosseguiu: "O mundo realmente não funciona mais dessa maneira. Hoje somos um império e, quando agimos, criamos nossa própria realidade. E enquanto vocês estão estudando essa realidade – de forma tão judiciosa quanto querem – agimos novamente, criando outras novas realidades, as quais vocês também podem estudar, e é assim que as coisas acontecem. Somos atores da história... e vocês, todos vocês, irão apenas estudar aquilo que fazemos." Embora a fonte desses sentimentos possa ser improvável, seria difícil encontrar uma declaração mais sucinta da visão pós-moderna da verdade. A única maneira de contrariá-la é atuar com base na hipótese oposta. Considere esta comemoração de David Rosenbaum, um jornalista muito elogiado que foi assassinado: "Ele acreditava que havia, na maior parte das histórias, algo que se aproximava da verdade, se você fosse esperto e tivesse vontade suficiente para encontrá-lo."

Quer se considere uma disciplina escolar, como a história, ou um artesanato como a construção de violinos, ou uma profissão como o jornalismo, continua a ser adequado falar a respeito da busca da verdade. Cada uma dessas esferas possui os próprios métodos e critérios; cada uma evoluiu ao longo do tempo; cada uma deve levar em conta novas descobertas e oportunidades e obstáculos não previstos. História e jornalismo geram declarações, e estas são o território da verdade. Mas até mesmo historiadores e jornalistas efetuam vários movimentos na vida diária, movimentos estes que poderiam ser verbalizados, mas normalmente não o são. Por exemplo, o historiador está sempre alerta às analogias nos eventos do dia, ao passo que o jornalista colhe dicas para seu trabalho em filmes, programas de televisão, conversas entreouvidas no almoço ou durante caminhadas no parque. E quando se trata de artesanato puramente prático, como a moldagem de objetos, então "colocar a prática em palavras" torna-se uma opção, em vez de um princípio de trabalho. Então, olhando a distância, podemos observar uma série contínua que vai de métodos sistemáticos e conscientes de acadêmicos (como cientistas) até as abordagens menos formais de profissionais (como jornalistas) e as variações direcionadas de artesãos (como joalheiros).

Se podemos falar sobre a "verdade" com respeito a artesanato, é legítimo falar sobre a verdade com referência às artes? Concluí que, quando se trata de artes, o uso dos termos *verdadeiro* e *falso* constitui uma ponte longe demais. Em meu modo de ver, as artes envolvem criações da imaginação humana; as maneiras pelas quais obras de arte são compreendidas e interpretadas também implica saltos de imaginação. Serei claro: isso não significa que Shakespeare escreveu *Julio Cesar* a partir do zero; também não quer dizer que um leitor poderia substituir uma interpretação de *Moby Dick* por uma da *Cabana do Pai Tomás*, ou vice-versa. Contudo, no domínio da invenção humana, comparada com o domínio de entender o mundo "como ele é", ou "como ele era", as afirmações de verdade ou falsidade me parecem constituir um erro de categoria. É como declarar que o clima é verdadeiro ou falso. Ele não é nenhum dos dois. Ele apenas *é*.

Não posso, porém, ignorar a realidade: muitas pessoas bem informadas falam das verdades das artes, de uma obra de arte como sendo fiel à vida, ou mesmo de uma grande obra expor as mais profundas verdades do universo. Voltando mais uma vez ao domínio das declarações, alguns comentaristas propuseram uma maneira apropriada de pensar a respeito de obras de arte – como sendo "autênticas" ou "não autênticas". Não devemos pensar em peças de teatro, poesia ou pinturas como tentativas de captar a vida da mesma maneira que um médico ou um repórter. Devemos, em vez disso, pensar nessas obras de arte como captando algum aspecto da vida, do mundo, da condição humana, de uma maneira efetiva, poderosa e (como irei afirmar) bela – mesmo que os veículos tenham sido feitos de tecido. Repito as palavras de Pablo Picasso:

> Todos nós sabemos que arte não é verdade. A arte é uma mentira que nos faz entender a verdade, ao menos aquela verdade que nos é dado

entender. O artista precisa conhecer a maneira pela qual convencerá as pessoas da veracidade de suas mentiras.

Vamos fazer um balanço. A noção de uma verdade única ou de um padrão único de verdade parece agora irremediavelmente ingênua. O mesmo se dá com a noção de que a verdade pode ser estabelecida apenas com base nos sentidos da pessoa, ou em perguntas aos vizinhos, em especial (lembrando a ironia de William Buckley) se eles forem professores de uma universidade privada de elite. Na verdade, ao longo das épocas e com muitos problemas e reveses, os seres humanos adquiriram experiência. Tanto as disciplinas escolares quanto as profissões de artesanato permitem a determinação de verdades – verdades a respeito de como o mundo é *e* verdades a respeito de como agir no mundo para enfrentar desafios que muitas vezes são bastante complexos.

As críticas dos pós-modernistas nos tornaram cautelosos – com razão, eu acrescentaria – em relação a alegações insinceras de verdade. Novos paradigmas científicos, uma vez amplamente aceitos, não necessariamente enfraquecem ou desmentem antigas verdades científicas; mas com frequência eles alteram a configuração de verdades de maneiras novas e não previstas. Depois de Einstein e da mecânica quântica, entendemos as esferas em que valem as leis da mecânica de Isaac Newton, bem como as esferas em que valem outras leis. As descobertas também alteram práticas profissionais – como quando um antigo remédio herbáceo é substituído por drogas testadas, ou quando as buscas do Google compensam as fragilidades da memória humana –, mas essas descobertas ou invenções não necessariamente enfraquecem a sabedoria que foi transmitida através das eras. Um único material impositivo, impresso ou falado pelo rádio, é substituído por numerosos relatos concorrentes, mas o caos resultante não invalida a busca por um relato verdadeiro. Como pode atestar meu jovem amigo Ned, a busca pode ser inicialmente mais difícil, mas no fim das contas deve ser mais confiável porque foi muito mais abrangente e foi checada com mais cuidado.

Qual é a melhor maneira para estabelecer o status de verdade nesta era pós-moderna digital? Mostrando o poder, mas também as limitações, do conhecimento sensorial. Explicando os métodos utilizados pelas várias disciplinas – matemática, ciência, história – para chegar aos seus relatos do mundo e às suas respectivas verdades. Demonstrando como avaliamos as evidências disciplinares e as evidências das várias disciplinas – na determinação do valor da verdade. Ilustrando o poder da experiência acumulada, da especialização, bem como os limites das regras práticas, nas práticas diárias de repórteres, médicos, advogados e outros profissionais em suas atividades profissionais. Reconhecendo as maneiras pelas quais os seres humanos podem ser irracionais, preconceituosos ou suscetíveis à propaganda, mas não permitindo que essas propensões prevaleçam. Revelando as maneiras pelas quais as multidões podem ser sábias (por exemplo, fazendo estimativas mais precisas que os indivíduos), bem como tolas (sucumbindo aos modismos e, pior ainda, aos fascistas). E mostrando que a busca pela verdade está fundamentalmente deslocada nas artes, mas que um teste cabal de autenticidade pode ser apropriado.

Paradoxalmente, até mesmo – ou talvez em especial – os críticos mais severos da verdade impositiva confirmam sua importância. Damos atenção ao blogueiro que questiona a afirmação do jornalista Dan Rather porque achamos que o blogueiro viu uma verdade que a tradição jornalística deixou passar. Desdenhamos a estudante universitária Kaavya Viswanathan porque ela declarou ser autora de um romance plagiado de outras obras – uma nova verdade a respeito da obra. Aqui (mais uma vez, paradoxalmente), o ceticismo pós-moderno e os novos veículos digitais unem forças para insistir em um conjunto mais bem fundamentado de declarações a respeito do que realmente aconteceu.

Traduzindo isto para os termos de minha disciplina, a psicologia, a busca pela verdade precisa se tornar ainda mais "metacognitiva". Isto é, não podemos mais confiar apenas em nossos olhos nem nas palavras faladas dos noticiários noturnos nem nos sumários escritos fornecidos pela revista *Time*. Não há substituto para a compreensão das maneiras pelas quais nossos sentidos são fiéis e das maneiras pelas quais eles nos iludem; para as maneiras pelas quais um repórter ou comentarista pode se esforçar para obter a história certa ou passar adiante suas propensões, de maneira voluntária ou não; para os procedimentos usados por acadêmicos nas várias disciplinas, bem como para aqueles que, intencionalmente ou não, são usados pelos melhores profissionais e artesãos. Correndo o risco de ser circulares de maneira torturante, precisamos tentar compreender as verdades a respeito da verdade.

Não mais uma verdade única, mas uma pluralidade de verdades, cada uma apropriada para seu domínio, cada uma falível, mas cada uma sujeita a refinamento e aperfeiçoamento continuados. Talvez nunca alcançar a Terra Prometida da Verdade Suprema e Pura, mas mover-se ao longo dos séculos na direção certa. Naquele sentido limitado, mas real, podemos ver que temos um quadro verdadeiro do mundo – ou melhor, quadros mais verdadeiros do que aqueles que vieram antes de nós, mas também que nunca poderemos assumir que chegamos ao destino final. Nossos sucessores poderão vir a ter versões ainda mais verdadeiras.

CAPÍTULO 3

BELEZA

Nossa pesquisa do conceito de verdade acabou sendo complexa, mas também surpreendentemente otimista. É certo que não existe nenhuma verdade única, e é claro nenhuma absoluta. Mas apesar dos alertas dos pós-modernistas, podemos discernir um fato animador: uma marcha constante no sentido de noções mais firmes e amplamente aceitas de verdade. E embora os novos veículos gerem nuvens ameaçadoras de alegações concorrentes e até mesmo contraditórias de verdade, as pessoas com padrões e vigor podem chegar a julgamentos confiantes – talvez ainda mais fundamentados que aqueles que poderiam ter sido atingidos na era pré-digital.

Mas, em determinados domínios, a noção de verdade e falsidade está mal orientada. As artes oferecem um bom exemplo. Faz sentido pensar em obras de arte como produtos da imaginação humana sem as restrições das verdades do mundo, como elas são em geral compreendidas. Em vez disso, obras de arte podem ser submetidas a um teste de *autenticidade*: essas obras são autênticas até o ponto em que captam ou transmitem aspectos de experiência de uma maneira poderosa e evocativa. Embora elas não sejam verdadeiras em sua totalidade, podemos vislumbrar um mundo – um sonho ou um pesadelo – no qual elas poderiam sê-lo. Em outras palavras, as artes representam maneiras de conhecer o mundo que são legítimas, contudo basicamente diferentes daquelas que atuam nas disciplinas escolares, como ciência ou história, ou nas profissões, como direito, medicina ou jornalismo.

É claro que, uma vez que a pessoa comece a falar a respeito de artes, ela entra em um domínio tradicionalmente menos preocupado com a verdade, ou com a bondade, do que com a beleza. De fato, no passado não muito distante, o principal padrão aplicado às obras de arte – música, dança, literatura, teatro ou artes gráficas ou plásticas – era o da beleza. Tomando um exemplo das artes visuais: pinturas, desenhos e esculturas eram considerados meritórios na extensão em que captavam e exemplificavam noções amplamente aceitas do que é belo – ou, na linguagem do século XVIII, *sublime*. Pelo mesmo raciocínio, no passado os espectadores eram perturbados por cenas ou características consideradas feias ou mal trabalhadas. Lembre que as obras dos impressionistas foram inicialmente rejeitadas como feias, em particular por aqueles que preferiam a estética de cartão-postal da então proeminente Escola de Barbizon, hoje não tão elogiada.

Hoje em dia, particularmente no Ocidente, o status da beleza em relação às artes não poderia ser mais diferente. Alguns observadores apenas evitam o termo *beleza*, enquanto outros usam-no de maneiras bem diferentes daquelas do passado. Em um aspecto essas posições diversas não surpreendem, uma vez que o apelo das artes há muito é considerado uma questão de gosto – como diziam os romanos, *"de gustibus non est disputandum"* (gosto não se discute). Mas hoje devemos perguntar: será que o termo e o conceito de beleza servem para *alguma* coisa? E caso sirva, como devemos pensar neles?

Em nosso panteão de virtudes, determinados objetos, experiências, eventos ou pessoas costumam ser designados pelo adjetivo *belo*. (Daqui em diante, na maior parte dos casos, usarei o termo *objeto* para designar esses fenômenos e entidades diferentes.) Ao exigir beleza, indicamos que temos prazer, um sentimento cordial e positivo, com a visão do objeto – ou, se preferir, uma referência neurofisiológica, uma injeção de serotonina. Quando definimos o objeto como belo, estamos satisfeitos com manter uma distância dele; isto é, não tentamos abraçá-lo, nem comê-lo, nem atirá-lo ao chão. O objeto projeta e detém um poder definido. Somos inclinados a revisitar periodicamente o objeto belo (mas não com frequência excessiva) para recriar ou amplificar o sentimento agradável.

Verdade e beleza são basicamente diferentes: enquanto a verdade é um *domínio das declarações*, a beleza se revela no decorrer de uma *experiência com um objeto*. (Para fins de comunicação, podemos declarar "é belo" – mas esta observação é uma explicação posterior, não a essência da experiência.)

Uma outra diferença entre as virtudes é mais reveladora. Com o passar do tempo, nossa noção da natureza da verdade não mudou – mudaram apenas os meios pelos quais as verdades são apuradas e nossa determinação da firmeza com a qual determinadas alegações de verdade continuam se mantendo. Em contraste, nossas visões de quais experiências são belas, e porque as são, mudaram muito; além disso, elas continuarão a mudar de maneiras que não podem ser previstas. É por isso que a beleza é continuamente afetada por fatores históricos, culturais e pessoais que, por sua natureza, resistem a determinações precisas e diferem muito de uma pessoa para a outra. De fato, experiências hoje consideradas belas por muitas pessoas teriam chocado nossos ancestrais e continuam a desconcertar aqueles que não estão por dentro da civilização moderna (ou pós-moderna). Assim, daqui em diante irei distinguir entre "beleza tradicional" por um lado e "senso individual de beleza" por outro.

Se as experiências de beleza resistem a uma determinação e uma explicação definitivas, por que nos preocupamos com elas? Acima de tudo, porque a busca de experiências belas constitui uma parte crucial da vida, particularmente depois de satisfeitas as necessidades básicas – comida, abrigo, segurança. De fato, falando por mim, a oportunidade de experimentar beleza nas artes constitui uma parte tão importante de minha vida quanto a busca pela verdade nas disciplinas escolares ou práticas. Também existe uma outra razão para explorar a virtude da beleza: no passado recente, por cortesia de acadêmicos biológica ou economicamente influenciados, foram feitas declarações impensadas a respeito da beleza – e está na hora de corrigir as coisas.

Antes de tratar dessas concepções errôneas, devo reconhecer um ponto: o mundo da natureza física e também o mundo da natureza humana oferecem graduações de beleza e feiura. Mesmo entre culturas e épocas diferentes, certas cenas são tradicionalmente consideradas belas – terras verdejantes, crepúsculos brilhantes, picos de montanhas imponentes, lagos tranquilos e rios caudalosos. Analogamente, certos tipos de rostos e corpos humanos são valorizados. Até mesmo artefatos, como vasos, armas ou joias, provavelmente respeitam determinados princípios, como o equilíbrio, e seguem determinadas proporções geométricas.

Em um estudo revelador, os artistas Alexander Melamid e Vitaly Komar apresentaram slides de obras de arte a habitantes de diferentes países. Emergiu um considerável consenso transcultural a respeito de quais obras eram belas e quais não eram. Além disso, o objeto dessas preferências é previsível. Quer os slides sejam projetados nos Estados Unidos, na França, na China ou no Quênia, as pessoas preferem obras que mostram as já mencionadas cenas naturais (lagos, montanhas) e dão as piores notas a obras que consistem de formas geométricas coloridas (reminiscentes das pinturas de Nicolas de Stael). Você pode ver as preferências consensuais nos pares de imagens reproduzidos na Figura 3.1.

De onde vêm essas concepções, esses padrões de beleza? Recentemente, tornou-se moda – de fato, a mais alta moda – afirmar que os padrões de beleza estão geneticamente embutidos no sistema nervoso humano. Ou talvez, com menos ousadia, que esses padrões emergem natural, se não inevitavelmente, da interação do sistema nervoso humano com ambientes esperados do planeta. (Há até mesmo um argumento evolucionário que afirma que essas preferências surgiram porque, no passado, certos ambientes se mostraram mais adequados para nossos ancestrais. A atração por esses ambientes constituiu uma vantagem evolutiva que foi transmitida pelos sobreviventes através das gerações.)

Eu não ficaria surpreso se, no nível mais amplo, certos cânones da beleza natural – por exemplo, um corpo e um rosto que são razoavelmente simétricos – pudessem transcender os caprichos da história e da cultura e reivindicar a universalidade. E talvez todos nós tenhamos a propensão para secretar certos transmissores neurais quando estamos na presença de determinadas cenas silvestres. Até esse ponto, estou disposto a concordar com meus colegas de orientação biológica.

Beleza 53

Figura 3.1. *Os mais queridos da América, 1994* (topo à esquerda); *Os menos queridos da América, 1994* (topo à direita); *Os mais queridos da China, 1996* (meio à esquerda); *Os menos queridos da China, 1996* (meio à direita); *Os mais queridos do Quênia, 1996* (embaixo à esquerda); *Os menos queridos do Quênia, 1996* (embaixo à direita). Imagens por Vitaly Komar e Alexander Melamid. Cortesia de Ronald Feldman Fine Arts, Nova York. Reproduzido mediante permissão.

Contudo, faço exceção para a noção de que essas predisposições explicam o que é fundamental ou profundo a respeito da beleza nas artes através do tempo. No máximo, elas estabelecem parâmetros muito amplos para aquilo a que um organismo jovem e não monitorado irá dedicar atenção – de forma aural, visual ou através de outras modalidades mono ou polissensoriais. Nossa experiência sensorial comum pode ser o ponto de partida para uma determinação do valor da verdade; porém, essa experiência comum em si mesma capta surpreendentemente pouco a respeito das verdades fundamentais do mundo. Pela mesma razão estou firmemente convencido de que iremos aprender pouco ou nada de importante a respeito do domínio da beleza – seja ela natural ou feita pelo homem – sondando mais os genes, as imagens do cérebro ou os neurotransmissores do *Homo sapiens*.

Por que assumo uma posição que parece retrógrada em termos epistemológicos em um mundo culto que está sempre em busca do gene para X, da rede neural para Y, da base evolucionária para Z? Porque acredito que o domínio do humano (evito deliberadamente a expressão tendenciosa *natureza humana*) está totalmente permeado por acidentes da história (e da pré-história) e definido por diferenciações extraordinariamente amplas dentro das culturas (e subculturas) humanas e entre elas e, na verdade, entre os seres humanos de uma única tribo ou comunidade. Nossos genes e cérebros não diferem materialmente daqueles dos nossos ancestrais de 15 mil anos atrás, ou mesmo de quarenta mil. Contudo, é muitíssimo difícil para a maioria das pessoas que vivem no século XXI se colocarem na pele (ou na mente) de seus ancestrais paleolíticos, ou da população ateniense que votou pelo banimento de Sócrates, ou da nobreza autocrática derrubada na Revolução Francesa, ou de nossos antepassados americanos que insistiam na sabedoria da escravidão ou na necessidade da separação das raças, ou das multidões de jovens chineses durante a Revolução Cultural dos anos 1960, que estimulou (e delatou) seus pais e professores.

Assim como essas eras produziram espécies muito diferentes de seres humanos, também valorizaram obras de arte muito diferentes, com noções contrastantes de beleza, feiura, sublimidade e sentimentalismo. Compare apenas a arte pública, como os monumentos da Guerra Civil do passado (a sólida e impassível figura militar montada em seu cavalo favorito) com o Memorial da Guerra do Vietnã (uma lista de mais de 58 mil nomes gravados em duas paredes retilíneas de granito negro). É tão difícil imaginar observadores do século XIX comovidos pelo memorial do Vietnã quanto é imaginar observadores contemporâneos apreciando um monumento equestre. Analogamente, no século XVIII, os residentes da França consideravam montanhas repulsivas. De acordo com o historiador Graham Robb, "Para aqueles que chegavam a pensar no assunto, as montanhas – e as pessoas que lá viviam – eram remanescentes do mundo primitivo." Da mesma forma, o romancista Orhan Pamuk descreve as maneiras diferentes pelas quais turistas e residentes de Istambul sentem a cidade: "Uma cascata de domos e telhados, filas de casas com esquadrias de janelas tortas – essas coisas não parecem belas para as pessoas que vivem entre elas: em vez disso, elas falam de miséria, de negligência, desamparo e desespero. Aqueles que têm prazer com a beleza acidental e a decadência histórica da pobreza, que veem algo de pitoresco em ruínas – são invariavelmente pessoas de fora." Muitos contemporâneos nossos apreciam – e muitos consideram belas – cenas naturais e feitas pelo homem que causam aversão às pessoas que vivem nas vizinhanças.

Os relatos de apelo estético de base biológica exibem uma confusão fundamental. A razão ficou clara quando encontrei uma forte distinção manifestada por Arnold Schoenberg, o famoso compositor e pintor vienense-americano. Este titã das artes fazia distinção entre *estilo* e *ideia* (palavras dele, traduzidas do alemão). Para Schoenberg, *estilo* é o que distingue as obras de uma era daquelas de outra – por exemplo, em termos musicais, a era Clássica de Mozart, Haydn e Johann Christian Bach, da era Romântica de Liszt, Schumann e Berlioz. Essas distinções são tão grandes que uma criança, talvez até mesmo um pombo ou um rato, pode ouvir (e até apreciar) as diferenças. (Afinal, foi demonstrado que os pombos conseguem distinguir de forma confiável as pinturas do impressionista Claude Monet daquelas do expressionista abstrato Jackson Pollock.)

Ouvintes não instruídos em música agrupam todos os compositores clássicos e também todos os compositores românticos, porque as composições dentro de cada gênero musical possuem características comuns de estilo. (Também nas artes visuais, observadores pouco sofisticados agrupam todos os impressionistas, ou todos os expressionistas abstratos, ou todos os artistas pop ou conceituais.) Mas o que torna as artes interessantes, intrigantes e notáveis são as *diferenças* entre Mozart e Haydn (e entre Schubert e Beethoven); as diferenças entre as sonatas para piano de Mozart e seus quartetos para cordas; e especialmente as diferenças entre a interpretação de um músico do concerto para piano K 491, em dó menor, e a de outro músico igualmente renomado (por exemplo, Glenn Gould e Mitsuko Uchida). Não vejo como a maior compreensão do sistema nervoso ou do genoma humano pode começar a elucidar como fazemos essas diferenciações, para não citar as avaliações das interpretações, algumas duradouras e outras quase transitórias.

Embora as explicações baseadas na biologia possam nos dar critérios sobre como reconhecer certas grandes diferenças de estilo, elas deixam completamente de elucidar julgamentos – inclusive de beleza – a respeito de obras em particular. Para provar isso, o crítico literário britânico Raymond Tallis convocou A. S. Byatt, conhecida romancista. Byatt havia procurado explicar sua atração pelas obras de John Donne invocando determinados caminhos e conexões neuronais, como aqueles envolvidos nos descobertos há pouco tempo neurônios espelhos. Tallis lamenta o envolvimento de Byatt com as críticas neuroliterárias – a aplicação de descobertas das ciências do cérebro para explicar o apelo de certos temas e formas em literatura. Ele chama jocosamente essa posição de *entender demais* (*overstanding*):

> Ao adotar uma abordagem neurofisiológica, Byatt perde um grande número de distinções importantes: entre ler um poema de John Donne e outro poema; entre leituras sucessivas de um determinado poema; entre ler Donne e outros poetas metafísicos; entre ler os metafísicos e ler William Carlos Williams; entre ler boa e má literatura; entre ler e um grande número de atividades – como fazer dobraduras com papel higiênico.

São muitas distinções para um crítico literário perder. Mas esse é o preço de entender demais.

As artes seguem caminhos históricos, culturais e individuais imprevisíveis; podemos nos maravilhar diante de obras de arte e nos deleitarmos em nossas experiências com elas, mas não seremos capazes de criar um algoritmo – matemático, econômico, biológico ou psicológico – que explique seu significado e seu apelo. Podemos ser capazes de explicar por que, em seu todo, indivíduos de culturas diferentes preferem cenas silvestres a padrões geométricos. Mas não somos capazes de oferecer uma explicação geral para por que pessoas de uma era davam valor a Bach, Donne ou Van Gogh, ao passo que pessoas de outra não o faziam. Sendo tendenciosos, podemos dizer que as predileções que se *repetem* entre grupos diferentes são aquelas pelo kitsch.

Parece que nos afastamos das considerações de beleza como ela costuma ser conceitualizada. Mas este afastamento é apropriado porque no Ocidente as próprias artes vagueiam, ou mesmo se aventuram de forma deliberada, em direções distantes de qualquer noção de beleza, tradicional ou mesmo aberta. No Ocidente e cada vez mais em outros lugares, a arte não mais procura documentar fielmente a realidade. Essa missão há muito foi atribuída aos domínios da fotografia e da gravação de áudio. A arte não apresenta mais poemas que esquadrinham de maneira organizada, nem composições musicais com harmonia acadêmica e ritmos regulares; também não dá destaque a obras literárias com uma trama clássica "heroica" compreendendo um protagonista, um obstáculo, uma superação e um final em que todos – ou ao menos os mocinhos – vivem felizes para sempre. É importante notar que essas tendências artísticas surgiram de forma gradual, ao longo de muitos anos. Longe de serem uma consequência do pós-modernismo, elas foram catalíticas em sua emergência e suas escolhas de nomes.

Este estado de coisas nas artes conduziu à dispensa, por parte de muitas autoridades, do conceito de beleza. Considere o testemunho da estudiosa de belas-artes Laurie Fendrich: "Nós, que vivemos nesta sociedade rápida, diversificada e mais ou menos democrática, bem lá no fundo suspeitamos da beleza. Esta se baseia em uma hierarquia que rotula algumas coisas como inegavelmente 'belas' e outras como irremediavelmente feias. Em sua maioria, os artistas contemporâneos sérios, criativos e 'vivos' não querem meramente reiterar elementos desta hierarquia estabelecida." De fato, os simpatizantes do pós-modernismo, como Fendrich, estão justificados em questionar a "beleza" como condição *sine qua non* de todas as experiências artísticas. Mas não devemos dispensar o conceito devido aos poderes que o invocam ou expulsam. Em vez disso, devemos examinar as forças históricas e culturais que levaram à marginalização das conotações tradicionais de beleza e considerar se o conceito pode ser reformulado para nossa era.

Vamos assumir que essa beleza – no passado definida por idealização, regularidade, harmonia, equilíbrio, fidelidade à aparência do mundo – não é mais o símbolo exclusivo ou mesmo principal das artes. Como podemos caracterizar o estado de coisas que substituiu essa virtude singular? Indico três características precedentes: o objeto é interessante; sua forma é memorável; ele incita novos encontros. Quando, em consequência dessas características, isoladas ou em conjunto, a pessoa relata uma experiência agradável, é apropriado (mas não obrigatório) que ela fale de beleza. É o que eu e muitos outros fazemos hoje.

"Espere aí" proclama o filósofo que existe em mim. Você está tentando definir a beleza artística, mas as artes sempre desafiaram definições. De fato, como argumentou certa vez o esteticista Morris Weitz, arte é inerentemente um "conceito aberto" – qualquer esforço para delinear seus limites é um convite ao desafio por parte do próximo artista, crítico de arte ou indivíduo sem cultura. Um exemplo bem conhecido é o da dupla artística Christo e Jeanne-Claude. Parece que cada nova obra – de embrulhar o Reichstag a decorar o Central Park com pedaços de náilon em forma de bandeiras – expandiu nossa noção do que pode ser aceito como obra de arte.

Enquanto um filósofo apresentou um problema, outro filósofo – meu professor, Nelson Goodman – propôs um caminho no sentido de uma solução. Assim como um certo número ou uma combinação de sintomas sugere a presença de uma doença, também certas características antecedentes mostram ser "sintomáticas" de beleza artística. Quando essas características estão todas ausentes, não se pode falar de beleza artística. Mas quando todas ou quase todas elas estão presentes, é muito provável que a pessoa esteja se aproximando do domínio da beleza artística.

Assim sendo, propus três sintomas anteriores à experiência da beleza, dos quais o primeiro é o *poder de atrair interesse*. Cada vez mais os apreciadores das artes buscam materiais interessantes, encantadores, estimulantes e inesperados, reagindo de forma positiva quando materiais que satisfaçam esses desejos estão presentes. Muitos artistas correspondem a essa exigência – e talvez eles mesmos a tenham criado – produzindo objetos exóticos ou executando atividades sensacionais, certificando-se de que essas atividades sejam desempenhadas em galerias e observadas por críticos. Algumas vezes, e para algumas pessoas, o objeto ou a experiência pode ser terrível; outras vezes, para outras pessoas, pode causar admiração. Mas ele no mínimo provoca interesse.

Por que criar objetos interessantes ou executar ações interessantes? Todo um ramo da estética experimental documenta como, sempre que uma visão ou um som se torna familiar, as pessoas desviam os olhos ou "desligam". E, em contraste, quando surgem desvios da "nova norma", eles atraem a atenção, a menos que tenham se tornado tão complexos que não podem ser assimilados. Mas tão logo os novos estímulos se tornam familiares, eles também perdem a capacidade para prender a atenção. Portanto, para manter o interesse, é preciso elevar continuamente a aposta, embora nem sempre na mesma direção. Isto é, quando for provocado o interesse por A, passa-se para B, depois para C, mas às vezes um retorno a A se mostra mais atraente do que a continuação do movimento no sentido de D, E e F. Em uma versão frequentemente documentada pela psicologia experimental, com o passar do tempo as pessoas preferem olhar para polígonos com cada vez mais lados (mais de 12 ou vinte) até que um pico é atingido, a partir do qual a preferência volta para formas geométricas simples e clássicas com menor número de lados.

Essas "trajetórias de interesse" transcendem o laboratório experimental e emergem através da gama de formas de arte. Considere a evolução da música orquestral séria ao longo dos séculos. Depois das obras clássicas da era Mozart-Schubert, compositores românticos como Berlioz, Wagner e Liszt começaram a questionar a supremacia da tonalidade. Então, a suas respectivas maneiras, Igor Stravinsky e Arnold Schoenberg criaram, no início do século XX, sistemas alternativos de som. Desde então, enquanto a música clássica dodecafônica tornou-se ainda mais complexa e obscura, formas minimalistas de música – constituindo o contraste mais agudo possível – ganharam em atratividade. Nas palavras do compositor minimalista John Adams, "Em comparação com o extravagante aparato barroco dos Novos Complexionistas (um complicado estilo musical de meados do século XX), a notação prática de minha própria música era uma barraca de lona montada ao lado da catedral de Chartres. Tive que me afastar daquela configuração e me lembrar de como a noção de que 'complexidade é progresso' é de fato – e sempre foi – uma postura, um castelo de cartas intelectual." Formas comparáveis de minimalismo surgiram nas artes literárias (Samuel Beckett) e nas artes gráficas (Donald Judd), com uma linha de justificação semelhante àquela proposta por Adams.

É claro que o poder para atrair interesse não é, em si, particularmente sintomático das artes – se fosse, então o mero fato de um objeto ou produto merecer ser noticiado poderia qualificá-lo como artístico. Para mim, esse esforço é inútil – um único sintoma não sinaliza nem uma doença nem um objeto de arte. Mas, uma vez que o elemento de interesse esteja incorporado em uma forma ou em um formato tão *suficientemente poderoso ou evocativo que ele será lembrado nessa forma*, o elemento moveu-se claramente no sentido das artes. Desta maneira, nos aproximamos da possibilidade de experiências de beleza.

A arte conceitual oferece um exemplo intrigante. Pode parecer que a arte conceitual está ligada a uma ideia e que basta repeti-la ou parafraseá-la. Mas não é assim. Em sua obra *One and Three Chairs*, Joseph Kosuth apresenta duas cadeiras de aparências muito diferentes ao lado de uma definição de dicionário de uma terceira cadeira.[1] E em uma versão estranha de um castigo em sala de aula de décadas anteriores, John Baldessari faz seu aluno rebelde escrever repetidamente, uma linha depois da outra: *Não farei mais nenhuma arte entediante*.[2] Em cada caso, uma ideia potencialmente interessante – o que é uma cadeira, como evitar a arte entediante – está casada com uma forma, ou formato, que em si mesmo é memorável, até inesquecível.

Com a *memorabilidade da forma*, o artista se distingue de um epistemólogo ou de um exibicionista. Um exemplo interessante vem da artista performática contemporânea Marina Abramovic. Em uma de suas performances mais importantes, ela senta-se imóvel de frente para qualquer visitante da galeria que sentar-se na segunda cadeira; o visitante pode ficar sentado o tempo que quiser e a artista permanece essencialmente imóvel por sete horas. Esse comportamento incomum certamente provoca interesse. Embora qualquer pessoa com fortaleza possa assumir o lugar de Abramovic, ela toma muito cuidado na seleção da cor e do estilo das roupas, da posição da cabeça e das mãos, da expressão facial e de sua postura corporal. Abramovic não só nos estimula a reconsiderar o que significa ter um relacionamento com um ser humano que não reage a nada; a aparência e o comportamento dela muitas vezes permanecem inesquecivelmente pungentes para o participante e os espectadores. Opções mais casuais, informais ou inadequadas poderiam prejudicar a eficácia da performance artística. Assim como o ator Laurence Olivier por muito tempo foi "dono" do papel de Hamlet, Marina Abramovic fixa os parâmetros para outros que poderão esperar emular seu desempenho sentada.

O terceiro antecedente da experiência de beleza é o impulso, a inclinação, o desejo de revisitar o objeto, a cena ou a performance. Aquilo que chamo de *convite para revisitar* pode se originar de vários fatores: a pessoa gosta da experiência, tem curiosidade para aprender ou entender melhor, ou tem um sentimento de respeito – que pode derivar de admiração, bri-

---

[1] Ver http://www.moma.org/collection_images/resized/331/w500h420/CRI_170331.jpg
[2] Ver http://www.moma.org/modernteachers/large_image.php?id=209

lho, predominância ou esquisitice. Na ausência de desejo de revisitar por parte do público, a experiência não se qualifica como bela – imediatamente ou não.

Por que uma pessoa *não* repetiria uma experiência interessante e memorável? Talvez porque ela já tenha tirado dela tudo que queria – não há necessidade de repetir a experiência ou explorá-la mais, talvez porque ela não levante novas perguntas nem sugira novas respostas. Ou talvez ela seja desagradável ou terrível demais para permitir a possibilidade de uma nova exploração produtiva. Ou, como no caso do Holocausto, a experiência é horrível demais para ser revivida. Ou um encontro com os deuses, ou um Deus, aterrador demais para ser repetido.

Contudo, às vezes a reverência – um sentimento que domina o observador na presença de um objeto que o afeta fortemente – pode convidar para novas experiências. A reverência pode provir do respeito por uma realização (como foi que o artista conseguiu realizar aquela obra?). Isso também pode se originar do efeito sobre o observador – sinto-me na presença de uma coisa extraordinária. Considere as figuras de animais paleolíticos, desenhadas nas paredes de cavernas no Sudoeste da Europa – uma arte que vinte mil anos depois continua a evocar *ambas* as conotações anteriormente citadas do termo *reverência*. Ou as pirâmides do antigo Egito, as catedrais da Europa medieval, as estátuas impassíveis da Ilha da Páscoa, as rochas rusticamente talhadas de Stonehenge, o Taj Mahal, Versalhes, os arranha-céus da Ásia Oriental – na verdade, sendo um pouco irreverente, os lugares que embelezam as capas dos folhetos de turismo. De fato, algumas pessoas sentem reverência na presença da artista performática Abramovic. O renomado crítico de arte Arthur Danto relatou a experiência da translucidez: "o tipo de mágica que todos os cursos de história da arte e sua avaliação nos incentivaram a esperar."

O sentimento de reverência não é igual ao "formigamento" que anuncia uma experiência de beleza. Quando uma entidade ou experiência é considerada bela, o observador mantém o controle e o distanciamento; quando uma entidade ou experiência provoca reverência, a pessoa sente-se derrotada, devastada e rebaixada. Contudo, em consequência de visitas posteriores, a reverência pode ser controlada e produzir a agradável sensação de que anuncia ou acompanha um sentimento de beleza.

O fato de optarmos por uma revisita é um ingrediente crucial para a experiência de beleza. Mas por que optamos por revisitar é um assunto pessoal, individual. E aqui identificamos a característica-chave da beleza em nosso tempo – e talvez para todo o tempo daqui em diante. Enquanto a determinação da verdade é um empreendimento coletivo, no qual muitos indivíduos estão empenhados, muitas vezes por um período de tempo considerável, a experiência da beleza torna-se um assunto pessoal, individualizado, até mesmo, algumas vezes, idiossincrático.

Voltemos por um momento para revisitar nosso conceito central. Alguém pode argumentar, com uma tendência pós-moderna, que a beleza não é mais um atributo autossustentado ou evidente em si mesmo de um objeto ou uma experiência. Essa linha de argumentação define a beleza como sendo simplesmente um amálgama de ser interessante, ter memorabilidade de forma e inclinação para a repetição da experiência. Contudo, prefiro uma formulação ligeiramente diferente. Para mim, a beleza merece uma entrada separada porque ela implica o "formigamento" fisiológico e psicológico observado antes – distinto das reações de interesse ou da inclinação para repetir a experiência. Uma experiência de beleza proclama a si mesma: o ouvinte ou observador está consciente, ao menos de tempos em tempos, da natureza especial da experiência. Adaptando uma formulação do poeta Coleridge, a "beleza" caracteriza uma experiência poderosa que é lembrada com tranquilidade.

Está na hora de pôr para funcionar este aparato analítico. Há pouco tempo fui fortemente afetado por uma apresentação criada pelo artista canadense Rodney Graham: uma máquina de escrever sendo coberta gradualmente por flocos de neve. Vagando por uma loja de produtos usados na Alemanha, Graham achou uma velha caixa contendo uma máquina de escrever manual da década de 1930. Ele se apaixonou pelo objeto e decidiu homenageá-lo. E teve a ideia de filmar a máquina enquanto ela era removida da caixa, posta para fora durante uma queda de neve e permitiu que os flocos se acumulassem até que o teclado ficou completamente coberto.

Tudo isso foi apresentado por um velho projetor de 16mm (o que me levou de volta a minhas salas de aula dos anos 1950). O filme, com cerca de dez minutos de duração, é projetado repetidamente.[3] A esta altura, você poderia exclamar "Que ridículo" – uma velha máquina de escrever apanhada em uma tempestade de neve soa como um filme do Gordo e o Magro ou um quadro do Monty Python. E de fato, nem a máquina de escrever nem o projetor nem a sala escura evocavam muitos sentimentos. Contudo, não fui o único a ficar gradualmente encantado pela apresentação e a visitá-la várias vezes.

Vamos agora considerar minha experiência em termos do trio de sintomas antecedentes e do julgamento de beleza. Em primeiro lugar, com respeito à capacidade para despertar interesse, a ideia de descobrir uma velha máquina de escrever e colocá-la sob flocos de neve me intrigou. Segundo, a aparência da máquina e a neve caindo lentamente eram memoráveis – continuei a pensar nelas depois de forma vívida. Finalmente, fui atraído de volta para contemplar a obra – eu queria recapturar aquelas imagens memoráveis. Ao mesmo tempo, mantive-me distante do espetáculo e estava ciente de minha experiência agradável – era natural falar sobre minha experiência de beleza e encorajar outras pessoas a visitar a exibição de Graham.

Mas espere! Se no final sinto o mesmo "formigamento" e murmuro o mesmo "Ah!" que outro público poderia ter na presença de um vaso grego ou de um quadro da Escola de Barbizon, ou um dos trabalhos fotografados de Melamid e Komar, por que me dar ao trabalho de introduzir novos sintomas antecedentes e uma nova terminologia? Como a obra de Graham é um exemplo revelador de um objeto artístico contemporâneo que não poderia ter sido imaginado há cem anos – uma obra que, apesar de não satisfazer os cânones clássicos de beleza, pode ser experimentada e descrita prontamente como bela por observadores de hoje. Outras obras – de uma composição de John Adams a um exercício de escrita de John Baldessari –

---

[3] Ver http://www.moma.org/collection_images/resized/475/w500h420/CRI_133475.jpg

causam experiências e caracterizações. (De fato, uma exposição de obras de Baldessari de 2010 é intitulada Pure Beauty, beleza pura em português.)

E assim, em nosso tempo, uma vez que estejamos abertos para experiências interessantes, memoráveis e que valham a pena revisitar, é provável que tenhamos o "formigamento" que sinaliza a beleza. Qualquer um com interesse sério pelas artes terá seus próprios exemplos. Para ilustrar a natureza altamente individualizada desses julgamentos, relatarei algumas experiências de beleza adicionais.

O quadro A consiste nas poderosas pinturas de Anselm Kiefer (veja a Figura 3.2). Inicialmente, não gostei delas. Não conseguia me relacionar com aquelas paisagens ressecadas – eu as achava feias ou, talvez um pouco melhor, um comentário sobre a feiura. As obras não chegaram a me impressionar. Contudo, alguma coisa nas obras me impeliu – ou talvez até

Figura 3.2. *Die Milchstrasse* (Via Láctea). Anselm Kiefer, 1985-1987. Emulsão, óleo, acrílico e laca sobre tela, com aplicação de arames e chumbo. Dimensões (díptico) 3,81x5,63m; cada painel mede 3,81x2,81x2,03m. Coleção da Albright-Knox Gallery, Buffalo, Nova York. Em comemoração ao 125º aniversário da Buffalo Fines Arts Academy, General and Restricted Purchase Funds, 1988.
Foto: Albright-Knox Art Gallery/Art Resource, NY.

obrigou – a revisitá-las. E agora gosto muito da obra de Kiefer. Desvio-me de meu caminho para ver uma instalação dele. Considero belas suas obras e sinto formigamentos agradáveis para prová-lo! É claro que *Kiefer* não mudou (não mais que o retrato de Gertrude Stein de Picasso) – *eu* mudei.

A experiência com Kiefer destaca um ponto importante. Embora poucas pessoas busquem experiências que são inicialmente repelentes, estas podem sinalizar algo de importante. Em certo nível senti que, ao encontrar uma tela de Kiefer, eu tinha mais trabalho a fazer. A obra de arte me interessava e, ao mesmo tempo, inspirava medo. Nesse sentido, a feiura é mais reveladora que a suavidade – e também pode sinalizar um potencial maior para a compreensão final como um objeto de beleza. E de fato, com o passar do tempo, minhas reações mudaram de repulsão para aceitação e para uma experiência de prazer – com a conclusão de que muitas obras de Kiefer mereciam a qualificação de *belas*.

Para o quadro B, volto-me para a música clássica contemporânea. Em 2008, o eminente compositor americano Elliott Carter completou seu centésimo aniversário. Para comemorar a data, o Festival de Música Contemporânea de Tanglewood realizou um programa sem precedentes. Durante cinco dias seguidos, os organizadores do festival realizaram dez concertos separados, apresentando quase cinquenta obras de Carter. O compositor compareceu ao evento inteiro, como fizeram muitos outros entusiastas da música séria, inclusive minha esposa e eu.

Devo admitir que não conhecia bem a obra de Carter e fui atraído para os concertos tanto por curiosidade quanto por paixão. Também achei algumas peças difíceis de ouvir e compreender. (Fiquei sossegado quando ouvi a seguinte frase: O renomado compositor-maestro Pierre Boulez disse que precisava ouvir as peças de Carter três ou quatro vezes antes de conseguir entendê-las.) Mas no decorrer da semana o idioma musical foi se tornando cada vez mais familiar para mim e, no final da semana, eu havia me tornado um fanático da música de Carter. Eu não hesitaria em declarar as obras interessantes e memoráveis. E, reconhecendo o formigamento que acompanhava as execuções, eu caracterizaria muitas passagens como belas.

Beleza

Nossas concepções de beleza são um alvo móvel. Qualquer pessoa interessada pelas artes pode documentar como seus julgamentos de beleza mudam com o tempo – constituindo aquilo que chamo de *portfólio individual* de experiências e julgamentos de beleza. Algumas apresentações adicionais: lembro meu entusiasmo inicial pela música clássica como adolescente, quando eu ouvia repetidamente aquelas que hoje chamo de "cavalos de guerra" cansados. Admito, com algum embaraço, que meus amigos e eu chegávamos a cronometrar gravações diferentes (em LPs de vinil) do primeiro concerto para piano de Tchaikovsky, dando o primeiro lugar à versão mais rápida. E recordo bem minha transição gradual das sinfonias e concertos de Tchaikovsky para a música de câmara de Schubert; e, mais tarde, meu entusiasmo no primeiro encontro com as obras modernistas de Stravinsky e Bartok; e minha crescente capacidade para compreender obras ainda mais desafiadoras, como as de Boulez e Carter. Contrariamente às verdades da ciência, as belezas das artes não perecem. Ainda aprecio uma boa apresentação de um concerto de Tchaikovsky para violino, ou de *A morte e a donzela*, de Schubert. Mas assim como hoje gosto das obras de Anselm Kiefer, de Rodney Graham ou de Joseph Kosuth, minha mansão musical inclui agora salas que estavam fechadas para mim há quatro ou cinco décadas.

Algumas vezes, a pessoa pode até se ver no meio de uma mudança de um sentimento de aversão ou confusão para o início de uma reação mais positiva. No final de 2008, o Museum of Modern Art dedicou um espaço significativo de galeria a uma obra de arte do aclamado artista contemporâneo Matthew Barney. Intitulada *The Deportment of the Host* (A conduta do anfitrião), essa instalação gigantesca apresenta uma estrutura semelhante a uma cama desarrumada no chão, com fios trançados saindo da estrutura central.[4] Quando vi essa obra pela primeira vez, não consegui entendê-la; na verdade fui repelido por ela e poderia tê-la chamado de horrível (eu não sabia que ela representava uma casa de chá japonesa que

---

[4] Ver http://www.moma.org/collection_images/resized/149/w500h420/CRI_205149.jpg

foi quebrada). Um amante de Matthew Barney (e há milhares deles) teria me rotulado como uma pessoa sem cultura.

Se eu tivesse parado naquele ponto, o exemplo anterior não teria revelado nada a respeito de beleza. Contudo, não pude deixar de notar que tanto Constance Butler, curadora da mostra, como também minha mulher, Ellen Winner, uma artista treinada, sem hesitação chamaram a instalação de bela. E quando lhes perguntei o porquê, elas descreveram o toque adorável dos materiais, a textura semelhante à geleia, a aparência branca brilhante, a forma envolvente – para elas, a obra provocava admiração. Nas palavras de Ellen Winner, "Eu podia comê-la com os olhos." Este exemplo é importante. O impulso para revisitar uma obra não surge de dentro para fora. Na verdade, as reações de respeito provocam uma reconsideração e, finalmente, a conclusão de que a obra de fato é bela.

Assim, a beleza não desapareceu das artes, dos museus, das coleções de objetos canônicos e estimulantes. Em vez disso, a beleza serve como clímax de um conjunto de experiências anteriores e tem probabilidade crescente de surgir em momentos e locais inesperados.

Considero o curso da história da arte, bem como a trajetória de nossas experiências de beleza, inerentemente imprevisíveis e resistentes a explicações, mesmo a posteriori. Talvez a música tonal não possa continuar sem limites determinados no terreno clássico do século XX. Mas quem poderia ter previsto a emergência de Igor Stravinsky e sua mistura de música folclórica russa e ritmos complexos e harmonias dissonantes? Ou de Arnold Schoenberg com sua invenção da música serial com 12 tons, e o nicho predominante que essa música ocupou por uma geração? Talvez a arte figurativa tenha atingido um ponto sem retorno no auge do impressionismo, como mostram as obras de Monet, Renoir e Pissarro. Mas suponhamos que Cézanne nunca tivesse nascido, ou que Picasso e Georges Braque nunca tivessem se conhecido, ou que o cubismo nunca houvesse sido concebido. Ou que Mondrian tivesse evitado formas geométricas. Ou que Miró não tivesse decidido "assassinar" a pintura. Ou que Jackson Pollock e Andy Warhol nunca tivessem empunhado um pincel (ou uma câmera, ou uma cabeça de bode). Quem ousaria dizer que nosso senso de arte, de beleza ou reverência teriam se desenvolvido ao longo de linha que hoje são familiares?

Esses exemplos salientam o fato de que nossos julgamentos de beleza não emanam de uma interação pré-programada da mente com o objeto ou a performance. Ao contrário: é preciso levar em conta os caprichos da história, as preferências, as normas e os tabus das culturas e, mais importante, as ações e experiências imprevisíveis dos indivíduos – artistas que criam, assim como membros do público que são inclinados a revisitar objetos interessantes e memoráveis e mantêm um portfólio das continuidades que identificam, bem como das mudanças em suas preferências. (De fato, nossas experiências com obras de arte podem ser comparadas com nossas experiências com comida ao longo do tempo. À medida que a culinária evolui, e somos expostos às múltiplas cozinhas do mundo, desenvolvemos preferências cada vez mais personalizadas – nosso gosto evolui, literal e figurativamente.)

Até agora, minha exposição sobre a beleza focalizou quase totalmente nossas experiências de obras de arte. Mas é claro que considerações sobre a beleza também surgem em muitos outros domínios. Muitos cientistas e matemáticos encontram beleza nas formulações de suas disciplinas. De fato, essas formulações podem ser interessantes e memoráveis – e para mim, tudo bem se os entusiastas falam de uma fórmula ou equação "bela". Contudo, esses estudiosos estão empenhados em uma busca que difere fundamentalmente do trabalho dos artistas. Talvez Poincaré tivesse descoberto a teoria da relatividade se Einstein não o fizesse (certamente, cedo ou tarde *alguém* o teria feito). Talvez hoje as pessoas estivessem se referindo à teoria da evolução de Alfred Russel Wallace, caso Darwin não tivesse viajado no *Beagle* e refletido por décadas sobre aquilo que havia observado. Embora as terminologias que hoje usamos possam ser diferentes, os conceitos do cientista ou do matemático transcendem a formulação particular por um estudioso específico. Por mais egoístas que possam ser como pessoas, eles estão empenhados em um exercício inerentemente comunitário.

Os cientistas estão modelando o mundo real, os matemáticos estão descrevendo as ordens e as relações variáveis ou invariáveis encontradas nos domínios simbólicos inventados por eles ou por outros. Para praticar suas disciplinas, esses estudiosos precisam observar as regras dos respectivos campos. Em contraste, os artistas – em especial os contemporâneos – não estão modelando o mundo da Natureza. Eles estão apresentando visões e revisões de imaginações bem afiadas e esses poderes imaginativos irão evoluir de maneiras e em direções inerentemente imprevisíveis. Ninguém – seja cientista, historiador, economista ou psicólogo – pode prever como as formas de arte irão evoluir e do que conhecedores experimentados, jovens rebeldes ou pessoas normais irão gostar daqui a dez anos. Nem curadores, comerciantes ou colecionadores. É por essa razão que poderemos nos inclinar pelas obras dos artistas X, Y e Z em uma estação do ano e depois depreciá-las ou escondê-las nos porões da casa ou instituição que as adquiriu.

Por algumas razões como essas, as abordagens à beleza baseadas em considerações de fatores econômicos podem ser deixadas de lado – de forma mais rápida e decisiva que as abordagens derivadas de considerações biológicas. Caso queira, a pessoa pode decidir julgar a beleza com base no valor financeiro de uma obra de arte – quanto ela irá render no mercado ou em um leilão. Mas esses julgamentos são totalmente *ex-post facto*. O triunfo desta temporada estará em uma venda de garagem daqui a dez anos, ao passo que obras de arte que no passado não tinham valor valem hoje milhares, milhões ou mesmo dezenas de milhões de dólares. Além disso, o simples fato de uma obra valer milhões não deve afetar nenhum julgamento individual a respeito dela realmente gerar a experiência de beleza.

Não tem sido possível prever, ao longo do tempo, quais experiências serão consideradas belas – e isso certamente continuará a valer no futuro. Contudo, é possível ponderar como duas forças contemporâneas – a mídia digital e o pensamento pós-moderno – afetam a experiência e o julgamento de beleza. Já afirmei que nossos julgamentos de beleza foram grandemente afetados há pouco tempo. Devo reiterar que essas mudanças estavam em andamento um século atrás e não são, de forma nenhuma, uma consequência direta de nossas duas forças contemporâneas. Mas as tendências já iniciadas foram grandemente intensificadas pela ubiquidade dos novos veículos de mídia e por argumentos expressos em termos pós-modernos. Aquilo que pode ter sido evidente para uma pequena minoria de amantes da arte tornou-se hoje uma experiência amplamente sentida em todo o mundo contemporâneo.

Com referência à crítica pós-moderna, posso ser bastante conciso. Durante grande parte do século XX, parecia que a noção de beleza e o epíteto de *belo* não eram mais relevantes, pelo menos entre aqueles que se consideram conhecedores de arte. As tendências na arte derrubaram noções tradicionais de beleza. O modernismo – incorporado por James Joyce na literatura, Pablo Picasso na pintura e Igor Stravinsky na música – pode ter tentado reter um elo com gêneros e sensibilidades anteriores, mas em pouco tempo levou as noções convencionais de beleza a um ponto de ruptura. Então vieram artistas que eram literalmente pós-modernistas – minimalistas, artistas pop, misturadores de veículos, conceitualistas – que nem mesmo faziam gestos para o domínio da beleza – a menos que esses gestos fossem para ridicularizar os ícones tradicionais.

Em vista dessas fortes tendências, não é de se surpreender que a referência à beleza tenha sido suspensa. Mas, em minha visão, essa exclusão mostrou-se insustentável – um caso típico de jogar o bebê fora junto com a água da banheira. O que é preciso não é banir ou exorcizar a conversa a respeito de beleza. Preferimos em vez disso espelhar o conceito adequado à atual situação artística. Cada um de nós pode – e deve – desenvolver seu próprio portfólio de objetos e experiências belas – como se fossem um registro de nossos gostos, talvez idiossincráticos, mas profundamente sentidos.

Os novos veículos digitais de mídia convidam a mais discussões. Os artistas sempre estiveram alertas em relação a novos meios de expressão; de fato, eles estiveram entre os primeiros trabalhadores a propagar suas visões através de novas tecnologias como cinema, rádio, lasers, hologramas, realidades virtuais e muitos outros dispositivos ajudados ou modulados por computadores. E, como afirmou persuasivamente Marshall McLuhan, os seres humanos quase sempre inauguram novas tecnologias de comunicação apresentando o conteúdo familiar dos antigos meios na forma dos novos meios. Assim, vemos compositores como John Adams criando peças facilmente reconhecíveis em instrumentos eletrônicos em vez de manuais, pintores como Salvador Dalí criando cenas de filme que lembram seus desenhos e pinturas e artistas de mídia como Nam Jum Paik apresentando close-ups ao estilo do cinema de rostos sobre telas de televisores.

Mas em pouco tempo os artistas começam a compreender e usar um novo meio nos próprios termos. É excitante contemplar obras e experiências artísticas que dificilmente poderiam ter sido imaginadas na era pré-digital. Nesse contexto, penso imediatamente em *Design and the Elastic Mind*, uma exposição do Museum of Modern Art com curadoria de Paola Antonelli. Essa exposição questionou, deliberadamente e com sucesso, muitas distinções que no passado seriam vistas como não problemáticas, ou mesmo de maneira óbvia válidas: arte ou ciência, arte ou desenho, natural ou feita pelo homem, real ou virtual, microscópica ou macroscópica. É lógico que as obras mais impressionantes usam tecnologia, conceitos e sensibilidade digitais.

Deixe-me caracterizar este novo estado de coisas. Para começar, os computadores (ou melhor, seus programadores) conseguem hoje criar obras de arte. No passado, as experiências de arte resultavam de criações de Deus ou de um único artista, mas agora os programas de computador criam obras e experiências que – para muitas pessoas – são indistinguíveis daquelas feitas por seres humanos, preferíveis a elas e talvez mais belas. Considere, da autoria de Barrett Lyon, os rapsódicos padrões estelares resultantes do simples registro do número de usuários da internet sobre um dado espaço geográfico (veja a Figura 3.3). Ou a bela configuração floral de William Ngan, cortesia do software Java (veja a Figura 3.4). Ou o uso, por Alex Adai e Edward Marcotte, do software Large Graph Layout para representar como os genes se relacionam entre si (veja a Figura 3.5). (Eles examinaram sequências de proteínas em 140 mil genes conhecidos, efetuaram 21 bilhões de comparações e estabeleceram quais delas tinham entre si relações homólogas.)

Os computadores podem servir literalmente como criados para as atividades humanas. Membros da equipe do The Print Design fazem esboços

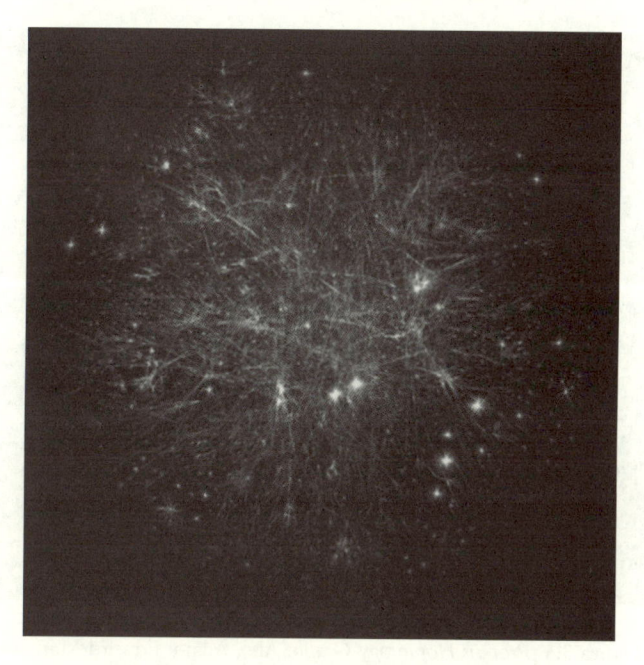

Figura 3.3. *Mapa da internet*, Barrett Lyon, 2003.
Cortesia de Barrett Lyon/The Opte Project.

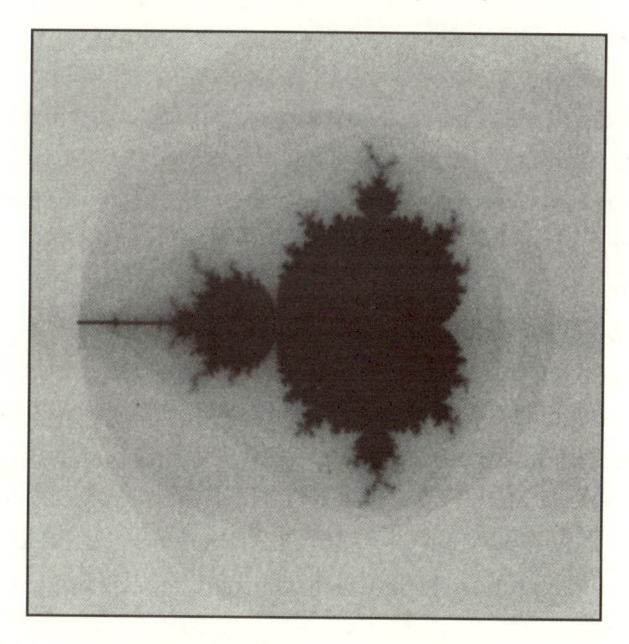

Figura 3.4. *Mandelbrot Set*. William Ngan.
Cortesia de William Ngan. http://metaphorical.net.

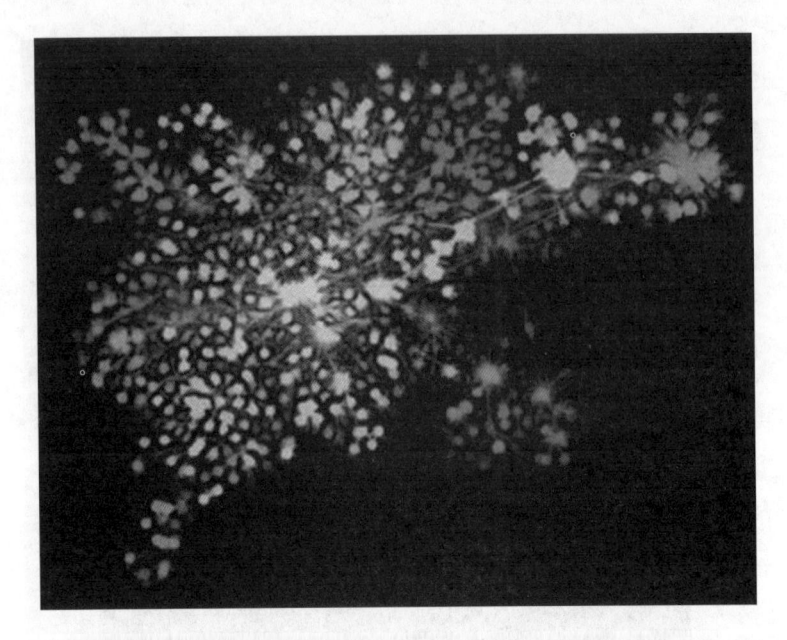

Figura 3.5. *Protein Homology Graph*. Alex Adai e Edward Marcotte.
Imagem cortesia de Alex Adai e Edward Marcotte.

à mão livre no ar. Seus movimentos são gravados e então digitalizados em um modelo computadorizado. Uma máquina rápida "imprime" os objetos, como atraentes móveis de plástico (veja Figura 3.6). No Celestial Mechanics Project, o designer de softwares Aaron Koblin usa dados da aeronave FAA para tramar as mudanças dinâmicas da aeronave no céu. O resultado dos testes pode ser exibido em um planetário.[5]

De acordo com a tradição, os museus exibem obras de arte de um único momento no tempo. Hoje é possível exibir obras digitais que mudam continuamente. Na mostra *Design and the Elastic Mind*, podem-se observar os padrões em constante mudança de uso da internet em locais com escopos diferentes. Além disso, uma vez publicada uma obra, ela pode ser retrabalhada de modo contínuo, pelo mesmo artista ou por qualquer outro candi-

---

[5] Ver http://www.aaronkoblin.com/work/flightpatterns/1_1920.png

Figura 3.6. *Sketch Furniture*. Sofia Langerkvist,
Charlotte von der Lancken, Anna Lindgren e Katja Savstrom.
Cortesia de Friedman Benda e Front Design.

dato a artista, conhecido ou não, talentoso ou não. A noção de uma obra de arte concluída – que permanece igual para sempre – hoje é questionada. De fato, obras criadas por indivíduos, por coletivos ou somente por computadores estão sujeitas a variações sem fim.

A possibilidade de criar obras a partir de outras obras, já existentes, totalmente ou em parte, foi ampliada de forma imensurável. Com meros cliques de um mouse, é possível concatenar tantos padrões imóveis, móveis, linguísticos e musicais quanto se queira e criar uma nova obra. Como sinalizei em meu exemplo de abertura da compilação de David Shield, *Reality Hunger*, há muita controvérsia em torno de essa atividade merecer ser considerada uma obra de arte original ou apenas um empréstimo ou mesmo roubo de criações alheias. As reações de uma pessoa a um objeto podem refletir o conhecimento ou a ignorância dos meios reais de produção.

Estou grato aos artistas e designers que me permitiram reproduzir fotos reconhecidamente inadequadas de suas obras. Ao mesmo tempo, devo confessar uma certa frustração. Palavras, conceitos, estruturas e reproduções existentes não bastam para caracterizar o atual estado de coisas dentro e através das formas tradicionais de arte. (De fato, é difícil descrever essas imagens e mais difícil ainda comunicar seu significado quando o tamanho e as cores não podem ser mostrados de forma fiel.) Artistas, designers, curadores e estudiosos de várias disciplinas são desafiados a desenvolver a estrutura na qual analisar essas "obras" – tornando o irrefletido um pouco mais refletido, eliminando um pouco do medo em torno do aterrador, mas também complicando distinções que antes pareciam claras. Os artistas, designers, cientistas e engenheiros contemporâneos querem fazer coisas, testá-las, manipulá-las; eles não se importam com limites nem pensam em especificar o balde ao qual pertencem suas criações. As divisões entre disciplinas, artes e ofícios, reais e virtuais, digitais e analógicas, estão derretendo mais depressa que as calotas polares.

É claro que as intimações dessas tendências podiam ser discernidas anteriormente. Podemos discutir a respeito de se a natureza das obras de arte e nossos sensos de beleza mudaram em termos qualitativos ou somente quantitativos. Podemos debater se, e em que extensão, essas mudanças dependem do pós-modernismo e dos veículos digitais de mídia. Mas observe: há cem anos, ou talvez cinquenta, uma exposição como *Design and the Elastic Mind* teria sido considerada para um museu de arte uma instituição que exibe objetos de beleza concebidos por artistas praticantes, nascidos em sua maioria em um passado remoto. Pelo mesmo raciocínio: há cem ou talvez cinquenta anos, uma velha máquina de escrever apanhada em uma tempestade de neve teria chocado o sistema nervoso de um museu importante e parecido mais apropriada para um local bem distante da Quinta Avenida. Hoje essas mostras e exposições são comuns. A beleza certamente não foi posta de lado. Ela acompanha novos conjuntos de objetos e experiências que – em oposição a proporções geométricas, médias de ouro ou realismo fotográfico – provocam interesse, são memoráveis e convidam a uma exploração posterior.

Cedo ou tarde os poderes e as limitações inerentes aos novos veículos de mídia ficarão claros. O perfil emergente quase sempre é uma surpresa, em especial para os não "nativos" dos novos veículos. Consegui nascer bem antes de computadores pessoais, realidades virtuais e a blogosfera poderia ter sido imaginada – até mesmo por visionários. E assim minha mente está perplexa pelas várias possibilidades que há apenas poucos anos pareciam impossibilidades: que obras de arte favoritas possam ser transmitidas instantaneamente para o mundo inteiro; que um museu possa exibir todas as suas obras on-line; que o software ARTstor tenha tornado disponíveis na rede virtual incontáveis obras de arte valorizadas pelo mundo (e mudará suas ofertas com a emergência de novas avaliações); que indivíduos possam misturar e combinar os conteúdos de canções já compostas e acrescentar com facilidade suas misturas ao amálgama; que, pelo programa Guitar Hero, adolescentes possam imitar qualquer astro do rock que escolherem; que até mesmo crianças pequenas possam formar portfólios de seus trabalhos on-line; que vídeos criados por amadores possam hoje ser recebidos e criticados no YouTube por dezenas, centenas ou mesmo milhares de espectadores; que o bom e o ruim, o belo e o feio, o verdadeiro e o falso possam ser enviados prontamente para o mundo inteiro, se não para o espaço exterior.

Não há dúvida de que, no *New York Times* da próxima segunda-feira (supondo que a publicação ainda exista), ficarei sabendo a respeito de outro meio que pode jogar com sons, imagens e personagens de uma maneira original.

Pesquisando este estado de coisas, aproveitei uma ideia introduzida há algumas décadas por André Malraux, proeminente intelectual francês do século passado. Para descrever a acessibilidade de obras sobre arte na era da fotografia, Malraux criou o termo "o museu sem paredes". Mesmo na época dele, graças às reproduções, era possível, para um amante da arte, ter ao menos alguma exposição a obras de arte de várias culturas. E agora, graças à internet e a fontes como o ARTstor, podemos ter acesso instantâneo a quase todas as obras de arte já criadas, bem como a close-ups, mash-ups, cut-ups ou virtualmente qualquer outra versão das obras.

Duas sequelas. Primeira, hoje qualquer um pode desenvolver a própria estética, inclusive um senso de beleza, e monitorar o curso desse portfólio individualizado ao longo do tempo. As muitas mudanças trazidas pelos novos meios digitais influenciarão a maneira pela qual inúmeras pessoas percebem as obras de arte, o que consideramos belo e que formas nosso portfólio individualizado assumirá no futuro. Em segundo lugar, o acesso à obra "original" poderá se tornar menos importante, uma vez que os simulacros se tornaram tão acessíveis. Assim sendo, muitas pessoas foram levadas a perguntar: por que se dar ao trabalho de ir a um concerto caro, se posso ouvir os desempenhos mais impecáveis no sistema de som de minha casa?

Uma possibilidade é que a obra de arte em si deixe a posição central, passando a ser apenas parte de uma experiência muito mais ampla. As experiências artísticas poderão passar a envolver – talvez já estejam fazendo isso – apenas as pessoas ligadas à produção ou disseminação das obras. Que porcentagem da arte visual de hoje envolve Jeff Koons, Matthew Barney, Jenny Holzer ou Cindy Sherman como celebridades, em vez de somente suas obras? E quanto à galeria de Chelsea que exibe as obras deles, a celebridade de Hollywood que as comprou (e por quanto), a casa de leilões que cuida das vendas, as maneiras pelas quais as obras foram transformadas, de forma digital ou até viral?

Neste contexto, as mudanças nos papéis dos museus podem ser particularmente reveladoras. No passado, os museus de arte eram santuários para onde as pessoas iam, muitas vezes sozinhas, para ter experiências diretas e sem intermediários com obras de arte originais. Mas hoje, para muitos visitantes, os museus são tentadores devido à experiência total da visita. O pretexto aberto continua sendo a experiência de objetos: aqueles que interessam, têm forma memorável, convidam a visitas adicionais e, com alguma sorte, evocarão experiências de beleza frequentes, apesar de não totalmente previsíveis. Contudo, na prática as pessoas visitam museus com parentes ou amigos, bem como outros visitantes, para explorar a livraria, comer no café, surfar pela internet no quiosque ou em celulares, talvez fazendo perguntas a respeito das obras. Mais importante pode ser a convicção de que o tempo no museu foi bem gasto.

É possível que um dia os museus sejam superados por performances ao vivo de artistas, contra um pano de fundo digital das obras sempre em mutação. E nesta era digital, assim como as artes podem envolver o artista, ou ele e suas obras, as artes também podem envolver o grupo. O testemunho de Carla Peterson, diretora artística do Dance Theater Workshop, é revelador: "Em vez de criar uma única linguagem de movimento ao estilo de Martha Graham ou Merce Cunningham... hoje os coreógrafos focalizam questões conceituais, usando colaboradores, experimentando e dialogando com obras de outros artistas, suas noções de autoria, mistura de gêneros, repensando a relação da dança com o movimento e com as audiências." Distinções e fronteiras que eram assumidas décadas atrás tornaram-se vagas e podem desaparecer. E talvez a beleza tenha de ser novamente reconcebida, com referência a novas instituições e novos modos de produção e de conhecimento artístico.

Hora de tranquilizar. A despeito das possibilidades preocupantes, se não distópicas, que acabei de apresentar, não creio que iremos rejeitar obras de arte que foram saudadas no passado. Os espectadores ainda desejarão ver vasos gregos, pinturas chinesas, esculturas de Michelangelo – se possível, na forma original e no local em que foram criados. O público ainda irá assistir a apresentações de peças de Eurípides, Shakespeare e Molière. Há razões pelas quais determinadas obras resistem a longo prazo e é por isso que continuam a convidar para uma exploração mais profunda. As noções iniciais de beleza não são deletadas; em vez disso, são expandidas e individualizadas ao longo das linhas que sugeri.

Chego a ousar predizer que continuará a haver concertos de música clássica e romântica – incorporando novas concepções de beleza na música e que continuarei a assistir a eles. Talvez haja uma versão musical do paradoxo de Zeno [filósofo grego, fundador da escola estoica]: em concertos (e somente neles), por mais que envelheça, poderei nunca chegar à idade média da plateia! E creio que os museus irão provavelmente resistir, on-line e off-line, e que o público ainda irá acorrer a uma exposição de obras de Renoir, Van Gogh, Mark Rothko ou Jackson Pollock, mesmo que os próprios artistas não estejam presentes para aparecer na capa da revista *Time*. Poderá haver menos visitas solitárias, os frequentadores tenderão a levar consigo dispositivos portáteis, o público poderá se importar mais com a experiência como um todo do que com as obras específicas visitadas: mas o encontro com a obra de arte em si – *Das Ding an Sich* (a coisa em si, em termos de Kant) – nunca irá desaparecer. Pelo mesmo raciocínio, as pessoas continuarão a gostar da natureza – embora, como nos lembra o exemplo das montanhas aos olhos dos franceses do século XVIII, os aspectos da natureza que são apreciados poderão mudar.

Caso Immanuel Kant voltasse à sua casa em Konigsberg, Alemanha, ficaria surpreso. Ele teria de rever seu tratado sobre julgamento e suas reflexões sobre o belo e o sublime – e talvez concordar em autografar livros na livraria mais próxima. Caso não tivesse um agente de relações públicas, ele poderia permanecer na obscuridade. Mas também acredito que sua obra, descoberta apesar da concorrência, teria seu mérito reconhecido e confirmado.

Contudo, caso minha linha de argumentação seja válida, as noções tradicionais de beleza deixarão de ser dominantes. Dedicaremos mais espaço físico, psíquico e talvez até mesmo neural a outros sintomas das artes: a obras e experiências e à "arte performática" que são melhor caracterizadas como interessantes, talvez inspiradoras de reverência e algumas vezes horríveis, mas também memoráveis em seu modo de apresentação e convidando a uma maior exploração.

Igualmente dramática, a noção do artista solitário trabalhando como escravo no sótão para produzir uma obra-prima desconhecida vai parecer cada vez mais anacrônica (assim como os cientistas isolados estão cedendo lugar a grandes equipes de pesquisadores, muitas vezes anônimos, em uma ou mais grandes instalações). Artistas continuarão a ser conhecidos – e talvez se tornem famosos por mais de 15 minutos –, mas essa fama poderá ser cada vez mais difícil de se separar do culto da personalidade, da história da aquisição e de um nicho dentro de uma narrativa mais ampla. E as obras, processos, experiências que forem amplamente partilhados poderão ter, muitas vezes, uma origem e uma reação comunais. As linhas, antes firmes, entre arte e ciência, real e virtual, individual e coletivo, natureza e cultura, serão tão contestadas que as delineações anteriores – inclusive aquelas aqui evocadas – poderão vir a ser consideradas anacrônicas.

E assim, conforme prometido, encontramos um estado de coisas complexo, mas que no final é razoavelmente tranquilizador. As pessoas irão continuar a buscar e gostar de objetos e experiências que geram experiências e julgamentos de beleza. Depois de ocorrido o fato, podemos ser capazes de fazer um relato coerente de como ocorreram essas experiências e esses julgamentos. Mas os exemplos que apresentei, tirados da história das artes e de minha própria experiência, são reveladores. Eles permitem prever o que será belo – com base no conhecimento do sistema nervoso, por um lado, ou dos valores de mercado correntes, por outro. De fato, as explicações baseadas fortemente na biologia ou na economia estão condenadas a ser triviais ou erradas. Somente com base em um conhecimento detalhado e contextualizado da história, da cultura e da natureza humana podemos explicar experiências específicas do belo – tanto aquelas apreciadas por um indivíduo como as que reverberam através de grupos ou mesmo de culturas.

No fim, nossa "história" da beleza é bastante diferente da nossa "história" da verdade. Apesar das complexidades pós-modernas e digitais, a tendência no sentido de verdades estabelecidas mais firmes é sólida. Em contraste, as concepções tradicionais de objetos e experiências belos não mais são suficientes. A experiência de beleza é ainda mais dependente da criação de objetos e experiências que, qualquer que seja sua origem, geram interesse, são memoráveis e convidam a novas explorações. Além disso, não se pode prever o que será julgado como belo; fatores históricos, culturais e acidentais superam qualquer consideração baseada no cérebro ou em qualquer ordem econômica. Em vez de ponderar as predileções evolucionárias de mulheres e homens pré-modernos ou as supostamente inexoráveis de oferta e demanda, devemos focalizar as variações que emergem – por acidente ou não – e esperar para ver quais delas encantam ou assustam cada pessoa imersa no mundo das artes. Podemos convergir para ainda mais perto da verdade, mas nossas próprias experiências de beleza irão divergir cada vez mais das experiências alheias.

CAPÍTULO 4

BONDADE

Quando comecei a ponderar os temas deste livro, Immanuel Kant não estava em minha mente. Contudo, não levei muito tempo para aceitar que, pelo menos de um modo geral, minhas três virtudes lembram os focos da seminal trilogia filosófica de Kant: a Razão Pura lidando com a verdade, o Julgamento com o belo e a Razão Prática com a esfera moral, o bem. De acordo com o economista John Maynard Keynes, um pensador igualmente influente, somos todos escravos das teorias de algum economista morto, embora seja improvável que tenhamos consciência disso. Isto é, as ideias que *pensamos* serem nossas, ou que acreditamos que *sempre* existiram, quase sempre vieram de um pensador cujas ideias foram absorvidas, de maneira consciente ou não, pela cultura. Note apenas como as explicações psicanalíticas permeiam nossa cultura, mesmo entre aqueles que rejeitam de modo explícito as ideias de Freud ou que desconhecem seu nome.

Por mais que possamos gostar, porém, não devemos descansar sobre a problemática ou as conclusões de nossos ilustres antepassados. Caso Immanuel Kant chegasse à cena hoje, sem dúvida ficaria perplexo com a crítica pós-moderna que questiona qualquer esforço sério para delinear – para não dizer glorificar – o verdadeiro, o belo e o bom. Além disso, como os assim chamados imigrantes de nossa era, ele não saberia o que fazer das redes sociais como o Facebook, das realidades virtuais, dos jogos para múltiplos usuários com muitos milhares de jogadores e dos milhões de mensagens de qualidade variável na internet. Ele teria de repensar e talvez rever seu empreendimento. Em sua ausência, mortais inferiores precisam aceitar o desafio de Kant; cada geração deve rever o verdadeiro, o belo e o bom. Por mais tentador que seja, não podemos somente santificar nem banir brutalmente esses conceitos.

Quanto à verdade, cheguei a uma conclusão tranquilizadora. Embora não haja uma verdade única, várias disciplinas e profissões nos permitiram delinear diferentes esferas de verdade com alguma confiança e, ao longo do tempo, deveremos ser capazes de estabelecer a verdade (e as verdades) e distingui-la da falsidade e da "verdade intuitiva". Também preservei um papel para a experiência de beleza em nossa apreciação das artes – e dos intrigantes híbridos e amálgamas de arte e ciência e de arte com o mundo natural, que se tornaram predominantes nos últimos anos. Mas salientei a importância de "sintomas das artes" complementares – especificamente o trio de caráter interessante, memorabilidade e convite a revisitas – que dão origem às experiências de beleza. Concluí que os sensos de beleza estão se tornando cada vez mais individualizados em nossa época e aplaudi essa tendência.

Chegamos agora a nosso tópico restante – o bem. Ou, para ser mais exato, o Destino do Conceito do Bem em uma Era Digital Pós-moderna. (Soa quase como Kant! – *Das Schicksal von der Konzept*...) Cheguei a ver "o bem" como uma propriedade de nossas relações com outros seres humanos – indivíduos a quem conhecemos bem e também desconhecidos; grupos íntimos e também distantes; e, igualmente importantes, indivíduos com quem temos relações em consequência do nosso trabalho ou da prática de uma profissão. A seguir, falo de *boas pessoas, bons cidadãos* e *bons trabalhadores*. De certa forma, nossa noção do que constitui boas relações com os outros pouco mudou ao longo dos milênios – e falo aqui de "moralidade de vizinhos". Mas é importante notar que o significado de ser um bom vizinho ou um bom cidadão é um conceito que emergiu gradualmente em tempos recentes – falo aqui da "ética de papéis".

Analisarei agora o tópico de maior importância: as maneiras pelas quais nosso senso de "o bem" deve ser repensado em nossa era. Sugiro que, na esteira dos predominantes meios digitais, precisamos recriar as maneiras pelas quais lidamos on-line com pessoas conhecidas e desconhecidas. Além disso, diante de pressões para adotar o relativismo ou sucumbir ao absolutismo neste mundo repleto de sentimentos pós-modernos, a construção simultânea de um conjunto global de ética por culturas diferentes tornou-se crucial.

Se você é como eu, lembra-se dos Dez Mandamentos desde os primeiros anos de sua vida consciente. Porém, até pouco tempo eu não tinha me dado conta de que os mandamentos na verdade caem em duas categorias. Os quatro primeiros nos lembram de que estamos na presença de Deus e que Lhe devemos respeito e obediência incessantes e incondicionais. Isso cuida do Sobrenatural. Os mandamentos restantes são evidentemente locais. Honrar pai e mãe e tratar bem o próximo – especificamente, não os mate, não roube deles, não minta para eles nem durma com eles. É fácil ver esses mandamentos em ação nos primitivos clãs nos quais os humanos viveram no passado – comunidades de poucas centenas de pessoas, onde todos conheciam todos, ao menos pelo rosto (e esse rosto podia pertencer a um parente próximo) e todos o conheciam. Se você cometesse um pecado, provavelmente ele logo seria de conhecimento comum e, a menos que fosse extremamente poderoso, você corria sério risco de uma retaliação dos indivíduos ofendidos ou da comunidade como um todo. Os Dez Mandamentos colocaram esses preceitos morais em um relicário; na verdade, é duvidoso que qualquer comunidade na qual roubo, adultério e assassinato fossem a ordem do dia ou o padrão da noite tivesse sobrevivido.

Em muitas sociedades, encontramos um adágio ainda mais simples: a Regra de Ouro – "Faça aos outros...". Ou, caso você se incline para o pessimismo, pode invocar a versão menos positiva: "Não faça aos outros..." Mais uma vez, vejo isto como uma declaração a respeito do relacionamento na esfera local, com respeito àqueles a quem a pessoa conhece e com as quais se encontra regularmente. É provável que a Regra de Ouro estivesse presente e em operação muito antes de ser captada em uma frase sucinta, verbal ou escrita – a prática de Hamurabi, de "olho por olho", parece representar um princípio bem enraizado. A sobrevivência de uma comunidade a longo prazo pressupõe algum tipo de reciprocidade benevolente.

Você pode estar pensando que meu apelo a ideias universais pressagia um relato evolucionário de moralidade. O mesmo autor que escarneceu de uma explicação biológica de beleza está prestes a adotar uma explicação biológica de moralidade. E acredito que, devido à evolução, nós, primatas superiores, temos uma forte sensibilidade à justiça e, pelo lado pessimista, um estado de alerta agudo em relação àqueles que trapaceiam ou vivem à custa dos outros.

Mas considerações importantes prejudicam qualquer tentativa de reduzir a moralidade humana – isso para não falar da ética – a uma explicação estritamente biológica. Em primeiro lugar vêm a definição e o tamanho do grupo relevante. Duvido que haja uma sociedade na qual assassinato, roubo ou adultério sejam perdoados no âmbito da família nuclear. Na verdade, sentimos repulsa quando tiranos como Saddam Hussein ou Josef Stalin maltratam ou aniquilam membros de suas próprias famílias. Mas, como esses exemplos horríveis nos fazem lembrar, o tamanho do grupo relevante pode ser bastante pequeno e sujeito a mudanças rápidas. Ai do membro do Partido Comunista nos anos 1930 ou do Partido Baath nos anos 1980 – mesmo aqueles do "círculo interior" – que ousasse questionar qualquer coisa ordenada ou mesmo intimada pelo Líder Supremo!

Além dos limites da vizinhança, cessam todas as apostas. A Bíblia não é um manual de bondade e graça; o genocídio com respeito "aos outros" é o leitmotiv dos Cinco Livros de Moisés. E nos dias da guerra moderna, quando nossos inimigos são distantes e anônimos, quando engenhos teleguiados podem fazer o serviço dos guerreiros, as restrições etológicas a matar – um inimigo humano que ergue os braços ou está prostrado no chão – são muito reduzidas. Parafraseando uma observação atribuída a Freud: "Se uma pessoa pode ganhar uma moeda apertando um botão e matando uma pessoa no outro lado do mundo, lá pelo fim da semana todos em Viena seriam milionários." Em poucas palavras: nossa moralidade pode ser assustadoramente local.

Contudo – e este é o ponto crucial –, nossa moralidade amigável não precisa ser aplicada somente aos moradores de nossa rua. Os seres humanos mais influentes se comportam de forma igualmente moral com *todas* as outras pessoas, sem levar em conta aparência, antecedentes e distância. O tamanho do grupo que optamos por incluir em nossa "vizinhança" é um produto de história, cultura e ação individual – não do cérebro ou dos genes.

Uma explicação biológica do bem é inadequada sob outro aspecto: ela não pode tratar com a emergência e a evolução continuada de grandes sociedades, as quais se tornam socialmente complexas. Para usar um termo da sociologia de Émile Durkheim de um século atrás, elas são marcadas por uma crescente "divisão do trabalho". Em um pequeno clã de agricultores, caçadores ou pescadores, de um ano para o outro todos os homens fazem mais ou menos as mesmas coisas (por exemplo, buscar alimentos) e também todas as mulheres (por exemplo, preparar e servir os alimentos). E assim as regras da sociedade – inclusive o que se deve e não se deve fazer – se aplicam a todos os seus membros. Os Dez Mandamentos e a Regra de Ouro – ou, numa versão mais vingativa, o "olho por olho" de Hamurabi – são suficientes, com respeito tanto à esfera do trabalho quanto à qualidade de membro da comunidade.

É possível uma sociedade crescer em tamanho sem uma divisão apreciável do trabalho. Pode ser que esse inchamento tenha acontecido ao longo de séculos, em grandes regiões agrárias da China e da Índia. Mas, de modo geral, à medida que as sociedades crescem e surge a civilização como a conhecemos, segue-se inevitavelmente a divisão do trabalho além dos papéis ligados ao sexo. Poucos governam e muitos são governados. Uns poucos privilegiados são alfabetizados. Eles redigem regulamentos, compõem, recitam e interpretam textos a respeito do passado e do presente da sociedade, lidam com trovas mercantis complexas, mantêm os registros financeiros de suas casas ou do reino. Os restantes, sem o benefício da alfabetização, continuam a lidar com as provações e tribulações da vida. Com o tempo, emergem artes e profissões especializadas. E assim, no auge da Idade Média, digamos em 1200 d.C., nos centros de poder na China, Índia, no México,

Peru ou na Europa Ocidental ou Bizantina, as sociedades abrangiam líderes militares, potentados políticos, servos, artesãos, joalheiros, curandeiros, juízes e construtores, além de outros papéis altamente diferenciados.

Sob essas circunstâncias, a Regra de Ouro e os Dez Mandamentos são insuficientes, em alguns casos de forma lamentável. Não que bondade e reciprocidade devam ser evitadas, mas os papéis que são parte de qualquer sociedade complexa produzem de modo regular dúvidas que não poderiam ser previstas antes, dilemas em que até mesmo a melhor das intenções ou os antecedentes mais memoráveis não são necessariamente suficientes.

Permita-me elaborar uma distinção e um vocabulário que esclareceram meu próprio modo de pensar – a distinção entre moralidade e ética. Proponho que reservemos o termo *moral* para as interações entre seres humanos em virtude de sua humanidade, do reconhecimento mútuo deste fato e de eles participarem de uma tribo, clã ou comunidade local. No esforço para evitar confusão com o uso comum, cunhei a expressão "moralidade de vizinhos". Estamos no território dos Dez Mandamentos, da Regra de Ouro, do Código de Hamurabi. Quando Sigmund Freud observou que "a moralidade é evidente por si mesma", estava presumivelmente se referindo àquilo que é considerado bom e àquilo que é considerado mau no nível local. Graças a nossos genes e cérebros, somos predispostos a adotar a moralidade da vizinhança.

Aos dois ou três anos de idade, as crianças, em sua maioria, já usam, articulam e se baseiam na distinção entre bom e mau. Na verdade, o senso inicial de bom está em grande parte centralizado naquilo que é bom para o Ego – isto é, aquilo que faz a pessoa feliz, bem alimentada e com posses, ao contrário de intimidada, faminta ou pior. Em poucos anos, "bom" passa a abranger um senso de justiça – pode ser que a pessoa nem sempre seja justa com as outras, mas ela certamente espera ser tratada com equidade por parentes, vizinhos e, acima de tudo, pelos pares. A socialização pela comunidade – realizada por bem ou por mal – requer a ampliação do senso de bom, para que ele se torne menos autocentrado e egocêntrico, mais cônscio do bem-estar dos outros membros do grupo e mais alerta para o "bem comum". Essa socialização pode ser mal ou bem executada, com ou sem consistência. Em poucos anos, os resultados – sejam eles admiráveis, lamentáveis ou uma mistura de ambos – podem ser vistos em casa, na rua, nos campos de jogo, nos ritos de iniciação e nas instituições organizadas como escolas e igrejas. Caso tudo ocorra bem, se a pessoa segue a Regra de Ouro e alguma variante dos Dez Mandamentos, ela é vista como sendo uma boa pessoa.

Contrasto *moralidade*, um conceito de vizinhança, com *ética*, um conceito apropriado para sociedades complexas. Essas sociedades, sendo altamente diferenciadas, com o passar do tempo criaram conjuntos de princípios e práticas que marcam e regulam uma profissão em particular. A ética envolve uma capacidade abstrata, uma atitude abstrata. Na esfera da moralidade do bom vizinho, a pessoa pensa em si como somente um indivíduo (sou Howard) e pensa nos outros pelo nome (minha esposa Ellen, minha irmã Marion, meus filhos, parentes mais distantes, amigos, vizinhos, amigos e adversários). Em contraste, na esfera ética a pessoa pensa em si em termos de papéis. Pensar em si mesmo como ocupante de um papel requer a capacidade para *sair* da própria pele e das interações cotidianas e conceitualizar a si mesmo como Trabalhador e Cidadão. E assim, complementando a "moralidade de vizinhos", cunhei a frase "a ética de papéis".

Em meu caso, quando uso o chapéu ético na esfera do trabalho, penso em mim mesmo como ocupando os papéis de professor, estudioso, pesquisador de ciências sociais, autor e palestrante, ou mesmo intelectual público. Cada uma dessas profissões possui as próprias pressuposições éticas, em alguns casos contidas em códigos explícitos. Voltando minha atenção à cidadania, penso em mim em meus papéis no local de trabalho (Harvard University), em minha comunidade (Cambridge, Massachusetts), minhas filiações organizacionais (membro de conselhos de administração), meu estado, minha região, minha nação e, cada vez mais, o planeta (paro aqui, embora os mais previdentes entre nós possam se imaginar como cidadãos da galáxia ou mesmo do universo). Mais uma vez, com respeito a cada uma dessas esferas, existem expectativas éticas, em alguns casos contidas em regulamentos ou leis.

Note que, de acordo com essa linha de argumentação, a cidadania não é uma categoria natural ou evidente por si só. Desde tempos imemoriais os indivíduos são membros de um clã ou tribo; nesse papel, eles esperavam que os outros se comportassem de forma moral em relação a eles, cuidavam de suas tradições e acabavam assumindo algumas responsabilidades mais amplas para com a coletividade (por exemplo, patrulhar em busca de intrusos, deixar parte da colheita para os outros). Mas, para mim, a ideia de ser cidadão de uma comunidade politicamente organizada – seja ela uma cidade-estado grega, a República Romana, os Estados Unidos e a França depois de 1789 – faz sentido somente dentro de uma sociedade maior, onde a pessoa mantém relações com outras que não conhece e poderá nunca conhecer pessoalmente.

A ética de papéis requer um componente adicional crucial, além da capacidade de adotar uma atitude abstrata. Essa feição é o conceito de *responsabilidade*. Hoje em dia, em particular nos Estados Unidos, nenhum grupo, seja social ou profissional, apresenta problemas para declarar seus direitos. (Às vezes brinco que o primeiro verbo não físico dominado pelas criancinhas americanas é *processar* judicialmente. De minha perspectiva, a característica principal de uma posição ética verdadeira por completo é o senso de responsabilidade. É correto que o trabalhador ou cidadão tem certos direitos. Mas o trabalhador ético não se levanta cada manhã e grita: "O que me é devido? Quais são meus direitos?" Em vez disso, pergunta: "Como sou um profissional e tenho direito a um certo volume de recursos, respeito e autonomia, quais são minhas responsabilidades?" O cidadão ético também não insiste em seus direitos – embora eles sejam importantes e possam ter sido conquistados com muita luta. Em vez disso, ele pergunta: "Agora que conquistei o status de cidadão, quais são minhas responsabilidades?"

Uma ressalva é importante: é fácil ser ético quando seu interesse pessoal está garantido – sem problemas, siga em frente e receba duzentos ou dois trilhões de dólares. O verdadeiro teste da ética ocorre quando seu interesse é colocado contra a coisa certa a fazer em seu papel. O médico está pronto para viajar no feriado com sua família, mas aparece um paciente que requer cuidados imediatos. O que deve fazer o médico? Um cidadão afluente pode ser contra um aumento progressivo da alíquota do imposto, mas ele sabe que um aumento em seus pagamentos de imposto ajudará muito os menos afortunados provendo serviços médicos ou educacionais necessários. Como ele vota a respeito do aumento proposto? O teste de ética é responsabilidade, independentemente do resultado. Penso aqui na visão do filósofo John Rawls de uma "comunidade justa", estabelecida por um véu de ignorância. De acordo com Rawls, as leis que regem uma sociedade deveriam ser elaboradas sem o conhecimento antecipado da capacidade da pessoa e de seu nicho dentro da sociedade.

Procurei demonstrar por que, em nossa época, a palavra *bom*, simples e curta, abriga uma complexidade considerável. Em qualquer sociedade diferenciada, a moralidade amistosa leva a pessoa só até certo ponto. O significado de se comportar de forma adequada no papel de advogado, médico, engenheiro, contador, professor, comerciante e assim por diante – ou ser um cidadão responsável em seu local de trabalho, na organização à qual a pessoa pertence e nas sucessivas instituições organizadas das quais ela é membro – simplesmente não é claro nem transparente. Não há dúvida de que a moralidade amistosa é evidente por si mesma – "ama o próximo como a ti mesmo". Mas cada um dos domínios profissionais antes mencionados envolve conhecimento técnico. Não existe maneira legítima pela qual um leigo possa ditar, por exemplo, para um advogado, que evidências devem ser incluídas e como podem ser conseguidas; ou para um arquiteto, como criar e implementar planos que sejam ao mesmo tempo atraentes, práticos, seguros e legais; ou para um médico, qual manual ou website consultar e sob quais circunstâncias ignorar as "melhores práticas" recomendadas. E os Dez Mandamentos não irão me instruir a respeito de como votar em uma indicação para o corpo docente, se devo ou não apoiar a retirada de uma famosa obra de arte de uma coleção, ou como escolher entre candidatos políticos que defendem abordagens contrastantes ao aquecimento global.

Contudo, com respeito à distinção entre moralidade amistosa e ética de papéis, é preciso ter em mente algumas observações de cautela. Primeira, os escritores usam os termos moralidade e ética de muitas maneiras – em alguns casos, por exemplo, *moralidade* é o termo "guarda-chuva", com *ética* considerado um subconjunto. Segunda, algumas autoridades acreditam que os preceitos que atribuí a clãs locais são de fato direitos e obrigações universais, as quais são suficientes para reger nossas ações como trabalhadores e cidadãos. Por mais que se queira que as coisas fossem assim, acredito que se trata mais de uma aspiração do que uma realidade.

É importante estipular que a distinção entre moralidade e ética não é absoluta. Grande parte daquilo que considerávamos moral vaza para o ético: não devemos prejudicar quem está longe de nós mais do que devemos prejudicar quem vemos todos os dias. E grande parte do ético é relevante para o moral: podemos nos ver como trabalhadores e cidadãos, mesmo em relação às pessoas que frequentam nossa sala de aula, moram na casa ao lado ou, é claro, moram em nossa própria casa. As linhas entre pessoa, membro da família, vizinho, trabalhador e cidadão são porosas, não absolutas.

Tendo em mente essas observações de cautela, como deve a pessoa pensar em "o bem"?

Com base na definição que introduzi, as avaliações do que é "bom" (ou "não bom") se aplicam a *relações humanas*: as relações que regem como nós, seres humanos, agimos uns com os outros, em termos locais e globais. O senso primário de "bom" (ou "mau") nos acompanha há milênios: ele se refere a como tratamos nossos parentes, amigos, vizinhos – somos cruéis ou bons, generosos ou egoístas, justos ou injustos? Em uma palavra, ele nos caracteriza como pessoas "boas" ou com várias deficiências. Mas devido à crescente complexidade das sociedades nos últimos tempos, precisamos acrescentar um senso adicional de "bom": vivemos à altura de nossas principais responsabilidades como trabalhadores ou temos deficiências importantes?

Acontece que minha pesquisa focalizou essas questões. Ela sugeriu maneiras pelas quais conceitualizar essas instâncias mais novas do "bom", assim como as maneiras pelas quais trabalho e cidadania são novamente questionadas por visões pós-modernas e pelos veículos digitais.

Desde meados dos anos 1990, com meus colegas Mihaly Csikszentmihalyi, William Damon e muitos outros pesquisadores, estudo o conceito de "bom trabalho". (Recentemente, esse estudo foi ampliado para incluir a consideração de "boa cidadania".) Nosso trabalho foi estimulado basicamente por dois eventos. No nível pessoal, vimos as constatações de nossa pesquisa anterior aplicadas de maneiras perturbantes. Esse abuso inesperado nos levou a considerar as maneiras pelas quais nós, como profissionais, tínhamos uma responsabilidade mais ampla pelo impacto de nosso trabalho. No nível social, observamos a crença crescente de que todos os setores da sociedade eram mais bem regulados pelas forças do mercado. De fato, éramos beneficiários do mercado de muitas maneiras e não tínhamos razão para criticar a operação generalizada dos mercados. Mas sentíamos que o domínio do trabalho – particularmente nas profissões liberais – seria vulnerável a abusos se suas facetas definidoras fossem simplesmente deixadas ao sabor das forças de oferta e demanda. Cada profissão é organizada em torno de um conjunto central de valores e é essencial preservá-los, independentemente da profissão em questão passar ou não por um "teste de mercado" no sentido estrito desse termo.

Para executar o Projeto Bom Trabalho, realizamos entrevistas em profundidade com mais de 1.200 profissionais, em nove diferentes esferas de trabalho. Reflexões sobre nossas constatações nos levaram a conceitualizar bom trabalho como tendo três componentes, cada um exemplificado pela letra E. O bom trabalho é *excelente* – satisfaz os padrões técnicos da profissão em questão. Ele é pessoalmente significativo ou motivo *envolvente*. Realizar um bom trabalho a longo prazo é difícil demais, a menos que ele permaneça convidativo e significativo para o profissional. O terceiro E é *ético*. Um bom trabalho é executado de maneira ética e responsável. O bom trabalhador se interroga constantemente a respeito do que significa ser responsável; procura se comportar dessa maneira; e tenta admitir suas falhas, como todos nós deveríamos, e se corrigir.

A distinção à qual cheguei entre "moralidade amistosa" e "a ética dos papéis" surgiu dessa pesquisa. Como seres humanos que vivem em bairros, espera-se que nós e nossos vizinhos nos comportemos de uma maneira moral. É isso que significa ser uma boa pessoa. Como profissionais, esperam que nos comportemos de forma ética e esperamos o mesmo de outras pessoas que ocupam papéis profissionais. Esses dois "sabores de bondade" refletem mecanismos pertencentes à gama de comportamento moral: um, mais automático e intuitivo, pode reger a moralidade amistosa; o outro, sujeito a reflexões conscientes, é mais relevante para nossos papéis como trabalhadores e cidadãos.

Excelência Ética Envolvimento

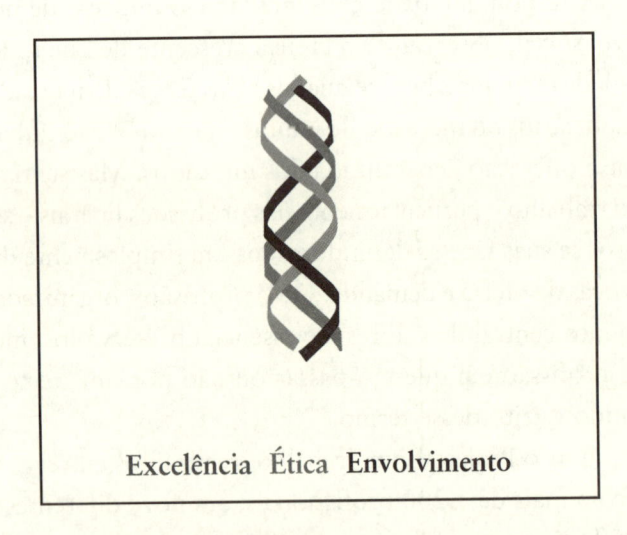

Figura 4.1. Três fios entrelaçados do bom trabalho.

Por meio de uma analogia conveniente, podemos conceber o bom trabalho como o DNA do bom profissional (veja a Figura 4.1). Assim como nosso DNA genético permite que nos desenvolvamos como membros sobreviventes do *Homo sapiens*, nosso DNA profissional permite que sejamos bons trabalhadores. E nossa tripla hélice profissional abre a possibilidade de passar as "práticas sociais", ou unidades de significado, às futuras gerações de trabalhadores.

Embora isso seja um pouco forçado, podemos pensar nos três "és" do bom trabalho como a atual instância das virtudes clássicas. A excelência está no domínio da razão pura e da verdade. Cientistas e estudiosos buscam a verdade. O envolvimento nos faz lembrar das artes e da natureza – somos cativados por aquilo que é interessante, memorável e convidativo. (De fato, quando estamos cativados, podemos até sentir um "formigamento".) E a ética nos transporta para os domínios da justiça, da vida boa e da sociedade boa.

Como mencionei, a análise do bom trabalho pode ser aplicada de forma imediata e adequada ao domínio da cidadania. Resumindo, o bom cidadão é tecnicamente *excelente* – conhece as regras e os procedimentos da comunidade ou das comunidades às quais pertence. O bom cidadão é *envolvido* – importa-se com o que acontece e mostra estar à altura da ocasião quando é necessário, ou até mesmo de forma pró-ativa. Em terceiro lugar, e particularmente importante, o bom cidadão é ético. Ele procura fazer a coisa certa – mesmo quando, ou especialmente quando, o curso de ação adequado não promove seus próprios interesses.

Idealmente, os indivíduos podem e devem ser "bons" em todos os sentidos. Mas ao aplicar esta estrutura, devemos nos dar conta de que um indivíduo pode ser uma boa pessoa sem ser um bom trabalhador ou um bom cidadão; e que todas as outras combinações de "bom" e "não bom" também são possíveis. A incapacidade de fazer essas distinções leva a surpresas frequentes – como quando alguém descobre, por exemplo, que aquele trabalhador exemplar espanca sua mulher, ou que o vizinho mais solícito da rua nunca se dá ao trabalho de permanecer informado ou de votar.

Fazer um bom trabalho nunca é fácil; há muitas demandas conflitantes e oportunidades que se opõem. O bom trabalho é mais facilmente atingido quando todos os interessados em uma determinada linha de trabalho querem mais ou menos as mesmas coisas. Chamamos esta condição de *alinhamento*. Em termos concretos, um profissional está alinhado quando os valores clássicos da profissão, as metas dos atuais praticantes, as demandas do mercado, os líderes (e, em contextos com fins lucrativos, os acionistas) da instituição e os interessados na sociedade como um todo querem mais ou menos a mesma coisa. Por exemplo, nas duas últimas décadas nos Estados Unidos tem sido relativamente fácil realizar um bom trabalho como pesquisador genético, porque a sociedade apoia este trabalho sem restrições. Todos nós queremos viver mais e ser mais saudáveis; esperamos que os geneticistas e outros cientistas de orientação biológica nos ajudem a atingir essas metas; e facilitamos – em vez de obstruir – seus empreendimentos. (Quando questões como a conveniência das pesquisas com células tronco começam a gerar controvérsias, o alinhamento pode se enfraquecer ou mesmo acabar.)

Em contraste, ao longo do mesmo período tornou-se cada vez mais difícil fazer um bom trabalho em jornalismo – um trabalho que é objetivo, justo e destituído de sensacionalismo ou de confiança excessiva em boatos e no anonimato. E isso acontece porque os vários interessados – o(s) proprietário(s), o editor, os repórteres, o público em geral – parecem querer coisas bem diferentes em sua dieta de notícias: assim sendo, o alinhamento está essencialmente ausente. Na verdade, é questionável a sobrevivência do jornalismo impresso, ao menos em uma forma reconhecível pelos mais velhos.

Em geral, o alinhamento ajuda a profissão como um todo a se manter nos trilhos. Mas no fim são os indivíduos sozinhos que decidem executar ou não um bom trabalho. Pode ser um bom trabalhador em tempos ruins e desalinhados; de fato, alguns trabalhadores são estimulados pelo não alinhamento a criar novas instituições que incorporem e confirmem os mais altos valores da profissão. Nos Estados Unidos, a morte dos programas de notícias e de cultura de alta qualidade no rádio (do tipo associado à British Broadcasting Corporation) levou à fundação do National Public Radio; no Oriente Médio, a ausência de cobertura de notícias de uma maneira moderada e com perspectivas múltiplas levou ao lançamento da Al Jazeera. É claro que uma pessoa pode ser um mau trabalhador mesmo quando a profissão é altamente alinhada. Há maçãs podres em domínios bem alinhados como a genética, assim como aproveitadores que tiram vantagem dos altos padrões éticos de seus pares.

O bom trabalho também não está restrito aos membros de carteirinha de uma determinada profissão. Os trabalhadores de colarinho-azul e colarinho-branco também possuem uma parcela de dilemas éticos. O motorista de ônibus precisa decidir se deve ou não atrasar o percurso, irritando quem está com pressa, para ajudar um passageiro que parece aflito; o operário precisa decidir se termina ou não uma tarefa importante, mesmo sem receber horas extras, ou deixá-la inacabada para ser executada por outra pessoa ou por ele mesmo no dia seguinte. Mas pelo fato de o trabalhador não ser um profissional liberal e, em geral, ter menos poder e senso de propriedade, sugiro o uso de um quarto E. O "trabalhador comum" tem maior probabilidade de executar um bom trabalho em um ambiente *equânime*. Nesse local de trabalho, todos são tratados corretamente; os privilégios da gerência são modestos ao invés de excessivos.

Poucas pessoas optariam por um ambiente de trabalho "ruim" ou "comprometido". Na maior parte dos locais, no entanto, o bom trabalho é difícil de atingir e manter a longo prazo. Nossa pesquisa revelou três fatores que elevam a probabilidade de um bom trabalho:

1. *Apoio vertical* – os valores e os princípios de operação das pessoas que estão no topo da pirâmide de trabalho ou perto dele. Se seu chefe é um bom trabalhador, dá um exemplo de bom trabalho, espera o mesmo de você e impõe sanções severas em casos de trabalho ruim ou comprometido, o exemplo dele irá exercer uma poderosa influência sobre sua ética de trabalho.

2. *Apoio horizontal* – os valores e os comportamentos costumeiros dos pares e colegas. Aqueles que estão em seu nível são bons trabalhadores e enviam sinais de alerta caso você (e outros) se desviem da norma, também dão exemplos importantes.

3. *Doses periódicas de reforço* – em qualquer profissão, haverá atos ocasionais de heroísmo, bem como alertas gerais subsequentes à des-

coberta de trabalhos comprometidos ou francamente ruins. Os trabalhadores são muito afetados por esses eventos e, em particular, pelas reações das outras pessoas a eles.

Graças a repórteres e editores corajosos, o jornalismo impresso recebeu uma dessas doses durante a era dos Papéis do Pentágono e do escândalo de Watergate. Por outro lado, pouco depois do início da primeira década do século, a reputação do *New York Times* sofreu devido a um duplo golpe: reportagens irresponsáveis e plágio por parte do repórter mentiroso Jayson Blair e a incapacidade dos repórteres e editores para questionar alegações infundadas do poder executivo dos Estados Unidos de que o Iraque possuía armas de destruição em massa.

A reação a um alerta geral é tão importante quanto o alerta. Quando o *New York Times* adotou várias medidas de controle de qualidade, inclusive a contratação de um "editor público" independente e a publicação diária de erros e correções, esses atos tiveram repercussão positiva. Em contraste, considere os comportamentos de profissionais de auditoria, finanças, serviços bancários e regulamentação no início da primeira década do século XXI. A despeito das enormes irregularidades descobertas em empresas hoje falidas como Enron, Global Crossing, WorldCom e Arthur Andersen, aqueles profissionais não deram atenção aos sinais de alerta e não instituíram nem aplicaram com rigor as regulamentações apropriadas. O resultado: a crise financeira mundial perto do fim da década.

O leitor pode estar surpreso pelo fato de eu não ter exposto um quarto, possivelmente fundamental, facilitador do bom trabalho: adesão a um credo religioso. Através da história, muitas pessoas são estimuladas a ser bons vizinhos, cidadãos e trabalhadores em consequência de suas crenças religiosas e/ou sua participação em um grupo religioso. Na verdade, é possível afirmar que a religião surgiu como meio para encorajar a moralidade amistosa e, mais tarde, como meio para promover o comportamento ético em vários papéis – e que, na ausência de religião, muitas pessoas teriam poucas razões para seguir uma vida moral ou ética.

Apesar de não ser religioso, não pretendo depreciar a religião nem questionar aqueles que acreditam em uma deidade. (Na verdade, acho que os comentaristas que atacam frontalmente os religiosos estão empenhados em uma atividade indesejável e contraproducente.) Ao longo da história humana, muitas vezes as religiões desempenharam um papel essencial, não só na promoção do bem, mas também na provisão de várias formas de beleza.

Contudo, minha decisão de não me estender sobre religião é deliberada. Não acredito que a busca da bondade dependa de qualquer religião em particular ou de qualquer crença religiosa. De fato, muitas evidências empíricas documentam que vários tipos de delitos têm tanta ou mais probabilidade de serem cometidos por crentes religiosos do que por ateus ou agnósticos. E as taxas de criminalidade são de fato as mais baixas nos países do Norte da Europa, que apresentam as menores porcentagens de crentes e a mais baixa frequência a igrejas. A despeito de algumas tendências recentes em contrário, prevejo que a crença em Deus e as crenças religiosas em geral com certeza declinarão no futuro. De qualquer forma, não quero ligar a vida moral ou ética a nenhuma instituição em particular, inclusive às religiosas. Assim sendo, eu ficaria impressionado se um novo sistema de crença realmente universal, que poderia ser de caráter religioso ou espiritual, surgisse para ajudar as pessoas a desempenhar seus vários papéis de maneira mais ética.

Eu poderia apenas afirmar que nossas concepções de bondade em moralidade e ética amistosas foram fixadas para sempre – e assim este capítulo poderia ser encerrado. Mas as duas novas forças que estamos examinando complicaram claramente o atual status de "bom". Em especial entre os jovens, os modos de pensar pós-modernos permeiam as maneiras pelas quais pensamos a respeito das questões humanas. De forma ainda mais dramática, toda nossa concepção de "bom" é contínua e radicalmente alterada pela mídia digital. Vamos considerar essas forças uma por vez.

Em primeiro lugar, o pós-modernismo. Não há esfera de vida na qual a crítica relativista tenha tido mais força do que nos domínios da moralidade e da ética. De fato, os cidadãos comuns podem estar mais relutantes que no passado em falar a respeito da beleza como se ela fosse evidente por si só; e os cidadãos, em sua maioria, reconhecem tendências nos meios de comunicação que, ao menos inicialmente, tornam problemática a determinação da verdade. Mas as ameaças às concepções de verdade e beleza são mais evidentes para os acadêmicos e membros das classes falantes do que para a maioria das mulheres ou dos homens em Peoria, Pisa ou Punjab.

Isso não se dá com o domínio da moralidade e da ética. Como sugeriu o cientista político Alan Wolfe, os americanos podem constituir o primeiro grupo na história do mundo a adotar um código de liberdade moral. De acordo com Wolfe, as sociedades, para perdurar, necessitam de um código consensual de morais e valores – isto é, a sociedade precisa agir como se fosse um grande clã. Em termos abstratos, os americanos podem concordar com esta proposição – essencialmente, ela é um endosso da moralidade amistosa em grande escala. Mas em nosso tempo, os americanos dão o passo sem precedentes de afirmar que cada pessoa pode desenvolver seu próprio código moral e levar a vida de acordo com ele. E os americanos, em sua maioria, são extremamente relutantes em julgar com rigor os códigos morais dos outros, a menos que estes sancionem, de forma franca e inequívoca, um comportamento destrutivo.

As constatações de Wolfe levantam perguntas. Em primeiro lugar, é preciso perguntar se as alegações a favor da crença na liberdade moral são exatas. Com relação à tolerância a drogas e álcool, às preferências sexuais e estilos de vida, a preferências artísticas, à diversidade étnica e racial, as tendências a longo prazo apontam sem dúvida para uma maior aceitação. É verdade que os espectadores de noticiários da TV a cabo podem inferir que os americanos são excessivamente críticos a respeito da moralidade de seus concidadãos. Mas várias linhas de pesquisa documentam que este quadro sensacionalista está errado. A maioria das pessoas não é fundamentalista de esquerda nem de direita – em vez disso, tendemos para o relativismo moral: "Viver e deixar viver."

Outras perguntas focalizam as razões para essa relutância em julgar outras pessoas. Não há dúvida de que se pode achar as origens da tolerância em vários aspectos da vida americana, desde os Quakers da era pré-revolucionária. Pelo mesmo raciocínio, podem ser encontradas muitas evidências de julgamentos rigorosos – por exemplo, por parte dos puritanos de antes da revolução da independência. Mas nossa pesquisa sugere que a perspectiva documentada por Wolfe tem origem mais recente e de fato reflete uma perspectiva pós-moderna da vida.

Nos primeiros anos deste novo milênio, perto do fim de nosso estudo formal de bom trabalho nas profissões mais proeminentes, ampliamos nossa pesquisa para jovens (profissionais liberais ou não, de adolescentes até trabalhadores com pouco mais de trinta anos). Todos os entrevistados já eram trabalhadores estabelecidos em suas respectivas esferas. Encontramos um estado de coisas surpreendente e profundamente perturbador.

Muitos trabalhadores jovens nos Estados Unidos nos contaram que reconheciam e admiravam um bom trabalho. Mas um número excessivo deles nos contou que o bom trabalho era para "mais tarde". Para eles, um bom trabalho exige uma posição ética que estavam despreparados para assumir naquele momento. Na verdade, eles podiam demonstrar a moralidade amigável com referência às pessoas mais íntimas. Mas eles ansiavam pelo sucesso, queriam-no imediatamente e não acreditavam que seus pares se comportassem de forma ética. E assim, aqueles jovens pediram essencialmente por um passe. Eles disseram: "Permita que cortemos caminho, que sejamos transigentes agora. *Algum dia* seremos bons trabalhadores quando pudermos nos dar a esse luxo, incorporaremos bom trabalho e iremos encorajar o bom trabalho nos outros." Este, é claro, é o clássico argumento "os fins justificam os meios", repugnante para Immanuel Kant (e não apenas ele) – o caminho escorregadio emanado de Boas Intenções, mas que leva direto ao Inferno. Ouvindo as palavras de muitos jovens americanos, lembrei-me do famoso apelo de santo Agostinho: "Oh, Senhor, torna-me casto e abstinente, mas ainda não."

Infelizmente, nossa descoberta tem sido confirmada por outros pesquisadores, que documentam o fino dossiê ético de muitos jovens nos Estados Unidos hoje (e não apenas lá). É claro que os jovens (e não uns poucos idosos) sempre cortaram caminho, mas, parafraseando o famoso comentário de Alan Greenspan sobre a cobiça humana atual, "nunca houve tantas maneiras para cortar caminhos". Além disso, as maneiras pelas quais os jovens refletem sobre seus julgamentos indica para mim que eles – conscientemente ou não – adotaram modos de pensar pós-modernistas.

Na década passada, realizei numerosas sessões informais de "reflexão" com jovens em várias escolas de nível médio dos Estados Unidos. Determinados temas e atitudes são recorrentes. Quando solicitados a citar pessoas que admiram, os estudantes relutam em mencionar figuras bem conhecidas, preferindo não responder ou mencionar somente pessoas que conhecem pessoalmente. Além disso, quando solicitados a citar pessoas que não admiram, eles se mostram estranhamente relutantes em fazê-lo. De fato, em uma sessão, não consegui nem que afirmassem que Hitler deveria constar de uma lista de "não admirados". Como murmurou um estudante: "Ele *fez* algumas coisas boas para a Alemanha."

Voltando à esfera do trabalho, constatamos que muitos estudantes relutam em julgar antiético um trabalho comprometido. Muitos de meus contemporâneos ficaram impressionados com o comportamento desdenhoso dos comerciantes de energia retratados em *Os mais espertos da sala*, um drama baseado em fatos reais a respeito da falecida gigante da energia Enron. Em uma cena vívida, os comerciantes riem alto enquanto gratuitamente privam centenas de milhares de californianos de energia elétrica e brincam com o preço da energia. Mas os estudantes hesitaram em censurar os comerciantes. Um deles disse: "Foi culpa do governador Gray Davis, ele deveria saber o que eles estavam fazendo." Outro opinou: "O legislativo não deveria ter desregulamentado o custo da energia; os comerciantes da Enron estavam apenas exercendo seus direitos no mercado."

Em outra sessão de "reflexão" discutimos o caso de uma reitora de admissões do MIT, muito respeitada. Fora descoberto recentemente que ela apresentara de forma errada as próprias credenciais educacionais e em consequência disso foi demitida sumariamente. Nenhum dos estudantes se manifestou em favor da demissão. Eles se dividiram da mesma forma entre dois sentimentos: (1) "Ela fazia bem seu trabalho; qual era o problema?" E (2) "Bem, afinal, todo mundo mente sobre seu currículo."

Ao analisar aquelas conversas, fiquei impressionado com duas coisas: as perspectivas adotadas pelos jovens e o sentimento com o qual eles as comunicam. Repetidas vezes, quando perguntados a respeito de uma determinada pessoa ou ação, os jovens relutavam em contar seu julgamento, até mesmo para exprimir uma preferência pessoal. Existe igualmente uma qualidade amenizada na expressão deles – o sentimento a respeito de um deslize pessoal parece ausente com relação a violações éticas mais amplas. Como pessoa que se empenhou em discussões com seus pares há décadas e conversa com gerações de estudantes, sinto-me na presença de um novo estado de coisas.

Especificamente, acredito que as linhas de argumentação empregadas pelos pensadores pós-modernos ao longo do último meio século foram incorporadas à linguagem coloquial, ao menos entre os jovens educados nos Estados Unidos. Esses estudantes podem não ter lido textos importantes de intelectuais franceses e americanos, mas assimilaram alguns de seus modos de pensar e se expressar. E assim, cada vez mais ouvimos que a verdade de uma pessoa pode não ser a mesma de outra; que duas perspectivas podem ser igualmente válidas ou igualmente certas; que ninguém tem o direito de julgar pessoas de outra formação ou cultura; que todas as pessoas possuem características boas e más.

Nunca saberemos com certeza se essas tendências poderiam ter ocorrido na ausência do pós-modernismo – os contrafatuais não podem ser testados. Mas, de qualquer forma, as pessoas interessadas no "bom" enfrentam uma situação perturbadora. Cada vez mais os americanos afirmam seu direito de formular seus próprios princípios morais e são surpreendentemente relutantes em julgar a moralidade de seus pares.

Ainda há uma outra tendência, igualmente perturbadora: os jovens americanos parecem carecer de uma bússola ética que governe seu comportamento. Uma pesquisa realizada em 2008 com trinta mil estudantes revelou que quase dois terços tinha colado em classe no ano anterior e quase um terço havia roubado produtos de uma loja. (Podemos assumir com segurança que os estudantes não estavam exagerando seus delitos – se é que viam seus atos como delitos.) Não é de se admirar que esses jovens se mostrem surpreendentemente insensíveis a violações da ética por trabalhadores. Antes de olhá-los com desconfiança, no entanto, nós adultos precisamos nos examinar no espelho. Se os padrões de comportamento ficaram frouxos, é porque *nós* fomos modelos inadequados de comportamento admirável, além de falharmos na sanção de atos inaceitáveis. Também pode ser que nós, os mais velhos, tenhamos deixado de dar respostas convincentes às críticas que incorporam uma perspectiva pós-moderna.

Pode ser que, como sugeriu há várias décadas o psicólogo Lawrence Kohlberg, seja de se esperar uma baixa temporária no senso de responsabilidade durante a adolescência. Contudo, penso que os princípios gerais do pós-modernismo aumentaram o valor da aposta – ameaçando minar *qualquer* conjunto de ética ou moral absolutas. E embora a crítica pós-moderna tenha tido seus aspectos sensatos e talvez até positivos, ela conduz a uma situação inaceitavelmente destituída de normas, um exemplo clássico de anomia, pela qual os jovens – e os não tão jovens – relutam em julgar qualquer comportamento, ação ou atitude como imoral, antiética ou errada. Onde vale tudo, nada perdura.

Como se não bastasse a crítica pós-moderna, com ela vieram os novos meios digitais de comunicação. Muitas pessoas se perguntam como as mentes e os comportamentos dos jovens foram afetados pela web, pelas redes sociais, pelas mensagens instantâneas, pelos jogos para múltiplos usuários, pela realidade virtual e assim por diante. Como observador das fileiras deles por algum tempo, cheguei a uma forte conclusão: os meios digitais representam novos e fundamentais desafios à nossa concepção do bem – às maneiras pelas quais pensamos a respeito de outras pessoas, ao comportamento delas em relação a nós e ao nosso em relação a elas. Em particular, os meios de comunicação estão no processo de nublar, ou mesmo apagar, a diferença entre moralidade amigável e a ética dos papéis – uma situação sem precedentes nos assuntos humanos.

Sob a bandeira do Good Play Project (projeto do autor que trata do comportamento ético dos jovens), nossa equipe de pesquisa explorou um conjunto de cinco questões éticas que precisam ser repensadas – e talvez totalmente reformuladas – à luz dos ubíquos novos meios de comunicação. Começando com uma questão de particular importância para os jovens, existe o *senso de identidade* da pessoa. Os jovens estão há muito empenhados em vários movimentos para determinar quem são eles, como se apresentam, que espécies de compromissos pessoais e profissionais podem assumir. Esse estado de coisas, bastante normal, pode conduzir a decisões razoáveis e sábias.

Os novos meios digitais, porém, oferecem inúmeras oportunidades para gerar múltiplos egos on-line, por meio de jogos e redes já mencionados. Surgem questões éticas quando os jovens se apresentam de maneiras que podem prejudicar suas famílias e seus amigos – dando informações enganosas ou prejudiciais, sem assumir a responsabilidade pelos efeitos desses retratos de si mesmos ou de suas famílias.

Para que as sociedades funcionem sem tropeços, os indivíduos precisam ser capazes de *confiar* uns nos outros. Um senso de confiança justificada requer que os indivíduos apresentem informações dignas de crédito e que eles possam fazer julgamentos equilibrados a respeito de informações pessoais ou factuais que encontrem na mídia. Mas, quando tantas identidades podem ser criadas, quando há um excesso de informações disponíveis, muitas das quais não confiáveis, fica difícil fazer julgamentos confiáveis e conquistar e manter a confiança dos outros.

Embora os limites e a extensão da privacidade tenham diferido através do tempo e das sociedades, em geral é esperado que os seres humanos possam optar por manter certas formas de informações privadas ou restritas a poucos amigos e parentes; e que essas pessoas por sua vez respeitem a privacidade alheia. Mas a privacidade corre o risco de se tornar uma ilusão nesta era em que toda e qualquer informação – mesmo aquelas que a pessoa guarda para si mesma – pode circular por toda parte e durar indefinidamente.

Quase todas as sociedades reconhecem o efeito exigido na produção de uma obra de arte, uma ciência ou uma invenção; e nas sociedades modernas, essas formas de criatividade são tipicamente protegidas por patentes, marcas registradas ou direitos autorais. Porém, hoje em dia praticamente qualquer coisa – seja linguística, gráfica ou musical – pode ser no mesmo instante transferida, transformada, tomada emprestada ou apresentada como se fosse de outra pessoa. A esfera de *propriedade* e *autoria* de propriedade intelectual precisa ser repensada.

Uma questão final na agenda de nossa pesquisa é a *participação em uma comunidade* – a esfera da boa cidadania. Como já foi dito, nossa espécie evoluiu sob condições de comunidades pequenas, onde todos conheciam todos e não era fácil fugir ou mudar de identidade. Hoje, é claro, o tamanho, o escopo e a longevidade (ou brevidade) das comunidades online são desconhecidos e provavelmente incognoscíveis. Nessas condições, precisamos sondar o significado de participação, de cidadania, bem como dos caminhos para se tornar um cidadão ético.

Em consequência de nossos estudos do Good Play, convenci-me de que cada um desses cinco pontos críticos éticos terão de ser reformulados na nova era digital – não necessariamente para pior, mas serão diferentes. Vivemos em uma época em que identidades podem ser criadas e recriadas sem limites, em alguns casos de maneira sadia, mas em outros em detrimento da própria pessoa ou de outras; quando pistas veneráveis para a confiança tipicamente estão ausentes; quando informações antes consideradas privadas podem ser expostas no mesmo instante; quando a posse de propriedade intelectual (na verdade, de qualquer símbolo) é fácil de violar ou ignorar e difícil de proteger; e quando noções antes circunscritas de uma vizinhança não podem começar a se dirigir às comunidades essencialmente sem limites no ciberespaço – tamanho, forma e duração desconhecidos e incognoscíveis. A internet nos coloca no meio de um mundo de personagens cuja identidade e cujos papéis não podemos verificar, um mundo em que não mais é possível confiar nos reguladores costumeiros do relacionamento humano.

Em alguns casos, esta nova revelação levou a tragédias. Lori Drew, mãe de Sarah Drew, de 13 anos, acreditou que Megan Meier, outra garota de 13 anos, estava espalhando histórias indecentes a respeito de sua filha pela internet. Com a ajuda de um cúmplice e um truque digital, Lori convenceu Josh Evans, um rapaz de 16 anos, a envolver Megan em uma conversa sedutora na internet. Lori esperava enredar ou embaraçar Megan. Pouco depois que Josh cortou abruptamente o relacionamento, a jovem Megan cometeu suicídio. Embora Lori tenha sido condenada somente por três contravenções e sua sentença tenha sido anulada, o caso salienta o potencial para danos sérios – até mesmo a morte – em consequência de comunicações muito carregadas ou de uma rede social aparentemente inocente. Em comparação, histórias trágicas são registradas com frequência. Por exemplo, quando este livro foi para a gráfica, uma adolescente universitária cometeu suicídio depois da divulgação de um encontro sexual pela internet. É fácil ver que as noções antiquadas de identidade, confiança, privacidade e comunidade não podem ser simplesmente transferidas para a nova mídia digital.

Eu havia pensado a princípio que cada um desses cinco focos poderia ser considerado com uma independência relativa. Mas hoje acredito que eles estão inextrincavelmente interligados. A principal razão para essa conclusão: uma vez que você entra no ciberespaço, por mais modestas que sejam suas intenções, você está de fato entrando em uma ou mais comunidades, cujas dimensões e alcance são impossíveis por completo de conceber e menos ainda controlar. E como você agora faz parte de uma ou mais comunidades inerentemente ilimitadas, surgem de forma inevitável questões de identidade, privacidade, propriedade e, acima de tudo, de confiança. Em poucas palavras, todas as apostas tradicionais foram canceladas.

Algumas vezes a ficção apresenta questões com grande vividez. No antiutópico romance *Uma história de amor real e supertriste*, o novelista Gary Shteyngart descreve o "aparato", um dispositivo digital que permite que o usuário veja todas as informações a respeito de uma pessoa que encontrou. Na presença de Lenny Abramov, o protagonista, um usuário pode averiguar sua idade e suas doenças; local de nascimento, identidade e as doenças de seus pais; sua renda, suas economias, seus passivos, sua compra mais recente, grau de preparo físico e suas inclinações religiosas e políticas. E fica mais íntimo. Em uma descrição da disposição sexual, ficamos sabendo de que tipo de mulher ele gosta, etnia, autoestima, renda e até mesmo qual dos três orifícios ele prefere.

A ilustração que mostra o aparato toca todas as cinco questões éticas. O aparato revela muita coisa a respeito da identidade de Lenny, inclusive materiais que ele preferiria não divulgar; invade sua privacidade; levanta a pergunta de quem possui essas informações, se é de confiança e se as informações devem ou não ser divulgadas. E como é possível obter informações análogas a respeito de qualquer pessoa, todas aquelas que possuem um aparato podem "despir" qualquer membro de uma comunidade com a qual eles entram em contato.

Embora envolvam pessoas de qualquer idade, a mídia digital representa desafios especiais para os jovens. Não se pode esperar que crianças entendam este conceito de participação em comunidades remotas e ilimitadas mais do que se pode esperar que elas compreendam a natureza das profissões ou cidadanias. Em meus termos, elas estão "preparadas" para a moralidade amigável (e para o papel de boa pessoa), mas não para a ética implicada no papel da cidadania em uma cibercomunidade. E assim, precisam de uma orientação firme para que não firam inadvertidamente a si mesmas ou a outras pessoas. (Veremos mais sobre isso no próximo capítulo.)

Durante a adolescência, os jovens não estão alheios às armadilhas do envolvimento nos novos meios digitais. Em sua maioria eles sabem que podem ter problemas se baixaram músicas de forma ilegal; que podem prejudicar outra pessoa espalhando informações, corretas ou não, colhidas em um local restrito; que eles podem perpetrar *ciber-bullying*. Lamentavelmente, no entanto, entre os jovens americanos encontramos até agora pouco senso ético em relação a esses campos minados. Em sua maioria, os jovens americanos ignoram as implicações éticas, só se preocupam com as consequências negativas para si mesmos ("Se eu baixar músicas ilegalmente, poderei ter problemas") ou diminuem a importância do ciberespaço ("Passei muito tempo on-line, mas isso não é tão importante"). É claro que não adianta repreender os jovens por esses pontos cegos. Cabe aos mais velhos (ou aos pares mais responsáveis) dar exemplos e promover comportamentos éticos e isso só é possível se eles tiverem domínio sobre a mídia digital e se tornarem modelos dignos de emulação.

E assim, tendo evoluído como espécie para praticar a moralidade amigável, somos empurrados quando jovens – muitas vezes jovens *demais* – para a ética dos papéis, para o território da cidadania. Mas lamentavelmente, nem os jovens nem seus responsáveis mais velhos possuem o equipamento cognitivo e emocional para lidar com essas complexas esferas abstratas. Vejo o ciberespaço como uma nova fronteira. Trata-se de um Oeste selvagem onde podemos ser capazes de transplantar alguns dos costumes da velha terra, mas onde novas normas e práticas terão de ser criadas para um terreno que ninguém ainda compreende bem. É provável que essa discussão ocorra de forma mais eficaz se jovens e velhos puderem fundir as respectivas zonas de conhecimentos. Os jovens, que entendem intuitivamente os novos meios de comunicação, precisam atuar em comum com os mais velhos, particularmente aqueles que são sábios. Essas pessoas estão mais preparadas para compreender posições éticas vitais e podem ajudar a determinar onde elas são aplicáveis e onde necessitam ser repensadas e talvez transformadas.

Está na hora de inventariar a posição do "bom" no presente e seguir em frente. Tenho insistido na diferença entre a moral amigável – um conjunto de princípios e comportamentos locais, que evoluem devagar e são relativamente estáveis e que podem ter uma base biológica –; e a ética – um conjunto de princípios e comportamentos não locais, que surgem e evoluem mais depressa, que é claro surgem de fatores históricos e culturais, aos quais precisam se adaptar sempre. Em vista de sua história mais longa – de fato sua pré-história –, nosso senso de moralidade amigável está estabelecido de maneira muito mais firme que nosso senso de ética profissional e cívica – na esfera das coisas, um acontecimento muito mais recente. Em termos concretos, roubar bens dos vizinhos provavelmente nunca foi um comportamento aprovado; mas a noção de roubar em um mundo digital é uma questão mais complicada.

Assim, embora o senso tradicional do "bom" perdure, nosso conceito geral dessa virtude precisa ser renegociado agora, devido à forte corrente de pensamento relativista que está por toda terra, em especial a terra americana, e devido ao aumento da importância e da ubiquidade dos novos meios digitais. Não consigo prever se acabaremos tendo códigos éticos necessariamente melhores ou piores que aqueles deixados por nossos ancestrais. Os eventos que envolvem os seres humanos têm dimensões históricas e culturais condicionais e não regidos por regras, podendo também ser consequência de leis naturais. Mas posso prever que a esfera do "bom" irá continuar a representar desafios e posso afirmar com igual confiança que o senso ético da palavra *bom* irá continuar a evoluir, graças a essas tendências.

As considerações sobre o que é bom (e o que não é) continuam tão importantes como sempre. Na esfera local, as descrições do bom evoluem com muita lentidão. Em sociedades complexas e na esfera global, o bom é constantemente negociado e renegociado. No presente, a crítica pós-moderna e os novos meios digitais representam desafios formidáveis a qualquer visão simplória do bom. Como espécie temos propensões para o bem e para o mal, para altruísmo e para egoísmo. Diante de alegações de que "nascemos para ser bons", Thomas Hobbes observou: "Qualquer que seja o objeto do apetite ou dos desejos de qualquer homem, é isso que ele chama de bom." Nosso senso de função – individual e corporativa – e nossa compreensão das condições correntes irão determinar o que é bom, de que maneiras o bom nasce do passado e de que maneiras ele deve ser forjado e negociado mais uma vez, em um território em grande parte não mapeado.

A tendência no sentido da verdade é poderosa e ascendente; o destino da beleza está fragmentado e com certeza irá se tornar ainda mais disperso, personalizado e sempre sujeito a revisões à luz de novas experiências estéticas; a situação do bom em seus vários sentidos está permanentemente nas mãos de nossa espécie. Embora ela possa servir como guia inicial aproximado, não podemos nos basear na moralidade amigável enquanto tentamos navegar nas águas rasas do trabalho e da cidadania neste mundo altamente complexo e interligado.

Para iniciar esta navegação, precisamos apreciar os sensos de trabalho e cidadania que surgiram em várias culturas durante os séculos passados e que continuam vívidos hoje. As éticas do direito ou do jornalismo não são idênticas em todo o mundo e as noções de cidadania diferem grandemente entre países e continentes. Exceto quando são bem prejudiciais às pessoas, devemos receber bem, aceitar ou tolerar o trabalho ou os modelos cívicos diferentes dos nossos – juntamente com a lição positiva do pensamento moderno e pós-moderno.

A longo prazo, porém, duvido que o planeta possa sobreviver se cada nação – existem hoje cerca de duzentas, ainda aumentando – tiver suas próprias diretrizes profissionais e suas tradições de cidadania. Grande parte do planeta está interligada e isso irá aumentar. Precisamos desenvolver modelos de trabalho que transcendam as fronteiras nacionais: ciência, medicina e viagens aéreas oferecem exemplos úteis e atuais. Pelo mesmo raciocínio, precisamos desenvolver modelos de cidadania que possam ser adotados pelas diversas populações do mundo. Instituições como o Tribunal Internacional de Justiça e documentos como a Declaração Universal dos Direitos Humanos representam os esforços iniciais a este respeito. Somente à luz de noções convergentes de bom trabalho e boa cidadania poderemos olhar adiante no sentido de uma boa vida em nosso frágil planeta.

CAPÍTULO 5

UM COMEÇO PROMISSOR

Os gregos, na tradição socrático-platônica, acreditavam que todo o conhecimento humano é incorporado desde o início e René Descartes, o influente matemático e filósofo francês, pensava que os seres humanos fossem dotados de "ideias inatas". Em forte contraste com esses sentimentos "nativistas", os filósofos britânicos e americanos se inclinaram para a visão oposta. Em sua visão "empírica", a princípio o bebê humano é essencialmente um quadro em branco. Assim, a cultura do ambiente – abrangendo famílias, mídia, instituições culturais, acidentes da vida diária – tem controle virtualmente total sobre as espécies de seres humanos que surgem e os conhecimentos que eles irão exibir.

A tensão intelectual entre as visões nativista e empírica mostrou ser surpreendentemente forte. Desde os primórdios da psicologia científica, perto do fim do século XIX, grandes pensadores buscam evidências de quanto conhecimento, e de que tipo, podemos atribuir à criança recém-nascida e do que acontece nos anos subsequentes. O psicólogo William James, em termos linguísticos tão divertido quanto seu irmão Henry, descreveu o mundo da criança como "uma confusão exuberante". Sigmund Freud percebeu na alma da criança um caldeirão de fortes impulsos sexuais e agressivos em combate. O influente psicólogo desenvolvimentista suíço Jean Piaget reconheceu a existência somente de reflexos programados, refinados e moldados por um conjunto de processos complementares. Para Piaget, o processo de assimilação acarretava a absorção do mundo pelo repertório de ações da criança; o processo de *acomodação* implica a adaptação do repertório de ação da criança aos objetos e às condições do mundo. Em nossa era, quando muito mais equipamento nativo e conhecimentos iniciais são atribuídos à criança, Alison Gopnik, uma das maiores autoridades mundiais em início da infância, escreveu dois livros: *The Scientist in the Crib* [O cientista no berço] e *The Philosophical Baby* [O bebê filósofo]. (Os leitores deste volume poderão perguntar: "Será que o próximo livro será *The Artistic Infant* [O neném artista]?")

Hoje em dia, com um século de pesquisa científica na bagagem, os psicólogos desenvolvimentistas chegaram a um consenso. As crianças chegam ao planeta com um conjunto definido de planos de vida – planos de desenvolvimento físico e fisiológico e trajetórias sociais e emocionais mais flexíveis, bem como marcos previsíveis de desenvolvimento cognitivo. Com exceção de circunstâncias extremamente destrutivas – que felizmente se tornam cada vez mais raras –, podemos esperar que, nos primeiros anos de vida, as crianças aprendam a andar, pular e correr; desenvolvam os sistemas neural, muscular e circulatório em uma escala de tempo previsível; e passem por mudanças associadas à puberdade logo depois da primeira década de vida. As crianças começam a falar antes dos dois anos; nessa época também representam mentalmente e descobrem um objeto bem escondido. Hoje sabemos que elas também possuem algum conhecimento demonstrável de números, relações causais, intencionalidade humana e seus próprios egos. Além disso, por todo o mundo estão prontas para o estudo formal aos cinco ou seis anos de idade e podem exibir formas de pensamento abstratas depois da primeira década de vida.

Mas o que podemos dizer a respeito do crescente engajamento da criança com o verdadeiro, o belo, o bom? Expresso em termos pessoais infantis aquilo que acreditamos que o mundo é, como gostaríamos que fosse e como gostaríamos que os outros se comportassem conosco e como deveríamos nos comportar com eles? Aqui a história é surpreendentemente ilusória; ela não está bem contada em textos, vídeos e nos documentos de pesquisa da psicologia desenvolvimentista. E assim restou, para mim, elaborar um relato do curso desenvolvimentista das três virtudes. Eu o fiz naquela que parece a sequência mais adequada em relação a estágios de desenvolvimento e às forças contemporâneas do pensamento pós-moderno e dos meios digitais.

Para mim, existem amplas propensões ou disposições com relação a cada uma das virtudes. Até mesmo crianças jovens não apresentam problemas em lidar com verdade e falsidade, beleza e feiura, o que é bom e o que é mau. E até onde sabemos, elas lidam com essas virtudes de forma semelhante em todo o planeta. Mas – igualmente ou mais importante – essas disposições podem ser e serão reformuladas à luz de passos desenvolvimentistas e em termos das normas predominantes da cultura e da era na qual a criança cresce. De especial importância, particularmente com referência à compreensão da verdade, são as experiências na escola. Quando o assunto é o bom, os modelos de pessoas mais velhas e influentes são poderosos. E os julgamentos de beleza são, por seu lado, fortemente influenciados pelos pares e pela mídia.

Durante grande parte da infância o curso de desenvolvimento das três virtudes é relativamente direto e sem problemas. Mas em uma sociedade moderna complexa, o início da adolescência provoca novas tensões – e também novas oportunidades – em relação ao status e ao destino das virtudes. Também as ideias pós-modernas (reconhecidas ou não) e os meios digitais afetam os adolescentes com força considerável. No final, dependendo dessa série de influências, os jovens podem acabar rígidos em excesso em suas visões, liberais ou indiferentes por completo, confusos ao extremo ou reconfortantemente sofisticados e sutis. Mas mesmo perto do início da vida, a pessoa pode identificar mensagens poderosas que impactam a criança.

A primeira e mais importante coisa a dizer é que nossas três virtudes e os conceitos aos quais elas se referem não fazem parte do genoma humano nem da espécie humana, de nenhuma maneira simples ou direta. De fato, a ideia da criança "natural", da criança selvagem, da criança "crua" não é mais irrefutável. O ambiente intrauterino já molda o futuro ser humano: o ambiente é sadio ou enfermo? O feto está só ou compete com um ou mais fetos? Que sons há no exterior, e eles estão reconfortantes ou irritantes, em uma linguagem ou em várias, produzidos por instrumentos musicais feitos pelo homem ou tirados do ambiente natural? Igualmente importante, quais são as expectativas dos pais ou da família? Eles querem uma menina ou um menino? Eles conhecem o sexo do feto? Isso é importante para eles? Eles apresentam expectativas a respeito da saúde da criança, devido a tradições da família ou do teste genético, do ultrassom ou outras investigações exploratórias? E como essas informações afetam aquilo que os pais em perspectiva fazem, dizem e pensam a respeito do bebê que está para nascer?

Na maioria dos casos, os efeitos a longo prazo desses fatores pré-nascimento são relativamente modestos; mas não se pode dizer o mesmo a respeito do impacto do ambiente depois do parto. Uma vez exposto ao ar, o bebê se mostra muito sensível aos objetos e sinais do ambiente. A disponibilidade de alimentos adequados e em quantidade suficiente é importante demais, bem como de afeto reconfortante e regular por parte da pessoa encarregada de cuidar da criança; o mesmo se dá com a maneira pela qual o bebê é vestido, despido, cuidado e, ocasionalmente, socorrido. Esses sinais, é claro, vão além do ambiente do berço e da casa. A comunidade como um todo está em paz ou em guerra? A família sente-se segura e confortável, ou tensa e preparada para o combate? Em termos mais gerais, quais são as atitudes em relação a um novo filho? Ele é visto como uma bênção de Deus, uma mão adicional na casa ou na fazenda, um ônus inesperado em uma casa já lotada ou um futuro membro bem-vindo de uma sociedade próspera?

Poucos questionam o impacto, sobre a criança, dos pais, de outros adultos, de irmãos mais velhos ou de um gêmeo no ambiente imediato. Além disso, instituições poderosas se inserem entre o lar, de um lado, e a sociedade em geral, do outro. Desde o início as crianças são expostas aos meios de comunicação dominantes. Quando eu estava crescendo em meados do século passado, *mídia* significava primeiro o rádio e depois a televisão. Hoje, em uma sociedade "desenvolvida", as crianças são cercadas, desde muito cedo, por uma miscelânea de televisores, tocadores de CDs e DVDs, computadores pessoais e dispositivos portáteis – e todas as sociedades, com exceção das menos desenvolvidas, possuem celulares, *smart phones* e até mesmo "um laptop por criança". Na era da internet, as crianças não são meros consumidores. Muitas participam, desde cedo e algumas vezes ativamente, da montagem, edição ou mesmo criação de mensagens. Em relação a nossas preocupações, todas essas formas de mídia apresentam visões do mundo (verdade), em várias formas e formatos (beleza) e com diferentes modelos de relações humanas (bom) – e essas representações algumas vezes são consistentes umas com as outras, mas nem sempre.

Instituições menos tangíveis também são poderosas. Através do globo, quase todas as comunidades possuem uma ou mais tradições religiosas. Os jovens crescem frequentando templos, igrejas ou mesquitas, com orações diárias e rituais noturnos; essas religiões deixam uma marca forte. Apesar de suas enormes diferenças em filosofia, tanto os jesuítas quanto Lênin, o fundador do comunismo, afirmavam: "Deixe comigo uma criança até os sete anos de idade e eu a terei por toda a vida." A ausência de religião na vida da criança também tem consequências; mas é muito importante o fato de haver ou não na área outras famílias igualmente seculares, ou se uma casa abriga os únicos ateus ou agnósticos da comunidade. Hoje muitas comunidades oferecem museus, quadras esportivas e playgrounds a todas as crianças entre um e três anos – e com frequência muita educação, talvez também má educação, ocorre nesses espaços públicos.

É claro que, depois dos primeiros anos de vida, as instituições de ensino exercem as impressões mais diretas, poderosas e duradouras sobre a criança. Antigamente, quase nenhuma criança recebia uma educação formal; há cerca de cem anos, a educação formal começava por volta dos seis ou sete anos e terminava poucos anos depois. Hoje em dia, em qualquer sociedade desenvolvida, as escolas maternais, pré-escolas e jardins da infância começam a exercer sua influência nos primeiros anos de vida; metade ou mais dos jovens recebem educação superior; e algumas pessoas – inclusive alguns leitores deste livro – continuam a colecionar diplomas e manter um pé em instituições de ensino.

Correndo o risco de repetir o que você (e talvez seus avós) já sabem, creio que mostrei que há muitas informações, um volume sem precedentes de "dados" disponíveis no lado da oferta. Muitas pessoas e instituições estimulam a criança e somente um tolo (ou um determinista genético) sugeriria que a criança é impenetrável a essas entidades. Algumas delas (por exemplo, as igrejas) têm metas educacionais muito claras para crianças, ao passo que outras (como o Cartoon Network) têm metas apenas incidentais.

Quando consideramos o "lado da demanda", está claro que os jovens buscam alimentos, bebidas e conforto físico suficientes. Na ausência desses confortos, as crianças se agitam, gritam e se esforçam muito para obtê-los. Com respeito à satisfação dessas necessidades, as crianças são "ligadas". Mas logo outras necessidades ganham destaque. Como outros primatas, as crianças pequenas buscam calor, conforto, abraços – na verdade, sinais de amor. Além disso, uma vez satisfeitas essas demandas, elas passam a desejar informações, dados e conhecimentos de todos os tipos.

Mas vejamos a tarefa em mãos. Sob condições razoavelmente favoráveis, a criança começa a buscar informações e fazer perguntas a respeito de nosso trio de verdade, beleza e bondade. A partir da infância, ela observa as regularidades em seu mundo (onde e quando o pai aparece, como é preparada a comida) e as irregularidades (um pai ausente, uma forma de alimentação inesperada, uma visita surpresa de um estranho). Um certo grau de regularidade é apreciado. Mas o excesso de previsibilidade – de sons, da vista, de sabores e cheiros – logo torna-se tedioso: como dizem os psicólogos, a criança se "habitua" ao ambiente e deixa de prestar atenção a ele. E assim, em um esforço para permanecer ocupada, a criança é atraída por eventos e experiências que saem do previsível. (O mesmo acontece com os adultos que querem prender a atenção da criança e brincam com ela de esconde-esconde.) Talvez não muitos, mas suficientes para condimentar sua dieta informacional diária.

Em relação à verdade, o bebê ou a criança pequena é inicialmente alerta para aquelas que podemos chamar de verdades práticas. Se a criança sorri, quem está cuidando dela sorri de volta; se ela grita, a pessoa vem para seu lado; se ela tentar engatinhar para fora do berço, será firmemente reposicionada no centro do mesmo ou as grades serão erguidas. (Note que as verdades deste tipo também se aplicam a outros mamíferos.) As violações dessas verdades práticas são observadas: dependendo da natureza da violação e do estado emocional da criança, essas violações podem despertar curiosidade (O chapéu da mamãe é engraçado) ou perturbação (Por que papai está tão estranho?).

Em algum ponto do segundo ou terceiro ano de vida, a criança vai além do reconhecimento das verdades práticas que a cercam. Agora que ela começou a falar e entender a linguagem, palavras que transmitem verdade e falsidade passam a fazer parte do vocabulário. É claro que, a esta altura, a criança difere em termos qualitativos de qualquer outra criatura. Em especial em um ambiente pedagogicamente precoce, onde os pais leem livros para as crianças, as mensagens sobre o que é certo/verdadeiro e o que está errado estão por toda parte. Contudo, ao mesmo tempo, o escopo dos julgamentos de "verdade" não está demarcado com clareza. Palavras de aprovação ("Certo", "É isso aí", "Bom para você") podem reconhecer que a criança falou; que ela disse algo relevante; que a resposta dela é audível, bem expressa ou gramaticalmente correta; ou que a resposta exibe um certo valor de verdade. Desembaraçar várias conotações de verdade (o que é absolutamente correto, o que é aceitável nas circunstâncias, o que é totalmente proibido) é um desafio que nunca termina.

Muito antes dos psicólogos adotarem o termo *egocentrismo*, sabia-se que as crianças jovens eram focalizadas em si mesmas. Embora esse foco com certeza inclua um componente de narcisismo ou egoísmo, o egocentrismo é apenas uma limitação de perspectiva: as crianças veem o mundo exclusiva ou principalmente de seu próprio ponto de vista idiossincrático. O egocentrismo pode ser demonstrado de forma literal quando uma criança afirma, falsamente, que uma cena mostrada a uma pessoa sentada na frente dela parece idêntica à maneira pela qual ela – a criança – a vê. Em termos de nossa análise, a criança assume que "O que é verdadeiro para mim deve ser verdadeiro para você".

Mas nas últimas décadas os psicólogos também documentaram alguns resultados surpreendentes, que colocam em questão uma versão do egocentrismo infantil. No segundo ou terceiro ano de vida, as crianças já começam a desenvolver uma "teoria da mente". Esta teoria reconhece que estados mentais não visíveis (crenças, desejos, intenções, emoções) podem causar comportamentos externos e outras pessoas podem ter crenças que diferem e talvez até conflitem com as minhas. (Continuando com o exemplo anterior: "O que é verdadeiro para mim pode *não* ser verdadeiro para você.")

A realização suprema no desenvolvimento da teoria da mente da criança ocorre por volta dos quatro anos de idade. Neste ponto a criança torna-se capaz de representar uma falsa crença – isto é, ela agora entende que outra pessoa pode interpretar mal o mundo externo. A capacidade para conceitualizar uma falsa crença mostra que a criança reconhece que as crenças são meras representações do mundo e, como tal, não são necessariamente imagens precisas dele e podem ser parciais, tendenciosas ou completamente erradas. Indo além de sua própria perspectiva, a criança é capaz de julgar proposições como "certas", "erradas", "verdadeiras" ou "falsas".

Um exemplo: Susie e Beth veem um brinquedo na cesta A. Susie sai da sala e Beth muda o brinquedo para a cesta B. Quando Susie volta para a sala, será que procurará pelo brinquedo na cesta A (onde inicialmente o viu) ou na cesta B (para onde ele foi mudado sem seu conhecimento)? Até mais ou menos os quatro anos Beth acredita, erradamente, que Susie está ciente da manipulação ocorrida fora da sua vista; assim sendo, ela espera que Susie pegue o brinquedo na cesta B. Porém, uma vez absorvida a teoria da mente, Beth saberá que Susie tem uma falsa crença – isto é, que Susie, por não saber da manipulação, continua a acreditar que o brinquedo está na cesta A.

Esta percepção, aparentemente indisponível para outros primatas, é fundamental. Pela primeira vez a criança entende claramente que os indivíduos (inclusive ela mesma) têm crenças e que estas podem ser certas ou erradas – em nossos termos, verdadeiras ou falsas. Ela pode obter este conhecimento em forma proposicional e avaliar as proposições colocadas por outras pessoas. É claro que essas crenças ainda estão distantes daquelas estabelecidas pela história, ciência ou matemática, mas elas preparam o terreno para o conhecimento proposicional na cultura que finalmente irá competir pelo status de honestidade.

Como observamos, inicialmente o senso da criança do que é verdadeiro e do que não é retém um componente egocêntrico, formado principalmente sobre a base das percepções dela sobre o mundo. Mas antes mesmo que comecem a estudar, as crianças passam a se mostrar dispostas a aceitar verdades ditas por outras pessoas. Esta aceitação de testemunhos alheios ocorre apenas em relação a pessoas mais velhas, bem conhecidas pela criança e consideradas de confiança. A capacidade para aceitar testemunhos forma claramente a base de grande parte da educação – espera-se que a criança considere verdadeiro o conteúdo comunicado por um professor, livro texto ou programa (transmitido por rádio ou TV) digno de confiança. A criança também aprende as regras de conversação em sua sociedade; no caso de uma sociedade moderna, essas regras incluem os seguintes sentimentos: diga o que pensa, seja breve, faça-se notar, seja relevante, fale a verdade a não ser que tenha uma forte razão para não fazê-lo.

E assim, em poucos anos a criança deu vários passos cruciais à frente: da simples percepção à apreciação de verdades práticas; de verdades observadas na prática a verdades que podem ser codificadas em proposições; da percepção de que as verdades alheias são idênticas a suas próprias verdades à consciência de que os outros podem ter representações diferentes das condições do mundo; da confiança nas próprias percepções à disposição para aceitar o testemunho de adultos mais bem informados.

Passando para uma segunda virtude, constatamos que um senso de bom e mau imperfeito, mas funcional, emerge cedo na vida. Mesmo no primeiro ano, os bebês procuram os adultos que são úteis para os outros e evitam aqueles que se comportam de maneira neutra ou impeditiva em relação aos outros. No segundo ou terceiro ano de vida, as crianças também têm um forte senso do que as outras pessoas esperam delas. Quando a criança faz aquilo que os adultos desejam, ela é recompensada com aprovação – sorrisos e talvez a frase "Muito bom, Sally". Quando a criança se comporta contra os desejos dos adultos – atravessar a rua sem olhar para ambas as direções, jogar comida na toalha de mesa limpa, bater em um irmão menor –, então o vocabulário de repreensão intervém: "Não", "Não faça isso", "Johnny, você é um menino mau". Qualquer um que já esteve perto de crianças sabe que as frases de aprovação e desaprovação são logo internalizadas – tanto que pode-se ouvir a criança murmurando "Johnny bom" ou "Johnny mau" depois do feedback que recebeu ou mesmo mais tarde, como recordação, enquanto brinca ou cochila em seu berço.

Muitos estudiosos falam sobre o nascimento da moralidade no segundo ou terceiro ano de vida. De uma forma muito semelhante aos estágios iniciais de conhecimento, o senso de bem e mal é com frequência um tanto egocêntrico. Como observou o filósofo Thomas Hobbes, tendemos a confundir "o bom" com aquilo que desejamos e "o mau" com aquilo que não satisfaz nossas necessidades. Mas lá por volta dos quatro anos, como foi observado a respeito da verdade, esse egocentrismo já está em declínio. A criança em crescimento está se conscientizando de que aquilo que deseja pode não ser o que o mundo deseja dela; e que às vezes o mundo requer um comportamento ou ato que contraria seu próprio interesse. Freud chamou este marco de estabelecimento do superego: a emergência de uma voz dentro da cabeça que aprova ou – quase sempre – desaprova aquilo que dizemos e fazemos. E de fato, nesta ainda tenra idade, a maioria das crianças, em quase todas as culturas, exibe sinais de vergonha ou culpa – uma consciência privada e/ou pública de que a pessoa não aderiu aos padrões da comunidade e portanto pode ser condenada.

Logo ocorre outro marco importante. Lá pelos cinco anos a criança pode distinguir o moral do meramente convencional. Em termos concretos, a criança reconhece a diferença entre a violação de uma convenção (por exemplo, vestir o jaleco azul em vez do vermelho antes da aula de pintura) de uma violação que fere a moralidade (castigamos as crianças que maltratam seus colegas de classe). A criança já entende que a decisão de vestir azul em vez de vermelho, ou vice-versa, não é muito importante e pode ser mudada sem criar confusão. Mas ela poderá ficar irritada se a professora ignorar ou aprovar atos de *bullying* – porque esse comportamento, a criança agora entende, constitui uma transgressão moral.

Da perspectiva de educação da criança, a consistência dos julgamentos é vital. Quando indivíduos e instituições concordam a respeito do que é bom e do que não é, o desenvolvimento moral pode ocorrer com relativa tranquilidade. Os problemas surgem quando um adulto passa mensagens confusas – aprovando o uso de palavrões na segunda-feira e punindo no Sabbath – ou quando adultos diferentes dão mensagens diferentes (a mãe costuma xingar, ao passo que o pai expressa sua desaprovação com alguma veemência) ou quando aquilo que é considerado uma violação de convenção por uma autoridade é considerado uma ofensa moral por outra. Neste mundo complexo, as inconsistências em julgamentos morais são frequentes. Não é de se admirar que tantos jovens cresçam incertos a respeito do que é bom e do que é mau.

Note que evitei fazer julgamentos específicos a respeito do que é considerado "bom" ou "mau". A atribuição de julgamentos morais pode ser universal – o domínio das tendências humanas; mas os itens aos quais elas são aplicadas pode variar enormemente –, o domínio das normas sociais. Consistentes com a ideia de moralidade amigável, certos preceitos – não prejudique seu vizinho, não roube dele, não minta para ele – são amplamente aceitos em culturas diferentes. Mas as exceções ou reservas também são dignas de nota. Em uma sociedade de guerreiros, os homens são treinados para atingir outras pessoas – ou pelo menos *certas* outras pessoas e a capacidade para ferir ou matar o inimigo é vista como uma virtude. No mundo de Oliver Twist (personagem de Charles Dickens), o epíteto *bom* é aplicado, na verdade restrito, ao ladrão bem-sucedido. Como o personagem Fagin, de Lionel Bart, diz ao seu bando de rapazes: "É preciso roubar um ou dois bolsos, garotos."

Como no caso da verdade, os primeiros anos de vida também testemunham marcos importantes no domínio do bom. Aquilo que inicialmente é visto como positivo ou negativo, bom ou mau, passa a ser contido em palavras. Várias conotações de *bom* tornam-se desembaraçadas – o domínio da convenção não equivale à esfera da moralidade. Com o declínio do egocentrismo, a criança se conscientiza de que aquilo que quer fazer pode não ser considerado bom pelos outros ou vice-versa. Ela pode internalizar esses julgamentos, sentindo vergonha ou culpa quando deixa de viver de acordo com padrões amplamente aceitos. E ela também pode notar – e talvez se irritar – quando o julgamento de uma pessoa de quem ela gosta a respeito de bom e mau difere do julgamento de outra pessoa igualmente querida.

Talvez refletindo suas prioridades acadêmicas, as prioridades da sociedade em geral ou as maiores diferenças entre sociedades, os psicólogos têm menos a dizer a respeito de julgamentos de beleza no início da vida. De fato, as expressões de aprovação ou desaprovação se aplicam a cenas, objetos e experiências, assim como a comportamentos e afirmações a respeito do mundo. Sem aspirar necessariamente a julgamentos morais, os indivíduos sinalizam regularmente uns aos outros o que desejam, do que gostam, o que acham aterrador e o que preferem ignorar ou evitar. A sinalização pode ser feita por expressão facial, posição corporal, pela inclinação para voltar ou não a uma atividade e, é claro, por descrição linguística. Podem ser usados todos os tipos de descrição (e seus opostos): *maravilhoso/terrível*, *assombroso/odioso*, *bacana/asqueroso*. Minhas listas de sinônimos contêm dezenas de contrastes avaliativos adicionais. Eu ficaria surpreso se qualquer idioma carecesse de um vocabulário de avaliação comparável. E é claro que as crianças registram essas caracterizações e as usam em suas conversas.

Em muitas sociedades, os adultos empregam termos como *belo* para sinalizar os objetos de cuja aparência gostam e as experiências que procuram recriar, usando termos como *feio* ou *repelente* para objetos e experiências que evitam, desaprovam ou consideram repulsivos. Esses casos podem vir do mundo natural (um majestoso pico de montanha, um rio caudaloso); ou ser feitos pelo homem (uma casa à beira da floresta, com flores recém-colhidas em um belo vaso). Escolhas sobre o que vestir, como vestir, como se arrumar, como mobiliar a casa, como fazer jardinagem, o que comer e como possuem todas as dimensões estéticas, se as escolhas são feitas deliberada ou casualmente. Essas escolhas são certamente percebidas pelas crianças e podem ser assunto de comentários quando as configurações preferidas são apresentadas ("Uma supercasa"), transformadas ("Eles pintaram as venezianas") ou destruídas ("Que pena, a casa nova é feia").

Temos como garantido o idioma falado a nosso redor. A consciência do fenômeno do idioma surge quando podemos usar mais de um (ou nos vemos frustrados por não poder usá-lo). Da mesma maneira, damos como garantidos os valores estéticos ligados à área na qual passamos nossos anos de formação e nos conscientizamos dela principalmente quando somos expostos a um conjunto muito diferente de valores artísticos ou naturais. Quer se trate de um ambiente urbano ou rural, superpovoado ou não, montanhoso ou plano, próximo ao mar, ao lado de um rio ou no deserto árido – qualquer deles pode constituir um início estético para os jovens. Tanto o cenário em si como as escolhas e os comentários feitos dentro dele constituem um ponto de partida necessário.

Acontece que cresci em um cenário urbano arborizado e passava as férias em áreas com montanhas, lagos e rios; eles passaram a ser, e assim permanecem mesmo depois de várias décadas, minhas noções fundamentais de beleza natural. Como elas diferem das noções absorvidas por colegas que cresceram no campo, em fazendas, e passavam as férias na praia. É claro que o meio inicial também pode servir como exemplo negativo. Se, por qualquer razão, uma pessoa veio a detestar o meio cênico de sua infância, quando tiver uma opção, ela irá se esforçar para escolher seu oposto ou no mínimo um cenário radicalmente diferente.

Os psicólogos evolutivos podem descobrir algo quando notam as preferências, em todas as partes do mundo, por determinadas cenas naturais – recorde as favoritas mundiais identificadas por Alexander Melamid e Vitaly Kolmar. Talvez tenhamos retido em nosso subconsciente indícios das planícies da África Oriental, por onde nossos ancestrais vaguearam por centenas de milhares de anos. Mas os estudiosos evolutivos deixam de considerar as maneiras amplamente divergentes pelas quais "evolui" o gosto estético por objetos feitos pelo homem entre as culturas e as eras históricas. Uma pessoa pinta o rosto e, se o faz, com que substâncias e em que formas? Os corpos preferidos são gordos ou magros, musculosos ou não? As artes gráficas favorecem a representação humana ou a rejeitam ou mesmo proíbem; e, se a representação é posta em primeiro plano, ela é realista (com imperfeições e tudo) ou idealizada, ou está mais próxima da simplificação geométrica ou mesmo da caricatura? Quando nos conscientizamos da decoração e dos objetos preferidos por outro grupo, nós os copiamos, representamos de forma deliberadamente contrastante, criamos algo de novo ou que represente uma mistura dos dois estilos? O próprio fato de podermos achar com tanta facilidade uma base lógica para cada um desses resultados contrastantes demonstra a inadequação de relatos baseados principalmente na biologia ou em considerações econômicas (como o custo dos materiais, o valor de mercado do objeto).

Como esta discussão das virtudes no início da infância está chegando ao fim, é importante notar que as sociedades atribuem importâncias diferentes aos respectivos domínios. Em toda parte, os julgamentos do que é bom e mau são muito importantes, porque a sociedade quer preservar seu código moral e porque os adultos não querem que os jovens prejudiquem a si mesmos ("Menino mau, não chegue perto do galpão de ferramentas") ou aos outros ("Cuidado com seu garfo"). Em grande parte, esses julgamentos são feitos verbalmente. As sociedades também têm interesse pela veracidade de suas descrições do estado do mundo – suas propriedades físicas e biológicas e, mais importante, como estão os seres humanos. Analogamente, relatos explanatórios ("Este é um cão, não um lobo", "Veja, a lua está mais cheia do que ontem", "O tio John está apenas fingindo que está zangado") fazem parte da conversa diária.

Quando se trata da esfera da beleza, porém, a variação é muito maior. Algumas culturas e subculturas dedicam muita atenção à aparência dos objetos e às opções a respeito de como eles são feitos, exibidos e alterados e entre essas culturas, algumas têm extensos vocabulários para descrever jardins, pinturas ou música, tocada ao vivo ou em gravações. Bali e Japão são muito citados como oásis de talento artístico. Outras sociedades, por alguma razão, dedicam menos energia e atenção a características estéticas; outras ainda com pouca frequência verbalizam seus julgamentos. Essas variações se refletem necessariamente na extensão até a qual os jovens são orientados no sentido de opções estéticas, nas espécies de escolhas que fazem e na probabilidade deles estarem conscientes delas e colocarem seus julgamentos em descrições ou exclamações verbais.

Agora sabemos muito a respeito do que produz prazer nas crianças e, a partir dessas preferências, podemos fazer conjecturas razoáveis que se mostrem relevantes para julgamentos e experiências de beleza. Nas sociedades em que os cientistas sociais fazem observações, eles constatam que as crianças pequenas gostam de histórias, em particular daquelas com heróis e vilões claros; os bebês preferem canções de ninar, mas na época em que conseguem correr e dançar eles preferem música alta e com um ritmo forte; as crianças de um a três anos gostam de cenários grandes, coloridos, com animais e outras criaturas grandes e atraentes; elas preferem videogames coloridos, rápidos, dramáticos e marcados por ruídos altos. As crianças pequenas são fascinadas por magia e ficam especialmente excitadas quando um objeto ou uma criatura intrigante desaparece e aparece de repente, ou muda de um estado para o outro. Na verdade, muitos psicólogos empreendedores usam essas preferências na criação de experimentos que envolvem crianças jovens.

Estudos com crianças em idade pré-escolar revelam que elas são essencialistas, isto é, acreditam que cada fenômeno do mundo tem uma essência fundamental – uma essência que é crucial e transcende aparências superficiais. Um cão pode ter os pelos tingidos de uma cor diferente, tê-los cortados ou mesmo sofrer um transplante cirúrgico, mas ainda continuará sendo um cão. Somente se suas entranhas fossem substituídas por magia, isso poderia ser mudado. O essencialismo se aplica aos seres humanos – garotas são garotas, garotos são garotos e isso não pode ser mudado. E o conceito também se aplica a subcategorias de pessoas: certos seres humanos são vistos como inexoravelmente "mentirosos", "heróis" ou "amigos". Para uma criança pequena, esta essência é extremamente difícil de questionar.

Por que isto é relevante para o estudo da beleza? A inclinação para buscar essências se estende cedo para os objetos feitos pelo homem: uma pintura é diferente de uma pedra, porque é feita por uma pessoa e, portanto, possui parte da essência dela. Uma criança pode reconhecer um trabalho feito por um amigo como sendo diferente do trabalho feito por outro, ou uma mancha feita por acidente de uma mancha feita como parte de um esforço para descrever algo. Além disso, uma criança pequena – vamos chamá-la de (A) – interpreta de forma diferente um rabisco feito pela criança (B), dependendo do modelo que estava em exibição quando B fez seu rabisco. E é claro, depois que uma vara foi batizada de cavalo de brinquedo, ai da pessoa que tentar tratá-la como uma vara, ou mesmo como um cachorro! Vistas como um todo, essas constatações indicam consciência, desde cedo, do status especial de determinados objetos, como os que são vitais para experiências artísticas.

É verdade que, com respeito ao estudo da beleza na tenra infância, não dispomos do mesmo volume de pesquisa, ou do mesmo grau de confiança de que dispomos com respeito aos casos da verdade e da bondade. Talvez não devamos ficar surpresos nem desapontados. Afinal, como afirmei nestas páginas, o senso de beleza é muito menos convergente e muito mais individualizado do que ocorre com as outras virtudes. Contudo, podemos ao menos chegar a algumas conclusões experimentais. Desde cedo as crianças consideram certas visões e experiências interessantes, memoráveis e merecedoras de uma nova visita; essas crianças respeitam o status e a essência dessas entidades; e podem distinguir claramente aquelas cujas causas são naturais daquelas criadas por seres humanos e, de fato, por seres humanos específicos para fins específicos, inclusive expressivos.

Até aqui, nesta descrição dos primeiros anos de vida, fiz um quadro do desenvolvimento humano que ocorre com ou sem uma escolaridade formal. Esta abordagem reflete minha crença de que verdade, bondade e beleza são preocupações humanas perenes, nascidas há milhares de anos em uma era pré-histórica e encontradas em todas as culturas contemporâneas, independentemente da importância atribuída à educação formal. Há meio século, no auge da influência de Piaget, eu poderia caracterizar esses cursos desenvolvimentistas como sendo "naturais" ou universais. Hoje em dia estamos muito conscientes dos papéis desempenhados – deliberadamente ou não – pelos modelos adultos e pelas instituições que estão presentes desde o berço.

Não há dúvida de que as facetas da determinação da verdade, do comportamento moral e de questões de gosto continuam a se desenvolver ao longo da vida, mesmo na ausência de um ensino formal; e a maneira pela qual elas se desenvolvem ou deixam de fazê-lo daria uma história fascinante. Afinal, as culturas anteriores à escrita possuem explicações complexas para o mundo – "teorias populares" a respeito das estrelas, das colheitas, das relações de parentesco; regras complicadas a respeito do que é permitido e proibido com relação a casamento, propriedade, respeito, nascimento e morte; e uma preocupação com arte e decoração que podemos perceber – e até mesmo respeitar. Mas no relato das virtudes nesta era digital pós-moderna, focalizo necessariamente o que acontece em consequência das escolas e da educação escolar.

Os educadores perseguem quatro metas pedagógicas principais. Primeira, produzir uma população alfabetizada e capaz de fazer contas. (Esta meta é universal, incontestável e não mais irá nos preocupar.) Segunda, oferecer os instrumentos com os quais os futuros cidadãos possam aprender as verdades da sociedade. (Esta meta é atingida através da transmissão de lentes disciplinares e procedimentos práticos de trabalho.) Terceira, garantir que as leis morais importantes (normalmente tiradas dos códigos religiosos e legais) sejam conhecidas e respeitadas. Finalmente, transmitir as criações humanas – narrativas, objetos, decorações, danças, canções – cujas formas e mensagens são mais valorizadas pela cultura.

Consideremos agora as maneiras pelas quais os educadores de nosso tempo podem atingir essas metas ambiciosas. Dentro do contexto escolar, as verdades existem em três grandes famílias disciplinares. A primeira é a matemática – determinadas afirmações ou leis são verdadeiras por definição ($5 = 1 + 3 + 1$) ou por prova (a soma dos ângulos de um triângulo é $180°$). A segunda é a história – o registro e a transmissão de nomes, datas e eventos, com a máxima exatidão possível. Os registros literários, entre outros, são essenciais para a história, mesmo que não sejam suficientes.

A terceira é a ciência – o esforço, através de observação e experimentação, para descrever, modelar e explicar os mundos físico, natural e humano.

Note que compreensão disciplinar não é o mero acréscimo de fatos. Nada de errado com os fatos, mas em si mesmos eles não envolvem nenhuma compreensão disciplinar. Além disso, nestes tempos de dispositivos portáteis, não vale a pena memorizar fatos que estão disponíveis instantaneamente ao toque dos dedos. Em vez disso, os educadores devem ajudar os estudantes a compreender as maneiras pelas quais os especialistas disciplinares estabelecem e confirmam o conhecimento. Esta aquisição envolve necessariamente a imersão nos tipos de atividades nas quais os especialistas normalmente estão engajados – realizar provas de matemática, efetuar observações sistemáticas e conduzir experimentos em ciência, ou analisar documentos e materiais gráficos em história.

O estabelecimento dessas várias verdades não é fácil nem direto. Até mesmo verdades matemáticas podem ser contestadas, em especial quando são estabelecidos novos ramos de matemática. A história é uma questão de construção e reconstrução, de elaborar relatos revisados tanto em termos de descobertas de novos documentos quanto em virtude do novo ponto de vista oferecido pela era presente. Como insistia o filósofo Karl Popper, a ciência é uma questão de submeter as alegações existentes aos testes mais rigorosos. A possibilidade de falsificação é *a* marca do trabalho científico e, não por acaso, a razão pela qual o criacionismo não é uma ciência. Novos paradigmas fazem com que os velhos sejam rejeitados como limitados, enganosos ou mesmo falsos. E os novos paradigmas não são necessariamente verdadeiros para sempre, pois estão sujeitos a substituições totais ou parciais. Contudo, a sucessão de paradigmas não é arbitrária. Em grande parte, os novos paradigmas recém-aceitos são passos no caminho até verdades mais bem estabelecidas e com bases mais amplas.

Até aqui, estive revendo as "verdades da escola" sem qualquer atenção particular à idade. Quando se trabalha com jovens, há um desafio adicional ao estabelecimento e à transmissão da verdade – particularmente as verdades da ciência. Em termos diretos, a ciência não é senso comum – muitas vezes, como gostava de brincar Nelson Goodman, a ciência refuta a *falta de senso* comum. A psicologia cognitiva documenta amplamente esta afirmação. Quase todos os jovens guardam muita falta de senso – numerosas concepções erradas a respeito do mundo – e as crianças chegam a elas na ausência de uma tutela formal. Para darmos valor às verdades da ciência, o ensino deve atacar diretamente este estado de coisas.

Uma lista resumida dessas concepções erradas pode apresentar o desafio. Se confiarmos em nosso senso comum, acreditaremos que o Sol orbita em torno da Terra e não vice-versa, que os objetos caem no chão à medida que perdem ou dissipam energia, que todas as espécies animais foram criadas ao mesmo tempo e não mudaram desde a criação, e assim por diante. Essas afirmações seriam endossadas imediatamente pela maioria das crianças em idade escolar (não vou especular a respeito das pessoas que não frequentam mais a escola!). Não é suficiente dizer simplesmente a crianças de oito ou 12 anos que essas visões estão erradas, e que elas (ou as visões errôneas) precisam "atualizar-se". Em vez disso, para se tornar um pensador verdadeiramente disciplinado, é preciso adotar visões do mundo completamente diferentes – isto é, substituir a visão do sistema solar de Copérnico, com o Sol no centro, pela visão de Ptolomeu, na qual todos os corpos celestes giravam em torno da Terra; ou substituir a visão de Darwin da evolução ao longo de milhões de anos pela história bíblica da criação em menos de uma semana.

Quando consideramos como melhor educar os jovens em relação à ciência (e outros assuntos), nosso próprio trabalho de décadas sobre "ensinar e aprender para compreender" torna-se pertinente. O pensamento científico não é primordialmente um domínio de fatos – embora o conhecimento de alguns fatos seja certamente necessário. O pensamento científico envolve duas tarefas desafiadoras: (1) pensar em termos de asserções e dos tipos de evidências que as corroborem ou refutem; e (2) dominar os modelos predominantes de paradigmas de pensamento científico. Esses paradigmas mudam, embora devagar. A física aristotélica dos tempos dos gregos originou com lentidão a física newtoniana do iluminismo; e Newton, por sua vez, cedeu lugar às visões de Einstein na primeira metade do século XX e, em nossa época, a explicações teóricas quântico-mecânicas ou das supercordas para o mundo físico, ainda mais complexas e menos intuitivas.

É claro que não é preciso dominar os paradigmas – que mudam continuamente – em todas as ciências naturais, físicas e sociais. Ninguém consegue fazê-lo. Mas se a pessoa quiser se envolver de forma significativa na compreensão das verdades estabelecidas em nosso tempo, ela precisa no mínimo se manter em dia com o programa. E é por essa razão que existem, em todo o mundo, tantos apelos pela adoção precoce de um foco sobre os assuntos STEM – ciência (em inglês, *science*), tecnologia, engenharia e matemática.

No final dos anos 1950, C. P. Snow, o cientista britânico que se transformou em romancista, destacou a importância do domínio da cultura STEM e nada desde então provou que ele estava errado. Mas seu nome tem sido invocado com frequência para sugerir que as *únicas* verdades, ou as *mais importantes*, são as da ciência. O tema principal deste livro é afirmar que existem várias verdades e ordens de verdades e que nenhuma merece hegemonia absoluta sobre qualquer outra. As pessoas equipadas somente com verdades científicas são tão desafortunadas quanto aquelas que sabem somente matemática, ou história, ou arte, ou as verdades práticas do trabalho e do mercado.

Assim, precisamos perguntar: como podemos combater as concepções errôneas e as meias verdades que os próprios jovens criam ou absorvem de outras pessoas?

A resposta direta é: não há um caminho fácil nem à prova de erros para a determinação de verdades. Como educadores, devemos ajudar os jovens a discernir as inadequações de suas crenças populares anteriores e construir relatos melhores e mais verídicos. Nossos estudos sugerem duas abordagens complementares.

A primeira abordagem impõe um *engajamento construtivo*. Os jovens precisam confrontar as inadequações de crenças intuitivas. Se a Terra é plana, como podemos circum-navegar o globo? Se todas as espécies foram concebidas ao mesmo tempo, como explicar o registro de fósseis? Se os valores humanos não mudaram em milhares de anos, como explicar a aceitação generalizada da escravidão até tempos recentes? Precisamos levantar essas questões ou ajudar os estudantes a identificá-las e a seguir estimulá-los a refletir sobre os paradoxos e quebra-cabeças.

Mas a revogação das compreensões errôneas ou inadequadas não é suficiente. Para complementar o engajamento construtivo, precisamos introduzir e modelar os tipos de explicações usadas pelos peritos. E isto significa equipar os jovens com as *maneiras de pensar* associadas às principais disciplinas, como ciências e história. Somente se possuir as lentes do biólogo e examinar as fontes de evidências à disposição dos peritos é que a pessoa poderá começar a compreender os processos de evolução. Somente uma imersão na sociedade da antiga Grécia ou na cultura do Sul dos Estados Unidos permite que alguém avalie por que as pessoas, em sua maioria, consideravam aceitável escravizar outro ser humano. Com o tempo e com o auxílio judicioso de mentores, os jovens estudantes irão deixar de lado suas concepções errôneas e começarão a aceitar as verdades de peritos bem informados.

O engajamento construtivo e a modelagem dos conhecimentos podem começar nos primeiros anos escolares e devem continuar indefinidamente. Mas devemos registrar uma importante mudança que ocorre por volta dos 12 anos de idade. Nessa época as lições deixam de focalizar a mera apresentação de fatos, de proposições puras, para focalizar uma apresentação de "atitudes proposicionais". Durante os primeiros anos na escola, o estudante ouve que "a matéria não é criada nem destruída"; ou "Napoleão reconquistou rapidamente o poder depois de deixar Elba"; ou "a Terra não é plana, ela é redonda". À medida que se tornam mais sofisticados em termos cognitivos, os estudantes conhecem uma nova maneira de apresentar informações – que vai além de declarações manifestas de verdade e falsidade. Agora passa a ser relevante a atitude do orador ou autor em relação à proposição enunciada. "O cientista Isaac Newton *afirmou* que a matéria não é criada nem destruída", ou "O historiador R. R. Palmer *sustenta* que Napoleão reconquistou o poder depois de deixar Elba." Note que as informações não são mais apresentadas como afirmações diretas. Em vez disso, o estudante aprende que o fato foi afirmado (ou negado, ou dele duvidaram) por uma determinada autoridade; daqui em diante, precisaremos levar em conta a confiabilidade da fonte.

Para que a compreensão do estudante continue a crescer, a consciência dessa mudança é vital. Se os estudantes continuarem ignorando o funcionamento da "atitude proposicional", provavelmente irão compreender mal a natureza da investigação culta e a maneira pela qual ela progride ou deixa de fazê-lo. Por outro lado, uma vez que os estudantes comecem a entender que o conhecimento é uma conversa continuada entre peritos – por meio de palavras, de experimentos e da proposição de modelos –, eles estarão bem posicionados para perseguir verdades a respeito do mundo, tanto aquelas há muito estabelecidas quanto as que são negociadas no momento presente.

Assim, a trajetória educacional no sentido do estabelecimento de verdades bem fundamentadas é bastante clara. A tarefa do educador é ajudar o estudante a compreender os limites e as intuições iniciais; expô-lo às ferramentas pelas quais ocorre o estabelecimento (ou às vezes a revogação) da verdade em várias disciplinas; sensibilizar, com o passar do tempo, o estudante ao papel das afirmações e contra-afirmações por especialistas; e – isto é importante – prover conhecimento suficiente para que o estudante consiga apreciar as mudanças consequentes em compreensão que constituem o marco da erudição.

Em nossa época, o ensino formal focaliza principalmente as verdades estabelecidas pelos especialistas disciplinares. Pode ser que isso seja apropriado – de qualquer maneira, é pouco provável que mude. Mas devemos reconhecer duas exceções. Em primeiro lugar, em muitos países uma parcela importante dos estudantes segue um caminho vocacional – e isso pode acontecer cedo, na metade da infância. É claro que nesse caminho grande parte do aprendizado se concentra em verdades práticas, que são melhor comunicadas quando se está "no local" e "cuidando do caso". A segunda exceção é o treinamento profissional, que tem início muito mais tarde, normalmente depois do ensino médio ou mesmo depois da faculdade. Em treinamento profissional, estágios e mentores são vitais. Muitas vezes as escolas

Um começo promissor 135

profissionais exigem experiências em campo (como os hospitais escolas) e incluem profissionais formados em seu corpo docente.

Não há dúvida de que o estabelecimento de verdades ocupa a maior parte do ensino formal; portanto, tenho tratado da "educação para a verdade" com alguma profundidade, com um olho no ensino através das faixas etárias. Mas isto não quer dizer que as outras virtudes não sejam importantes – só que elas tendem a ser tratadas de forma incidental nas escolas seculares modernas, sem ocupar o centro do foco. Tratarei uma de cada vez, indicando o pouco rotineiramente abordado nas escolas e sugerindo o que mais pode ser feito.

Em primeiro lugar, a esfera da moralidade – a comunicação daquilo que é um comportamento aceitável ("bom") ou inaceitável ("mau") na comunidade. Quando as crianças começam a frequentar a escola, surgem novas considerações. Aquilo que é valorizado ou depreciado em casa passa a ser complementado e talvez complicado por novas espécies de preocupações de ordem moral: as dos professores, dos outros membros da equipe da escola e dos outros alunos.

No passado, grande parte do ensino envolvia o estudo de textos sacros – e é claro que eles estavam salpicados com exemplos de comportamentos virtuosos e perniciosos, juntamente com relatos dos prêmios e castigos a eles associados. É por essa razão que esses textos eram usados – naquele tempo, na agenda das escolas, o conhecimento do bem e do mal era mais importante que o domínio das verdades e das disciplinas. Com frequência as passagens mais evocativas dominavam as leituras em classe e deviam ser memorizadas. Na maior parte das escolas, era assumida uma aceitação da sabedoria recebida com relação ao curso moral, embora algumas vezes a discussão de respostas ou comportamentos alternativos fosse tolerada, ou mesmo encorajada.

Hoje em dia, nas sociedades seculares modernas, há muito menos preocupação explícita com textos sacros – em alguns casos, ensinamentos explicitamente religiosos chegam a ser proibidos. Contudo, seria errado assumir que a moralidade também está ausente do currículo. Na verdade, ela está evidente naquele que às vezes é chamado de "currículo oculto". Para começar, cada escola tem suas regras de comportamentos aceitáveis e inaceitáveis, juntamente com as punições que acompanham atos deploráveis como *bullying* ou cola. Em segundo lugar, os adultos que estão na escola (inclusive aqueles que não são professores) dão exemplos dos comportamentos que valorizam e – de forma explícita ou não – demarcam aqueles que não irão tolerar. E, é claro, as escolas estão inseridas em sociedades com suas próprias preferências, tolerâncias e proscrições explícitas.

A pedagogia didática pura – ao relacionar somente o que é permitido e o que não é, com o acréscimo dos respectivos prêmios e castigos – raramente consegue gerar moralidade em crianças. A menos que os jovens tenham algum senso de *por que* certos atos devem ser evitados, a menos que tenham a chance de expor suas visões e oferecer suas justificativas, é pouco provável que essas restrições sejam internalizadas e obedecidas voluntariamente. (É óbvio que, se o castigo for suficientemente severo, os estudantes irão obedecer; mas tão logo ele seja suspenso ou sejam descobertas maneiras de evitá-lo, a obediência irá desaparecer.) O "engajamento construtivo" é preferível a uma lista do que fazer e não fazer. Quando os estudantes têm a chance de debater, ouvir perspectivas alternativas e mudar de ideia sem que sejam penalizados por fazê-lo, uma bússola moral genuína e duradoura pode ser instalada.

Desde os primeiros anos de vida a criança sabe como deve tratar os outros e como gostaria de ser tratada por eles. Nesse sentido, a moralidade amigável – em sua forma original – está clara. Mas como afirmei, a "ética de papéis" requer a capacidade para pensar em si mesmo como trabalhador e/ou cidadão e agir de acordo com as responsabilidades inerentes à posição. A criança provavelmente recebe a primeira noção de trabalho e cidadania na escola – e, nesse sentido, ela é capaz de pensar a respeito de como preencher de forma adequada o papel de estudante e de membro da turma. Mas a capacidade para pensar de forma consistente e sistêmica a respeito das demandas dos papéis, enquanto papéis, não está ao alcance da criança durante os primeiros dez anos de vida.

Nos últimos anos, diante da ascensão de comportamentos antissociais até mesmo entre crianças pequenas, muitos professores me perguntam a respeito do que poderiam fazer, desde cedo, em relação ao comportamento moral e ético. Em minha opinião, a ênfase nos primeiros anos de escola deve ser nas palavras e nos comportamentos com maior probabilidade de serem registrados na mente dos jovens: modelos "vivos" e convincentes de comportamentos e razões desejáveis; exposição à literatura e a outros meios que destaquem exemplos morais e imorais, dramatizando ao mesmo tempo as consequências para quem respeita e não respeita os códigos; uma reflexão criteriosa sobre eventos com conteúdo moral que acontecem no decorrer das atividades diárias; consequências que parecem apropriadas, dadas as circunstâncias de atos e atores específicos. Essas recomendações, juntamente com modelos oferecidos por uma comunidade efetiva, são os passos mais importantes que podem ser dados, antes das oportunidades e dos desafios trazidos pela adolescência. Felizmente, eles não exigem muito tempo nem dinheiro – o que é preciso é a *disposição* para fazer essas coisas e a *vigilância* para tê-las sempre em mente.

Volto finalmente a uma consideração da beleza no firmamento do ensino formal. Para falar a verdade, a inclusão de arte – seja pintura, dança ou música –, importante como é, raramente foi uma característica da educação formal nem ontem nem hoje. (A literatura é um assunto diferente, porque costuma fazer parte de aulas dedicadas ao domínio do idioma nativo da pessoa.) Quando a música é incluída, ela normalmente funciona como maneira de preparar os estudantes para participar de banda, orquestra ou coro escolar. As artes visuais qualificavam para o desenho de cenas quando o equipamento fotográfico ainda não existia ou não estava disponível.

Como pessoa envolvida no ensino de artes por mais de quarenta anos, lamento este quadro limitado. Gostaria que houvesse mais foco nas artes e na beleza – tanto no sentido tradicional quanto no sentido mais amplo e individualizado aqui apresentado. Infelizmente, a menos que as prioridades nacionais e internacionais mudem radicalmente, grande parte do ensino de arte provavelmente irá ocorrer em casa, depois da escola, ou em fins de semana – se chegar a ocorrer.

Mas existe um aspecto pelo qual a preocupação com as artes e a beleza cai dentro da competência da educação, como ela é hoje entendida. As escolas são vistas como a principal maneira de apresentar os artefatos e as experiências que são particularmente valorizados pela comunidade ou nação. Por exemplo, nas sociedades europeias, os alunos estudam as pinturas e obras musicais da própria cultura ou da civilização ocidental ao estilo europeu. O europeu educado precisa estar familiarizado com as obras de Shakespeare, Rembrandt e Beethoven. E em culturas específicas há focos mais específicos, assim as composições de Purcell e Elgar são ouvidas nas escolas inglesas, ao passo que os quadros de Giotto e Ticiano são familiares para as crianças nas escolas italianas. As razões patrióticas para esses currículos são claras; menos evidente é se é esperado que os alunos cheguem a conclusões específicas em relação à natureza, ao local e ao escopo da beleza.

Graças à pesquisa evolucionária, podemos discernir padrões claros na percepção de arte – ao menos nas modernas sociedades ocidentais. (Infelizmente, carecemos de dados comparáveis de outras tradições culturais.) Por exemplo, quando se veem diante de arte pictórica, as crianças passam por um conjunto previsível de estágios. Nos primeiros anos de vida, as preferências delas se baseiam na percepção do objeto que está sendo representado e no fato de elas gostarem dele ou não (uma boneca ou um demônio), das cores (marrom-escuro ou um arco-íris) ou da história associada (conto de fadas, história bíblica, aventura espacial). Os jovens lidam com a pintura, o desenho ou a escultura como se ela fosse uma representação direta do mundo. Até mesmo crianças em idade pré-escolar reconhecem que uma obra de arte é produzida por um ser humano. A existência da "mente por trás da obra de arte", no entanto, não é evidente até vários anos depois.

Ao se aproximarem da adolescência, os jovens dedicam maior atenção ao fato de a pintura não ser simplesmente outro objeto – o criador tinha em mente várias metas e queria que a obra fosse percebida de certas maneiras.

Assim, determinadas características, como estilo, expressão e composição, tornam-se mais proeminentes. O jovem começa a adotar uma "atitude pictórica". Em sua maioria, as crianças em idade escolar rejeitam obras de arte abstratas, excêntricas ou caricaturais, em favor das que são realistas – mais próximas da fotografia. Possivelmente esta gama de preferências reflita uma tendência mais ampla em favor dos tipos de obras expostas pela maior parte da sociedade – que captem alguma espécie de consenso popular sobre a beleza.

Mas não totalmente. Entre pré-adolescentes ocidentais com envolvimento continuado com as artes como criadores, pode surgir o desejo de ser inovador, fazer alguma coisa mais exótica, mais bizarra, menos convencional. Esse jovem é capaz de pôr sua marca pessoal em uma obra para revelar algo de sua pessoa, seus valores, sua história, sua estética talvez idiossincrática; um objetivo artístico foi realizado. O acesso pela internet a pares que têm os mesmos gostos, talvez excêntricos, também amplia o conjunto de possibilidades. E na verdade, embora os modelos e as sanções dos adultos tenham muita influência em questões de moralidade, as preferências dos pares normalmente dominam as sensibilidades artísticas dos jovens.

Quando se trata de questões de verdade e bondade, as sociedades são firmes a respeito daquilo que deve ser transmitido às crianças, formalmente pela escola ou informalmente, por meio dos pais, da mídia e de outras pessoas e instituições. Mas em questões de beleza e, de modo mais geral, de gosto nas artes e na natureza, existe muito mais amplitude – tanto em termos de educar formalmente ou não e de que maneiras.

Aqui está minha opinião. Todos os jovens adquirem e exibem preferências estéticas. Mas somente aqueles que são expostos a uma gama de obras de arte, que observam como são produzidas, que entendem algo a respeito do artista que está por trás das obras e recebem explicações criteriosas sobre questões de arte e gosto, têm probabilidade de desenvolver um senso artístico que vai além da mediocridade ou transcende aquilo que é mais popular no momento.

Hoje habitamos um mundo em que é fácil o acesso a incontáveis obras de arte que refletem muitos estilos, assuntos, formatos e valores estéticos.

Os jovens certamente podem e devem ser expostos às obras valorizadas pelas pessoas mais próximas a eles. Mas considero uma injustiça limitar a exposição somente às "favoritas locais".

Assim, recomendo a exposição dos jovens, desde cedo e durante os anos escolares, a uma ampla gama de obras de arte, em vários domínios artísticos. Por exemplo, os jovens americanos devem ver pinturas e esculturas não apenas da civilização ocidental, mas também de culturas pré-históricas e de outras tradições importantes, como a pré-colombiana, a islâmica, a budista. Pelo mesmo raciocínio, os jovens devem ter a oportunidade de saborear histórias, música, teatro, dança e poesia de várias tradições culturais.

Como lidar com julgamentos de beleza? Devido às limitações de tempo, acredito que devemos favorecer as obras de arte – e os aspectos da natureza – que conquistaram ampla aceitação com o passar do tempo. Mozart em vez de Salieri ou Ditters von Dittersdorf; o aclamado pintor japonês Katsushika Hokusai em vez de seus contemporâneos do período Edo. Essas escolhas irão necessariamente refletir padrões estéticos, inclusive julgamentos de beleza. Mas esses favoritos canônicos devem ser misturados de duas maneiras.

Em primeiro lugar, devemos reconhecer que as obras de arte vieram a ser apreciadas não somente pela incorporação da beleza, mas também pelo fato de serem interessantes, pela memorabilidade das formas e pela capacidade de inspirar novas visitas. E assim, como habitantes do "museu sem paredes", devemos dar aos jovens a oportunidade de observar obras que são valorizadas, recebendo ou não o epíteto de *beleza*. Por exemplo, poderíamos criar uma apresentação em slides da exposição *Design and the Elastic Mind*, de 2008 – ou então das obras que receberam prêmios em uma competição de artes realizada nas proximidades.

Em segundo lugar, e de grande importância, devemos ajudar os jovens a perceber distinções que fazem diferença. Diante de dois retratos, dois sonetos ou duas mazurcas, devemos evitar afirmações a respeito de qual é melhor, mais valioso ou mais bonito. Devemos, em vez disso, encorajar os jovens a perceber e articular as diferenças que conseguem discernir entre vários "sinais" – porque o que é realmente importante é a *capacidade para distinguir*. (E muitas vezes constatamos que nossos jovens estudantes percebem diferenças que escaparam a nossos gostos, supostamente mais desenvolvidos.) Só depois de identificadas as distinções é que podemos conversar a respeito de se uma obra é melhor e, é claro, se ela é mais bela que as outras e por quê.

Talvez seja inevitável que os estudantes discordem a respeito de qual obra de arte preferem, qual acham melhor, qual consideram mais bela e por quê. E é precisamente aí que ocorre a educação genuína – seja na escola, em casa, no cinema ou no campo de futebol. E, se meu argumento anterior estiver correto, esse aprendizado não necessariamente irá envolver a adoção do cânone cultural ou de sala de aulas de beleza. Em vez disso, ele irá se materializar à medida que o jovem venha a conhecer os próprios padrões, identificar a razão para eles e permanecer aberto para mudanças de ideia com base em suas experiências continuadas e sua exposição a novos itens, gostos, argumentos e contradições.

Animando este nosso empreendimento está o destino do trio de virtudes, em uma era caracterizada por críticas pós-modernas e coberta pela mídia digital. Muitas das recomendações educacionais já mencionadas permanecem válidas em nossa era para estudantes de diferentes idades e não há necessidade de treiná-los mais. E assim, a seguir focalizarei a educação de adolescentes. Neste importante ponto da vida, os poderosos impulsos biológicos da adolescência encontram as potentes forças das ideias pós-modernas e a mídia digital.

Como pano de fundo, devo dizer que as ameaças representadas pelos modos de pensar pós-modernos não chegam a ser um problema para os jovens em desenvolvimento. Mesmo que eles escutem questionamentos às verdades, mesmo que possam repeti-los ao pé da letra, duvido que para eles isso signifique muito. Em certo sentido, a crítica pós-moderna somente faz sentido no contexto de se possuir um ponto de vista pré-moderno ou moderno e, ao menos explicitamente, os jovens carecem dessas visões (ou de qualquer outra visão sistêmica). Na verdade, como essencialistas completos, os jovens são inclinados a descobrir As Verdades, O Código

Moral Supremo, O Cânone Decisivo de Beleza. Eles apenas assumem que existe uma sabedoria convencional, se não uma "essência", e que a tarefa é desentocá-la. Mesmo que a sociedade circunvizinha tenha certas dúvidas – crescentes – a respeito da posição dessas verdades, as dúvidas não podem ter muito significado nem consequência para uma mente ainda em desenvolvimento.

Vemos com nitidez esse fenômeno em ação em estudos de desenvolvimento moral. Como foi detalhado por Lawrence Kohlberg e confirmado por muitos outros pesquisadores, as crianças buscam ativamente descobrir o código moral, a coisa certa a fazer. Várias pesquisas confirmam um quadro análogo em relação à verdade e à beleza. Isto é, no caso das artes, os jovens acreditam que existe uma maneira certa para descrever (de forma realista) ou fazer versos (com rimas) e que os textos escolares representam uma concatenação de verdades eternas estabelecidas com firmeza.

Mas com a chegada da adolescência as coisas mudam de forma dramática. Na esfera moral, os adolescentes começam a questionar o código da cultura, adotando com frequência um relativismo completo, quase perverso. A mesma criança que, poucos anos antes, era contra mentir, roubar ou trapacear, pode agora achar razões pelas quais esses comportamentos anteriormente imorais são justificados "porque o governo mente o tempo todo", ou "porque a loja ganha dinheiro demais", ou "porque isso não prejudica ninguém e faz meus pais largarem do meu pé".

Ocorre um caso paralelo em relação à afirmação de verdade ou verdades. O adolescente deve enfrentar duas novas condições. Em primeiro lugar, há o reconhecimento de que as verdades encontradas em textos e palestras não foram anunciadas "do alto" e para o tempo todo. Trata-se apenas de afirmações, atitudes proposicionais de pessoas ou grupos específicos, que estão sujeitas às limitações da fragilidade humana. Segundo, agora os estudantes estudam disciplinas separadas, normalmente ensinadas por professores diferentes, em classes diferentes, com fontes de informações também diferentes. Os adolescentes encontram um corpo de verdades em história, um segundo em matemática, um terceiro em ciências, para não mencionar as afirmações feitas em outras disciplinas encontradas na escola ou através de outros meios. Como avaliar essas verdades uma em relação à outra e como sintetizá-las em um quadro mais amplo da realidade é uma tarefa hercúlea, que raramente faz parte da agenda explícita das escolas. Não é de se admirar que muitos adolescentes desistam de avaliar e ordenar as verdades que antes davam como certas.

De fato, uma das características que definem a adolescência é consistente com ataques impetuosos à ortodoxia da sociedade. O florescimento de um espírito crítico é particularmente problemático em lares fundamentalistas. (*Fundamentalista* aqui significa uma visão rígida do mundo, religiosa ou não.) Durante toda a infância, nesses lares os filhos aderem com prontidão ao cânone aceito por sua comunidade. Mas quando se tornam adolescentes, em particular se vivem em sociedades pluralistas, esses jovens encontram pontos de vista contrastantes e passam a ser capazes de contemplar outros mundos possíveis – histórico, científico, estético, religioso. Foram plantadas as sementes do ceticismo. Nessas sociedades, o maior desafio aos mais velhos é ter a certeza de que as visões do mundo dos jovens permaneçam protegidas durante a adolescência, pois caso os jovens se mostrem capazes de resistir às tentações que surgem durante a adolescência, eles com toda probabilidade irão permanecer fundamentalistas por toda a vida.

Mesmo deixando de lado lares ou comunidades fundamentalistas, os desafios à ortodoxia reinante poderão não durar se os sinais da cultura circunvizinha forem poderosos e inequívocos. Temos assim o surpreendente fenômeno de jovens adultos, capazes de um pensamento mais complexo e sutil, "regredindo" a uma formulação mais simples, adotada pela sociedade em que vivem. Sob essas condições, os sentimentos aparentemente modernistas ou pós-modernistas cedem lugar a uma sensibilidade pré-moderna.

Mas dada a mentalidade irreverente e iconoclasta dos adolescentes, precisamos perguntar: existe uma relação entre as visões do mundo dos adolescentes, de um lado, e as ideias pós-modernas, do outro? De fato, a adoção de sentimentos heterodoxos ocorre quer os jovens tenham ou não ouvido falar em pós-modernismo e quer ou não eles entendam ou concordem com qualquer das afirmações "antivirtude". Contudo, como sugeri antes, a crítica pós-moderna dá força e sustentação a tendências há muito observadas entre os jovens, particularmente aqueles que vivem em sociedades ocidentais ou influenciadas por ideias ocidentais. Nas décadas recentes, tanto na escola quanto através dos meios de comunicação, quase todos os jovens são encorajados a reconhecer a diversidade dentro das culturas e entre elas; a respeitar as perspectivas das pessoas que tiveram formações diferentes; e a evitar qualquer julgamento apressado a respeito dos pensamentos e comportamentos dos outros em relação ao que é verdadeiro e ao que é bom, caso essas descrições tenham qualquer validade transcendente. Em conjunto, essas ideias – que fazem parte do pós-modernismo – se ampliam e exacerbam as características da adolescência moderna.

Quer ou não os jovens tenham ouvido falar da perspectiva pós-moderna e quer ou não a tenham levado a sério, quase todos eles estão profundamente engajados com o mundo digital. Eles dão como certas a barragem de informações e a superposição de vozes que definem nosso mundo supersaturado. Para eles, essa é a norma – de fato, para um jovem de 15 anos é tão difícil conceber um mundo todo analógico quanto para uma pessoa de 75 anos imaginar um mundo sem telefones com teclado, telegramas ou transporte em massa sobre trilhos e aéreo. Contudo, o fato de os jovens poderem usar com destreza essas novas tecnologias não torna mais fácil solidificar seu senso de verdadeiro, belo e bom – de fato, no auge da adolescência eles podem desistir de fazê-lo.

No que diz respeito à mídia digital, os jovens exibem um paradoxo. Como já observei, eles tendem a diminuir a importância da vida on-line; quando lhes perguntam, eles dizem que os blogs e as redes sociais não são tão importantes, o que *realmente* conta são os encontros na *vida real* com fenômenos *reais*. Acredito neles. Ao mesmo tempo, em sua maioria, os jovens em sociedades desenvolvidas passam a maior parte de suas horas de trabalho engajados com os meios de comunicação – dentro e fora da escola. Os meios são, ou necessariamente passam a ser, sua principal fonte de dados, conhecimentos, experiências – sobre quase todos os assuntos, inclusive aqueles pertencentes à verdade, à beleza e à bondade. Saibam eles ou não, gostem ou não, suas crenças, visões e conclusões são, em grande parte, uma soma, uma destilação ou – mais provavelmente – uma confusão dos conteúdos, das formas e dos formatos dos novos meios de comunicação.

Parece que estamos no epicentro de um dos raros momentos da história cultural: uma época em que mudanças dramáticas no ciclo de vida se cruzam com alterações sísmicas sem precedentes no ambiente tecnológico. Além disso, as mudanças no ambiente tecnológico continuam sem parar, ainda mais rápidas que antes. Na verdade, o relógio biológico da adolescência não mudou muito: uma geração genealógica ainda abrange um quarto de século. Em contraste, a duração de uma geração tecnológica parece encolher com cada grande avanço digital. Em consequência desses fatores interativos, é um desafio descrever o que está acontecendo para prever o que *irá* acontecer, fazer recomendações a respeito do que deverá acontecer com relação a nossas virtudes durante uma adolescência digitalmente saturada. Está, porém, na hora de fazer um balanço e oferecer algumas recomendações.

Consideremos em primeiro lugar o domínio da beleza. Quando o assunto é artes, muitos jovens escolhem um gênero de que gostam e, dentro dele, um estilo predileto. Quer ou não empreguem o termo *beleza* ou um substituto (*legal, muito bom*), eles falam entusiasmados a respeito das obras daquele gênero. Muitas vezes os jovens acreditam que estão se rebelando contra as preferências dos pais e professores – o que pode acontecer. Mas essas preferências estão longe de ser únicas. De fato, os adolescentes em sua maioria seguem seu grupo quase sem originalidade, quer suas preferências possam ser descritas como pré-modernas, modernas ou pós-modernas. A este respeito, o desafio representado pela beleza com relação à sensibilidade dos adolescentes é muito diferente dos desafios com relação à verdade e à bondade. Em minha opinião, devemos nos esforçar para expandir a noção deles de possibilidades artísticas e alargar seu senso do que pode ser considerado belo.

Alguns adolescentes, por conta própria ou devido ao estímulo dos pares, exploram as artes de forma bastante ampla, talvez examinando diferentes formas de arte e tradições culturais diversas. A mídia digital certamente possibilita este processo. Esses espíritos aventureiros devem ser elogiados por seus esforços, apresentados a tradições com as quais podem não estar familiarizados e encorajados a compartilhar suas descobertas com seus pares menos afeitos a aventuras.

Salvo por essas exceções, no entanto, a curiosidade dos adolescentes raramente vai além das preferências convencionais dos grupos de pares. Além disso, dadas as prioridades de todas as escolas, com exceção das que contam com mais recursos, os estudantes, em sua maioria, não podem considerar a educação formal em artes como meio para ampliar seus horizontes de beleza. (Escolas independentes têm maior probabilidade de apresentar um menu de opções artísticas.) Assim sendo, cabe a parentes, amigos e vizinhos e – se a pessoa tiver sorte – museus nas proximidades ou centros comunitários oferecer uma gama mais ampla de opções estéticas.

Qualquer que seja o local, a sequência que recomendo é direta. Comece com a simples exposição da pessoa a uma gama mais ampla de obras de arte – uma oportunidade mais ampla para ver, ouvir ou mesmo sentir. A seguir, levante questões estimulantes: O que você está vendo ou ouvindo? Que diferenças observa dentro da obra e em comparação com outras obras? Por que elas são importantes? O que mais chamou sua atenção? O que o criador está tentando realizar? Como isto se relaciona com outras partes da sua vida ou das vidas de outras pessoas? Essas questões devem estimular uma grande atenção e, assumindo que os pares estejam ativamente engajados, revelam as muitas facetas perceptíveis de uma obra de arte.

Observar, discutir, argumentar, refletir são as opções de pontos de entrada – para pessoas de todas as idades. Quando se trata de adolescentes, entretanto, os passos subsequentes podem e devem variar. Alguns participantes podem querer explorar dimensões históricas ou culturais; outros irão focalizar aspectos estéticos, como estilo ou expressão; outros ainda irão se concentrar em julgamentos de valor – que podem ir do valor financeiro a um sistema pessoal de valor.

Note que aqui as metas são muito diferentes daquelas buscadas em relação às outras virtudes. Não existe o desejo de levar os jovens a conclusões específicas. Ou, em outras palavras, as conclusões alcançadas devem ser importantes para cada jovem em particular e elas podem e devem continuar mudando e se aprofundando com o passar do tempo. Nossa meta nas artes deve ser o desenvolvimento, em cada pessoa, de um portfólio de preferências pessoais e as razões para elas e, se for o caso, um registro daquilo que parece belo e por quê.

Analise a mídia. Hoje mais do que nunca os jovens são expostos a uma mescla de modismos, modas e estilos de vida adotados em todo o mundo. Um século atrás, a maioria dos jovens via com os próprios olhos as roupas, as casas, os meios de comunicação de sua vizinhança ou talvez de sua nação – e nada mais. Sua sensibilidade estética era necessariamente restrita e limitada. Hoje em dia, graças à televisão, ao cinema e à web, bilhões de jovens veem pessoalmente as estéticas de muitas outras culturas. Assistindo à MTV ou navegando no YouTube, eles ficam sabendo das numerosas maneiras pelas quais as pessoas podem se enfeitar e se expressar; eles estão expostos, em alguns casos de hora em hora, às estéticas diversas de um mundo do jogo "Silk Road". De fato, a mídia digital apresenta mais opções com mais rapidez e de mais maneiras do que nunca. Os cânones de beleza e, em termos mais amplos, das artes estão destinados a continuar mudando e os jovens podem participar provocando essas mudanças; e ninguém – seja um biólogo, economista ou psicólogo – pode prever com precisão as maneiras pelas quais eles irão mudar. Nem nós devemos fazê-lo: quando o assunto é beleza, ou artes de um modo geral, deixe que inúmeras flores brotem, deixe que dez mil gostos apareçam.

Neste momento histórico, a relutância em julgar, característica do pós-modernismo, une forças com o acesso digital instantâneo do cenário artístico global. E assim há uma bem-vinda oportunidade para ampliar os horizontes artísticos dos jovens e ajudá-los a desenvolver sensos de beleza cada vez mais individualizados.

Permita-me apresentar uma ideia que considero promissora. Os jovens devem ser encorajados a manter um portfólio de preferências artísticas. Embora esse portfólio possa ser mantido na mente da pessoa, é preferível que ele exista em forma tangível: ou através do colecionamento de artefatos físicos ou, como sinal dos tempos, de arquivos digitais. Os jovens devem ser encorajados a colocar nesse portfólio quaisquer objetos ou experiências artísticas – de autoria de artistas famosos, desconhecidos, amigos ou deles mesmos – que eles acham que vale a pena preservar. Além disso, eles devem ser encorajados a registrar suas ideias: do que gostam, o que valorizam e por quê. E eles devem dar atenção especial às mudanças de gostos ao longo do tempo – as coisas das quais não mais gostam tanto e aquelas das quais voltaram a gostar e por quê.

Idealmente, o portfólio artístico deve ser compartilhado – com parentes, amigos e, quando possível, com adultos entendidos em artes. Os professores de artes não só oferecem uma útil caixa de ressonância, mas também podem chamar atenção para características menos óbvias para os jovens, que começarão a solidificar as próprias identidades artísticas e os sensos individuais de beleza. E essa identidade, em consistência com a noção formulada pelos psicólogos, é em parte definida pela recepção dada (ou não) ao adolescente pela comunidade.

Vejamos agora a bondade, tendo sempre em mente o contraste entre infância e adolescência. Como vimos, as crianças pequenas aprendem com naturalidade a lidar com questões morais em relação às pessoas que as cercam. Essa "moralidade amigável" – com todas as suas rugas culturais – parece fazer parte da condição humana; de qualquer forma, mudanças na moralidade da vizinhança ocorrem com pouca frequência e muito devagar. Contudo, de uma maneira que não poderia ter sido prevista há 25 anos, através da internet até mesmo os muito jovens são membros de grandes comunidades cujo porte, escala e duração não só são desconhecidos, mas também inerentemente impossíveis de saber. Às obrigações evidentes de uma pessoa para com seu vizinho ou primo, devemos adicionar a ética dos papéis – os comportamentos e as crenças que o trabalhador e o cidadão responsável precisam adotar para que nosso mundo seja viável. Por isso que todo participante da mídia digital está necessariamente conectado a um número indeterminado de outros participantes, em um número indeterminado de lugares.

Na preparação de jovens para os papéis de trabalhador ou cidadão digital, temos poucos precedentes para usar como modelos. Esses papéis são mais novos, não previstos na pré-história ou na história tradicional e mudam rapidamente. Ambos os papéis se chocam com os modos de pensar concretos, aqui e agora, das crianças e dos pré-adolescentes. Crianças de dez anos não são adultos e nenhum ato de vontade pode, por magia, dobrar suas idades, seus graus de sofisticação ou sua maturidade.

Aqui, muito mais do que em outras esferas da vida deles, considero essencial a intervenção dos pais e de outros adultos bem informados. Eles precisam fazer parte do mundo digital dos filhos, orientando-os sempre que possível, jogando os mesmos jogos, participando das mesmas redes sociais e, caso tudo mais falhe, limitando ou mesmo proibindo usos não supervisionados desses meios de comunicação. É claro que a menos que o adulto não restrinja seu comportamento da mesma maneira, não poderá esperar que a criança restrinja o dela. Contudo, é preferível orientar a criança pelo engajamento construtivo ("Vamos jogar SimCity?", "Você quer conversar sobre o Club Penguin?") em vez de um desengajamento imposto ("Você não pode usar o iPad") ou uma modelagem confusa dos comportamentos proibidos ("... mas eu posso").

Quando o assunto é o uso de meios digitais por crianças, então a colocação do bom comportamento em primeiro plano e a minimização do comportamento destrutivo têm precedência. Hábitos saudáveis estabelecidos nessa época são cruciais. Com a aproximação dos anos da adolescência, qualquer esforço para controlar o uso dos meios digitais provavelmente será inútil e poderá gerar reações contraproducentes.

Nossos estudos com adolescentes destacam duas dimensões do mundo digital. Para começar, existe a ética envolvida em lidar com outras pessoas, muitas vezes distantes e desconhecidas. Em sua maioria, os jovens adolescentes apresentam uma atitude *consequencialista* (consequencialismo é a crença de que o valor de uma ação deriva de suas consequências) em relação a esses atores distantes. Como o mundo digital não é tão importante, a pessoa pode fazer o que quiser com respeito àquelas outras, a menos que haja consequências negativas. Além disso, há a exposição regular ou constante a grupos ou culturas que possuem um conjunto diferente de preocupações e práticas éticas. Os jovens observam uma ampla gama de modelos comportamentais e podem, potencialmente, interagir com indivíduos de todos os tipos de sociedades. Encontramos aqui toda uma gama de reações. Adolescentes idealistas podem ficar muito perturbados por práticas de outras culturas que consideram repugnantes (por exemplo, o tratamento dispensado às mulheres e aos gays); eles têm vontade de tentar provocar mudanças que consideram desejáveis. Outros jovens, de orientação mais relativista ou pós-moderna, tendem a ser mais permissivos ou indiferentes com relação a costumes alternativos.

Em um mundo ideal, os jovens poderiam ser capazes de separar sozinhos essas falhas e complicações. E dada sua resistência à interferência dos adultos, esta abordagem pode ser preferível. Contudo, várias pesquisas confirmam que este estado de coisas dificilmente ocorre de forma espontânea. Em particular – e neste aspecto eles se assemelham a outros grupos etários –, os jovens tendem a interagir digitalmente com os pares com os quais concordam. Além disso, há poucas sanções para o engajamento em atitudes eticamente dúbias; a regulamentação é pontual e, muitas vezes, está desatualizada.

Como mencionei no último capítulo, nosso Good Work Project incluía uma ampla exploração dos sensos éticos dos jovens americanos entre 15 e trinta anos de idade. Em muitos casos, esses jovens sabiam distinguir entre comportamentos e atos éticos e não éticos. Contudo, para nossa surpresa e desapontamento, descobrimos que aqueles jovens com frequência exibiam um senso ético injustificadamente tênue. Eles nos contaram que um dia, se fossem ricos e famosos, iriam se comportar de forma ética no trabalho e insistiriam na contratação de pessoas éticas. Mas no momento eles não queriam ser responsabilizados por lapsos de ordem ética – seus pares executavam trabalhos comprometedores e assim também para eles errar era permissível.

Aquelas descobertas geraram um programa de ação. Como parte de nossas sessões de reflexão do Good Work Project com adolescentes e jovens adultos, apresentamos histórias verdadeiras de nossa própria pesquisa, cada uma expondo um dilema enfrentado na escola ou no local de trabalho. Há o caso da repórter do jornal escolar que está determinada a escrever a respeito de um estupro no campus, mas é ameaçada de represálias pelo diretor da escola caso ela faça o que pretende. Afinal, o recrutamento da turma do próximo ano está prestes a ocorrer e a publicação da matéria provavelmente irá amedrontar os candidatos. E o caso do professor excelente da faculdade, há muito admirado pelos alunos, cujas práticas rigorosas de atribuição de notas estão impedindo que alguns estudantes consigam sua admissão em programas competitivos de pós-graduação. E a história da idealista atriz asiático-americana, a quem é oferecido um bom papel; porém, o papel requer que ela atue de uma forma estereotipada, que vai contra suas crenças e seus valores.

Esses dilemas documentam bem as diferenças entre a moralidade amigável e a ética associada ao papel, já definidas. Nossos casos não abrangem territórios em que os Dez Mandamentos ou a Regra de Ouro lhe dizem o que fazer. Eles estão repletos de tons de cinza e camadas de complexidade. Na verdade, o dilema envolvendo o jornal da escola é ainda mais irritante do que parece. Por um lado, o avô da repórter era um famoso jornalista com reputação de integridade; por outro, o irmão mais novo dela quer ser admitido na escola no ano seguinte. Esses dilemas raramente são casos simples de "certo X errado"; com frequência, as pessoas que enfrentam dilemas precisam escolher certo X certo ou errado X errado, ou escolher o menor dos males, ou o maior dos bens.

Embora muitas vezes resistam a julgar figuras públicas, os estudantes consideram esses dilemas fascinantes e não hesitam em fazer recomendações. O desafio de dar conselhos a uma pessoa que enfrenta um dilema parece libertar suas faculdades críticas. Mas é prematuro declarar que nossas sessões com os estudantes são um sucesso. De fato, em alguns casos, a exposição aos dilemas e a intensa discussão que se segue parecem fazer com que os estudantes se recusassem a mudar de opinião. Longe de se convencerem da necessidade de atos responsáveis, eles podem incorporar, adotar ou pelo menos defender o trabalho egoísta ou comprometedor. Também não estamos certos de que esta aparente regressão deva ser evitada a qualquer custo. Algumas vezes, para adotar o bom, a pessoa precisa investir tempo e energia na aceitação do comprometimento, ou mesmo vestindo o manto do inequivocamente errado. Desde que Adão e Eva deixaram o Jardim do Éden, não se pode conhecer e viver o bem sem antes enfrentar o mal. *Paraíso perdido* antes de *paraíso recuperado*. Não é de se admirar que a *Divina comédia* de Dante comece com o Inferno e chegue às regiões celestiais somente nas últimas páginas.

Contudo, posso dizer que quase todos os estudantes que se inscrevem nas sessões consideram-nas válidas. Com frequência eles dizem que nunca pensaram a respeito dessas questões ou que anteriormente viram só um lado do dilema. Hoje eles conhecem melhor as forças em operação e sentem que poderão se comportar de maneira diferente no futuro. A reflexão e o engajamento construtivo podem não ser suficientes para produzir seres humanos éticos, mas, em minha opinião, constituem os primeiros passos essenciais. Em consequência disso, estamos ansiosos por identificar locais onde possamos iniciar essas sessões, assim como meios para ligar os participantes de forma direta e digital.

Como já vimos, invocando, conscientemente ou não, sentimentos pós-modernos, os estudantes às vezes se recusam a julgar os protagonistas de um caso. Mas, do ponto de vista educacional, não é aceitável declarar apenas que a posição de qualquer pessoa é tão válida quanto a de qualquer outra. Os argumentos apresentados, o raciocínio empregado, os exemplos analisados e a transparência que cerca as posições dos participantes são todos fatores relevantes. A respeito de uma determinada questão moral ou ética pode não haver um certo ou um errado decisivo. Mas devemos ajudar os jovens a valorizar os indivíduos que reconhecem dilemas morais e éticos, enfrentam-nos publicamente, lutam para chegar ao curso de ação correto, refletem sobre o que aconteceu e o que não aconteceu e procuram aplicar essas lições a futuros encontros.

As sessões do Good Work não focalizam a vida digital em particular. Contudo, elas podem claramente ser adaptadas a esta área de interesse. Educadores podem apresentar websites, ofertas no YouTube ou artigos da Wikipédia que levantem questões éticas e podem engajar os estudantes em debates e na representação de papéis que ponham em destaque questões éticas. Os líderes podem chamar atenção para situações on-line ou dramatizar aquelas em que adolescentes apresentam comportamentos antiéticos ou sejam vítimas deles. Os jovens podem abandonar sua indiferença em relação a assuntos envolvendo propriedade intelectual quando eles mesmos trabalharam duro em uma criação só para vê-la usurpada sem crédito no YouTube. Ou podem parar de fazer ameaças através de meios digitais quando seus irmãos menores passam a ser vítimas delas.

Além disso, nesta era digital, as sessões Good Work podem transcender fronteiras geográficas e culturais. Os meios digitais oferecem uma oportunidade sem precedentes para alargar os limites das discussões do projeto – na verdade, torná-las globais. No processo, os estudantes não só aprendem a respeito das perspectivas de cidadãos de outras sociedades, mas também aprendem como avaliar de maneira civilizada os cursos de ação mais adequados. Os estudantes devem assumir a liderança nesses intercâmbios; facilitadores sensíveis podem fazer intervenções oportunas, provendo contexto ou garantindo que todos os pontos de vista sejam ouvidos. Os julgamentos mais bem informados de bem e mal provavelmente irão surgir quando a pessoa tiver analisado um bom número de visões sobre este assunto, refletido a respeito das forças de cada uma e chegado a uma filosofia, ou ao menos a uma regra prática, com a qual ela pode viver confortavelmente. No mínimo ela terá uma compreensão mais firme da bússola moral e ética. E no melhor dos casos, para eles e para o planeta, indivíduos com tradições morais e éticas diversas poderão trabalhar juntos para criar um código que abranja as características mais elogiáveis e benéficas dessas diversas tradições.

Chegamos finalmente ao domínio da verdade. Com adolescentes, o desafio é reconhecer que de fato existem várias verdades e não apenas uma; que cada verdade está sujeita a alterações à luz de novos conhecimentos ou novas compreensões; e que a busca da verdade é importante, merece ser efetuada ao longo do tempo e conduz a relatos mais competentes sobre o mundo. Na terminologia que introduzi aqui, a adolescência deve marcar a transição de uma verdade única para múltiplas verdades emergentes. A obtenção desta compreensão e suas implicações é essencialmente a tarefa da educação liberal. Graças ao trabalho de William Perry e outras autoridades, hoje sabemos que o questionamento de qualquer noção recebida de verdade é comum e esperado durante os anos de faculdade. O questionamento foi exacerbado pela crítica pós-moderna, a qual questiona *qualquer* afirmação confiante da verdade.

O foco nas verdades deve ser um marco especial dos anos da adolescência: no mundo moderno, os anos de estudos nos níveis médio e superior e especialização. Para começar, este é o período da vida em que os jovens podem se distanciar do aprendizado. Pela primeira vez eles podem ser confortavelmente metacognitivos com referência a várias disciplinas e métodos, bem como às possíveis inter-relações (e tensões) entre eles. E assim os educadores podem e devem ajudar a alimentar aquela parte da cognição que estimula a reflexão a respeito de seus modos de operação.

A adolescência também é a época em que antigos hábitos de aprendizado precisam ser consolidados. Na verdade, a aquisição de disciplina para trabalhar com regularidade deve ocorrer muito antes. Mas é durante a adolescência que a posição da pessoa em relação às verdades e como ela continuará a estabelecê-las depois de concluído o ensino formal passa a ser um hábito mental para toda a vida.

Quando o assunto é beleza, os jovens devem desenvolver seus cânones em grande parte por si mesmos. Quando o assunto é bondade, os mais velhos podem oferecer alguma sabedoria, mas os jovens precisam rever as razões para o próprio código moral e então decidir se as acomodam ou fundem com as de outras pessoas. No caso da verdade, o papel da educação formal é o mais claro de todos, e a necessidade de intervenções regulares e cuidadosas é mais urgente.

Em um sentido importante, os meios para abordar a verdade operam através das faixas etárias. Quando trabalha com crianças, o educador certamente quer tornar a abordagem ao conhecimento e o uso de fontes tão evidentes quanto possível. Pelo mesmo raciocínio, como irei detalhar no próximo capítulo, a necessidade de ter em mente métodos, fontes e modos de verificação permanece constante durante toda a vida.

Contudo, com os adolescentes duas intervenções são particularmente úteis. Em primeiro lugar, é preciso efetuar um estudo cuidadoso de casos individuais, usando documentos originais ou realizando experimentos reais. Por exemplo, em história pode-se olhar o que de fato aconteceu na Wannsee Conference, depois da qual foi lançado o Holocausto, ou os relatos conflitantes sobre a descoberta de Troia, ou a fundação de Roma. Em ciências, a pessoa pode examinar os vários relatos a respeito da função do cérebro, ou as razões para a atual configuração dos continentes, ou as causas da combustão. Ou ela pode reproduzir experimentos em laboratório bem conhecidos, alterando as condições de formas sistemáticas. Então, conforme foi exemplificado pelo curso "Teoria do Conhecimento" desenvolvido pelas escolas International Baccalaureate, a pessoa pode analisar diretamente os métodos usados por diferentes disciplinas e discernir como elas se complementam ou suplementam umas às outras. Esse exame só pode ocorrer na parte final da adolescência, quando o jovem já mostrou algum domínio de vários campos de conhecimento e tem distanciamento suficiente para conseguir fazer comparações judiciosas entre esses campos.

Como o estudo da verdade é afetado pela era digital? Nunca antes na história humana houve tanta disponibilidade de relatos do passado e do presente, de ciências e magia, de pessoas famosas, pouco conhecidas, completamente obscuras, até terem seus proverbiais "15 minutos" no cenário mundial. E graças a wikis, blogs e tweets, as proposições e demonstrações em vários setores podem ser mudadas de um dia para o outro, ou mesmo de um momento para o outro. Não é de admirar que até mesmo quem nunca ouviu falar das críticas pós-modernas escritas por Jean-François Lyotard ou Richard Rorty pode desistir da possibilidade de estabelecer o que é verdadeiro e o que não é.

Durante este período da vida, o jovem sem dúvida estabelece uma posição duradoura em relação aos meios digitais. Anteriormente, a criança pode ter tido muitas experiências, mas com certeza o fez com disposição para aceitar (se dizem que é assim, então deve ser). Agora o jovem precisa consolidar os meios pelos quais irá determinar o que é válido, o que necessita de mais evidências e o que não merece atenção adicional. Pelo mesmo raciocínio, embora as crianças pequenas possam ter criado algum conteúdo na web, são os adolescentes os principais contribuintes para websites,

sites de foto, vídeos e sites ligados a determinados hobbies e interesses, para não mencionar as onipresentes redes sociais. Quer o jovem aborde essas oportunidades da web 2.0 com foco na honestidade, com completa indiferença em relação ao valor da verdade ou em algum ponto intermediário, isso terá consequências importantes para ele e para as pessoas com as quais ele entrar em contato.

Como então orientar os adolescentes no sentido da verdade na era digital? Em resumo, cabe aos especialistas disciplinares e outros peritos explicitar as maneiras pelas quais são colhidas as evidências e extraídas as conclusões. Eles (e se for o caso, nós) devem ser tão explícitos e transparentes quanto possível. Devem mostrar como avaliam novas alegações e sobre que base as rejeitam, consideram brevemente, ponderam com seriedade ou até mesmo mudam a própria compreensão do que é verdadeiro. É importante observar que eles precisam comunicar as estratégias que adotam quando são confrontados com o excesso de informações, algumas das quais contraditórias. Por exemplo, ao decidir qual livro ler sobre um tópico de interesse, um especialista irá considerar a reputação da editora, o histórico do autor, a credibilidade dos revisores e editores de estilo e talvez uma página do início, do meio e do fim do livro. Cânones análogos irão surgir de cientistas avaliando artigos especializados, advogados avaliando testemunhas, jornalistas avaliando informantes. A verdade, e isto deve ficar claro, não é uma questão de propensão ou instinto; ela consiste em conclusões criteriosas sobre a base de uma revisão fria e consistente das evidências.

O advento dos meios digitais não alterou de maneira fundamental o estabelecimento da verdade. Os critérios, as descobertas e os métodos dos especialistas disciplinares e dos profissionais da matéria são duradouros. Mas qualquer especialista que quer se manter atualizado, ou mesmo relevante, deve repensar seus processos à luz dos meios digitais – o que eles enfatizam, o que podem proporcionar e o que podem tornar obscuro, ou mesmo invisível. E qualquer educador que trabalha com adolescentes deve pensar constantemente a respeito de como melhor utilizar os meios digitais e como reinventar os métodos de estabelecer a verdade, para que eles sejam claros para os "digitais natos".

É claro que o estabelecimento da verdade não é uma província exclusiva do especialista. Algumas vezes os especialistas também erram – por pouco ou mesmo muito tempo. Em alguns casos, um amador percebe um estado de coisas que escapou àqueles com muito mais conhecimento e experiência. E, como qualquer jovem inteligente pode nos fazer lembrar, existe sabedoria em multidões. Os meios digitais enfatizam este ponto de forma dramática. Uma pesquisa de sessenta revisores sobre a amazon.com pode se mostrar mais informativa e útil que a revisão da primeira página da *New York Times Book Review* e a Wikipédia algumas vezes é "mais inteligente" que a *Enciclopédia Britânica*.

O ponto crucial é: reunir todas essas formas de perícia com outras fontes relevantes de suporte nos coloca na melhor posição possível para discernir o estado real das coisas. Assim, nesta era digital, é mais provável do que nunca a emergência de importantes Verdades Convergentes, senão das Verdades Supremas.

Em comparação com aqueles de gerações anteriores, os jovens de hoje emergem como uma Geração Fragmentada – uma geração que viveu muito em poucos anos e foi exposta a muitas experiências, ao vivo e virtualmente. Pelo menos aos olhos dos mais velhos, os jovens de hoje, de forma consciente ou não, abrigam – na verdade, constituem – uma montanha de informações não assimiladas e desorganizadas com as quais, se elas lhes fossem apontadas, poderão ou não se importar. Uma barragem virtual de verdades, belezas e preceitos morais cerca a psique de toda criança "conectada". As tendências naturais, caso existam, são esmagadas por normas concorrentes. Aqui pode estar uma pista a respeito de por que os jovens foram atraídos para a pessoa do presidente Obama. Um jovem com formação fragmentada em linhagem, residência e sistemas de crença – como todos, grudado no seu Blackberry – mostrou-se capaz, contra todas as probabilidades, de juntar todos aqueles fragmentos de maneira coerente. Mas é claro que não somos – e os jovens também não são – todos Barack Obamas!

No final, apesar de sua presença avultante, nem o pós-modernismo nem os meios digitais precisam dificultar ou impedir que os adolescentes adotem uma versão legítima das três virtudes. De fato, como sugerimos, podem ser vistos sinais de esperança. Pode emergir um senso adorável e individualizado de experiências e objetos belos; um forte senso de como tratar as outras pessoas – global e localmente – é possível; e as pessoas com paciência e tenacidade podem marchar com firmeza e até mesmo confiança no sentido de um sólido senso de verdade.

Graças a um mundo fisicamente mais sadio, se não mentalmente mais são, a maioria dos jovens nascidos no século XXI irão sobreviver até a maioridade. Caso eles tivessem nascido há 250 anos e vivido até pouco mais de trinta anos, as mudanças posteriores à puberdade teriam sido modestas. As verdades da ciência e da história não mudaram tão depressa – Newton reinou supremo, o senso de beleza das culturas antigas foi menos contestado e, como colocou Kant à guisa de toque final em seus escritos, as tensões éticas que fazem parte de toda sociedade complexa ainda não haviam eclodido totalmente.

Hoje, porém, nenhuma dessas suposições pode ou deve ser feita. Graças à Revolução Francesa, à revolução marxista, à revolução do computador, o ritmo das mudanças se acelerou e os lugares e períodos de estabilidade são poucos e dispersos. Pais, instituições, sociedades que procuram impor suas versões das virtudes aos jovens sofrem um processo de isolamento. Mesmo que uma pessoa tenha desenvolvido muito bem – por mais improvável que pareça – um esquema de verdade, beleza e bondade, elas certamente serão contestadas nas próximas décadas. A seguir, veremos como o trio de virtudes se sai durante a vida adulta.

CAPÍTULO 6

APRENDENDO POR TODA A VIDA

Antigamente, a categoria da infância mal existia. Quadros da Idade Média mostravam crianças pequenas como bebês indefesos ou como adultos em miniatura. Depois de 1500, juntamente com a redescoberta do conhecimento clássico, as muitas aberturas para o Novo Mundo e as noções de educação cada vez mais esclarecidas, os principais contornos da infância tornaram-se evidentes. Mas a estagnação agora estava no outro extremo da infância. Tendo passado pelas idades/estágios da infância, o jovem adulto atingia o auge pouco antes de iniciar um longo (ou não tão longo) declínio inexorável. Como disse Shakespeare:

> *O sexto estágio muda,*
> *Para o insípido palhaço*
> *Com óculos no nariz e bolsa do lado*
> *Suas meias juvenis, largas demais*
> *Para suas pernas finas, e sua grande voz masculina,*
> *Voltando a emitir sons agudos, de flauta e assobio.*
> *Última cena de todas,*
> *Que termina esta história estranha e movimentada,*
> *É a segunda infância e um mero esquecimento*
> *Sem dentes, sem olhos, sem gosto, sem nada.*

Essa visão de um ciclo de vida diferenciado é observada claramente no esquema proposto por Jean Piaget. O seminal pensador psicológico interpretou o desenvolvimento cognitivo como um conjunto de estágios que culminavam no "pensamento operacional formal" do adolescente. O operador formal consegue antever todas as permutações e as combinações possíveis de uma situação. (De quantas maneiras um jogador de xadrez pode colocar o rei em xeque no próximo movimento?) Ele também é capaz de pensar de forma abstrata. (Como cidadão que prestou juramento há pouco tempo, quais são meus direitos e minhas obrigações?) O pensador formal pode descrever o mundo em termos de proposições; avaliar se elas são individualmente verdadeiras; e juntá-las em uma estrutura geral coerente – como no caso do cientista, historiador, psicólogo, economista ou jogador de xadrez competente. Ou, poderoso da mesma forma, o pensador formal pode mostrar por que essa sistematização não é possível, em princípio ou ao menos no presente. Voltando ao domínio da ética, achamos que o pensador formal pode transcender os hábitos de moralidade amigável e considerar as responsabilidades que acompanham os papéis formais – de trabalhador, profissional liberal ou cidadão.

Mas no meio século decorrido desde que o esquema cognitivo de Piaget foi analisado, temos questionado a ideia de que as pessoas atingem o pico cognitivo entre 15 e 18 anos de idade. Naquele que veio a ser chamado "pensamento pós-formal", hoje os psicólogos reconhecem a importância dos estados subsequentes de desenvolvimento cognitivo. Afirmo que estes estágios posteriores podem abrir novas posições e compreensões da verdade, da beleza e da bondade; que as verdades podem ser estabelecidas de forma mais firme; que as experiências de beleza podem ser melhor individualizadas; e que as pessoas podem preencher papéis de maneiras mais éticas. Além disso, dadas as vidas mais longas que iremos ter (ainda mais longas que no tempo de Piaget, para não falar no de Shakespeare) e a multidão de mudanças que ocorrem no mundo a cada ano, é crucial que continuemos a empregar as três virtudes de maneiras ótimas ao longo das décadas.

De fato, uma vida mais longa gera oportunidades. No plano puramente cognitivo, hoje acreditamos que os adolescentes estão apenas começando a ser capazes de pensar em termos de sistemas de pensamento coerentes – digamos, na esfera política, estão começando a ter compreensões abrangentes de socialismo, fascismo e democracia representativa. Os adolescentes com certeza devem ser capazes de dominar os preceitos de um ou mais desses sistemas. Mas, em contraste, a capacidade para pensar a respeito de sistemas (pensamento metassistêmico), ou para comparar sistemas (por exemplo, nacional socialismo X socialismo democrático), espera por um maior desenvolvimento cognitivo – em geral essa capacidade não se desenvolve até os vinte anos, se é que chega a ser alcançada. Pense na diferença entre um aluno do último ano do nível médio dispondo de resultados de testes de avaliação do conhecimento (SAT) e o aluno graduado na faculdade que se prepara para passar pelos exames gerais. Não se trata de um "vazio de informação" e sim de um vazio em pensamento sistêmico. Somente na maturidade as pessoas avaliam e comparam e, quando apropriado, sintetizam as espécies de verdades proposicionais e práticas incorporadas através das várias disciplinas e habilidades.

Um progresso semelhante ocorre depois da adolescência nos domínios da personalidade e das relações interpessoais. Até mesmo um adolescente precoce ainda mantém uma visão egocêntrica do mundo no sentido em que o mundo parece focalizado – algumas vezes exclusivamente – em suas preocupações correntes. (Todos vão ao baile, menos eu? Estou competindo com todos por esse estágio? Será que a escola inteira – ou o mundo inteiro – está me observando?) Nos estágios posteriores de desenvolvimento, a pessoa tem muito mais capacidade para descentralizar: para se distanciar da própria agenda, para compreender os outros e ajudá-los a atingir suas metas, para criar situações nas quais os outros se dão conta de seus potenciais e liderar de forma efetiva a partir dos bastidores e permitindo – até encorajando – os outros a assumir uma independência maior e receber a maior parte do crédito. No melhor dos cenários, esse desenvolvimento continua até anos posteriores da vida, culminando com julgamento maduro, orientação efetiva e administração responsável em vários campos e, é claro, sabedoria.

As "visões de estágios" do desenvolvimento adulto hoje refletem essas tendências. No passado, como estudiosos e leigos, postulamos – e nos satisfazíamos com – somente três estágios de vida pós-infância: adolescência, vida adulta e velhice/senilidade. Hoje é reconhecido pela maioria um estágio de vida adulta emergente (ou adolescência prolongada). (Seus filhos crescidos ainda moram com você? Ainda ligam várias vezes por semana em busca de conselhos e ajuda?) É reconhecido um estágio inicial de velhice (aposentadoria ativa). E muitos também estão reconhecendo um "terceiro estágio" da vida adulta – o período entre 50 e 75 anos – quando as ambições iniciais da vida foram realizadas, as limitações foram aceitas e o adulto, agora maduro, procura se relacionar de maneira ativa com o mundo de uma perspectiva nova, muitas vezes determinadamente pró-social. Nesse ponto, talvez mais que em qualquer outro ponto da vida, a pessoa tem potencial e tempo para apreciar as várias verdades através de vários domínios para refinar seu senso de beleza e enfrentar, de forma sensível e sensata, as questões éticas muitas vezes irritantes que surgem no trabalho, nas eleições ou na praça central da cidade.

As tendências que mencionei apontam para um desenvolvimento continuado, ao menos pelos anos intermediários da vida e, nos melhores casos, até as idades de sessenta, setenta ou mais. Essas tendências não refletem só a psicologia humana; as evidências mostram que nossos corpos e cérebros podem crescer e se adaptar por décadas após a adolescência. Contudo, como deve ser evidente, esse desenvolvimento é apenas uma possibilidade e não uma necessidade ou imperativo. Se existem milhões de pessoas que continuam se desenvolvendo por décadas, sem dúvida existem milhões que atingiram o ponto alto de desenvolvimento na metade de sua segunda década de vida. Essas pessoas estagnam, ficam satisfeitas em manter sua atual compreensão e visão, muitas vezes frágeis, resistem ativamente ao crescimento ou mesmo regridem a modos de pensar e agir mais primitivos.

Seria uma insinceridade fingir que esse senso de ação continuado ou mesmo em expansão durante a parte posterior da vida adulta está sob o total controle da pessoa. A má sorte pode desviar a pessoa do curso esperado de vida. Se ela tem de trabalhar 12 horas por dia em uma tarefa tediosa (ou em dois ou três locais sombrios da mesma forma) para manter a família alimentada e vestida, há menos tempo para qualquer tipo de crescimento pessoal. Caso a pessoa viva em um ambiente religioso ou social que dita fortemente a conformidade, crescem as pressões para que ela ou os vizinhos permaneçam como estão ou como parecem estar. Se ela tiver uma constituição – física ou mental – frágil, terá maior dificuldade para elevar ou sustentar os esforços para crescer, mudar ou se desenvolver. Contudo, é possível imitar exemplos inspiradores como o de Theodore Roosevelt, que superou enfermidades físicas, ou de Winston Churchill, que superou dificuldades de aprendizado, e tiveram vidas longas e cada vez mais ativas ou, de forma ainda mais dramática, de Helen Keller, que apesar de ser cega e surda chegou a níveis profundos de discernimento a respeito da condição humana. Mais recentemente, encontramos exemplos impressionantes de mulheres criadas em severos ambientes islâmicos que arriscaram suas vidas para fugir de casamentos arranjados abusivos e iniciar sozinhas uma nova vida em um outro mundo.

Alguns fatores que limitam o crescimento estão além do controle da pessoa. O antropólogo Claude Lévi-Strauss distingue "sociedades frias", que mudam a velocidades glaciais, de "sociedades quentes", que estão em tumulto frequente, ou mesmo constante. Compare o "frio" Egito antigo, onde mudanças políticas significativas levavam séculos para ocorrer, com a "quente" China do século XX, que se transformou em muito pouco tempo de império para república e para um regime totalitário comunista, chegando a uma mistura distinta de socialismo e capitalismo. É claro que uma pessoa tem maior oportunidade para mudar, crescer e se desenvolver em um cenário em constante transformação.

É claro que mudanças nem sempre são fáceis nem necessariamente desejáveis. Com respeito às relações entre seres humanos, há cenários alternativos. As sociedades "frias" tradicionais são marcadas pelo domínio de poucos laços fortes. As pessoas conhecem com intimidade um pequeno conjunto de parentes, vizinhos e amigos e dependem dessa rede social muito fechada por longos períodos de tempo. Em grande contraste, as sociedades "quentes" modernas dão menos valor a esses laços profundos em favor de laços numerosos, muito mais fracos e flexíveis. Os cidadãos dessas sociedades conhecem muitas pessoas, mas sempre de forma muito mais superficial; eles podem contatá-las de muitas maneiras, mas só esporadicamente. A sociedade tradicional se distingue pelo mesmo conjunto de fotos da família ou outras lembranças ou relíquias familiares, que permanecem nas mesas das pessoas por décadas; a sociedade moderna é marcada por agendas de endereços em rápida evolução, uma ampla base de dados pessoais em forma digital e dezenas ou mesmo centenas de entradas em sites de redes sociais.

Sem dúvida, neste mundo em rápida mudança, a capacidade para utilizar muitos laços fracos se mostra vantajosa. Esses laços não só expõem a pessoa a muito mais informações e experiências, mas também lhe dão a oportunidade de comparar diferentes versões da verdade, desenvolver o próprio senso de beleza e pensar com clareza e agir de forma responsável em relação a complexos dilemas éticos e morais. O excesso de flexibilidade pode se mostrar como um obstáculo em uma sociedade que permanece em temperatura relativamente baixa; mas esse excesso torna-se uma marca de sobrevivência em qualquer sociedade "quente". Desde os primeiros anos de vida, as pessoas nascidas e criadas em sociedades "quentes" estão mais acostumadas a mudanças e demonstram maior probabilidade de saber lidar com elas, prevê-las e até mesmo gostar de grandes alterações no cenário. Ao mesmo tempo, é preciso reconhecer que a redução ou a perda de laços profundos, íntimos e duradouros pode ser dolorosa. Além disso, os índices de felicidade e confiança tendem a ser mais altos nas sociedades que mantêm ligações tão fortes entre seres humanos. Contudo, dadas as tendências no mundo de hoje, é evidente que as pessoas precisam ser capazes de sobreviver – e chegar a versões viáveis das virtudes – em ambientes relativamente "quentes" e em rápida mudança.

Em termos bem amplos, podemos dizer que, na maior parte das sociedades, através da maior parte da história, as noções de verdade, beleza e bondade foram relativamente consensuais. Em nossos termos, as verdades foram estabelecidas em vez de emergir; a beleza era tradicional em vez de individualizada; questões interpessoais irritantes eram julgadas pela moralidade amigável ou simplesmente não eram julgadas. As concepções mudaram aos poucos, às vezes de forma imperceptível. Durante séculos, as imagens de Cristo e da Virgem Maria foram a principal preocupação das artes visuais. Além disso, muitas vezes havia uma tendência de unificar as três virtudes – aquilo que era visto como verdadeiro também era belo e bom; a sequência reversa também valia.

Mas não devemos nos contentar com descrições demasiado amplas. Mesmo no passado distante, as visões das três virtudes mudavam. Em alguns casos, a mudança se devia a líderes poderosos – Moisés para os hebreus, ou Shi Huangdi da Dinastia Han. Às vezes, as mudanças vieram como consequência de eventos cataclísmicos como a peste negra, o terremoto em Lisboa ou o derretimento das calotas polares. Com mais frequência as mudanças – para o bem ou para o mal – ocorreram como resultado de choques de culturas, de guerras, de saques pelos vencedores, de adaptações dos vencidos. É claro que nem todas as mudanças são permanentes – as civilizações desaparecem tanto quanto avançam. A Idade Média, amada por Henry Adams, foi muito menos dinâmica que os séculos que a antecederam e a seguiram.

Poucos períodos da história se comparam com o nosso em termos da velocidade e determinação das mudanças. Quase todas as pessoas com mais de 35 anos podem se lembrar bem da queda do Muro de Berlim, da surpreendentemente breve hegemonia da democracia ocidental associada ao capitalismo de mercado, do choque dos ataques de 11 de setembro, de desastres naturais como o furacão Katrina ou o tsunami no Sul da Ásia, da crise financeira mundial em 2008, do vazamento de petróleo no Golfo do México dois anos depois. Circunstâncias há pouco tempo consideradas permanentes e resolvidas – a Guerra Fria, a inviolabilidade das fronteiras dos Estados Unidos, a força corretiva natural inerente aos mercados financeiros – não resistiram a fatos e fatores brutais. De uma década para a outra, os habitantes de países como Afeganistão, Irã, Iraque, Polônia, Romênia, Venezuela – até mesmo o Reino Unido e os Estados Unidos, relativamente calmos – foram expostos a noções do bem e do mal diferentes por completo. E com cada grupo de artistas questionando os valores centrais e as práticas de seus antecessores, qualquer esforço para manter uma estética constante ou consistente parecia condenado. Essas mudanças não só ocorreram em alta velocidade, mas, ao contrário de outras eras, as pessoas souberam delas de forma quase instantânea. Dizem que dois dias após sua ocorrência em 31 de agosto de 1997, 98% das pessoas sabiam da morte da princesa Diana.

Como, então, um terreno em rápida alteração, inclusive um caleidoscópio de virtudes e vícios, afeta pessoas que estão muito além de seu desenvolvimento inicial e seus estágios iniciais de aprendizado? Em outros tempos, poderíamos ter pensado que não seria possível ensinar novos truques a um velho cão, para não falar em um ser humano de meia-idade. Mas hoje um clichê recente – aprendizado por toda a vida – precisa se tornar mais que um clichê. O aprendizado deixa de ser um ônus da infância e adolescência, tornando-se o privilégio – mas também a obrigação – de toda uma vida. Hoje sabemos que, contrariamente às antigas crenças na comunidade científica, o sistema nervoso adulto permanece plástico, flexível e capaz de efetuar novas conexões neurais. Na verdade, temos poucas razões para acreditar em restrições biológicas sobre a aquisição de novos conhecimentos, gostos e valores.

Contudo, mesmo na melhor das situações, o aprendizado por toda a vida pode ser difícil e enganoso. Para as pessoas que permanecem na escola, literalmente, ou no trabalho, o aprendizado por toda a vida *parece* mais fácil. Afinal, estamos cercados pela parafernália da educação – professores, alunos, currículos, cursos, livros, computadores, bibliotecas, web. Aprender está ao alcance total das pessoas. No entanto, todos nós conhecemos pessoas dentro da comunidade acadêmica que permanecem estagnadas, fixas em suas visões, cegas para os ventos, águas e palavras de mudança. E mesmo que a pessoa cresça dentro de sua própria especialidade, é perfeitamente possível que permaneça paralisada em outras esferas. Em alguns casos, as pessoas nem mesmo tentam crescer ou se aprofundar em domínios desconhecidos. Em outros, apesar de grandes esforços, o crescimento em novas esferas se mostra muito difícil. Por mais que possamos admirar e respeitar a coragem, os laureados com o Prêmio Nobel e outros prêmios de prestígio com pouca frequência se distinguem em novas ciências, artes ou habilidades.

Há um outro grande obstáculo no caminho do aprendizado por toda a vida, mesmo para as pessoas abençoadas para viver a vida da mente. O aprendizado por toda a vida seria mais fácil se as pessoas pudessem apenas estender a duração dos cursos superiores – mais um curso, mais um exame, mais um grau. Mas com muita frequência o caminho aparentemente bem percorrido contém zigue-zagues tortuosos. Muitas pessoas que dominaram as verdades de uma determinada disciplina ou especialidade considerariam óbvio continuar se aprofundando na mesma área de conhecimento. Mas as disciplinas podem mudar de forma radical – por divisão, aglutinação, reconfiguração. Além disso, hoje em dia muitos trabalhos não se baseiam mais em disciplinas: são centrados – de forma correta – em problemas; eles envolvem conhecimentos interdisciplinares, bem como a capacidade para trabalhar de forma fluente e flexível com pessoas de diferentes disciplinas, e diferentes culturas. Esses esforços podem se mostrar formidáveis; há mais afirmações a respeito da importância do trabalho interdisciplinar do que demonstrações claras de trabalhos interdisciplinares *bem-sucedidos*. E quando um trabalho interdisciplinar tem sucesso, está longe de ser claro o motivo pelo qual ele deu certo e como esse sucesso poderá ser reproduzido e modelado para os outros.

Assim, nos termos mais amplos possíveis, tem se tornado muito mais fácil que os adultos, dentro e fora de instituições de ensino, se mantenham sintonizados e em contato com aquilo que desejam. Os ubíquos meios de comunicação – velhos, novos, mecânicos, eletrônicos, digitais – possibilitam esse contato. Qualquer pessoa que se conecta regularmente com a internet – que tenha um blog ou que leia blogs – estará exposto, quando quiser, àquilo que é novo, digno de nota ou está mudando.

Muitas pessoas sentem-se oprimidas grande parte do tempo. O novo imperativo é a síntese – a capacidade para reunir, expurgar e organizar informações de todos os tamanhos e formas e repetir o ciclo indefinidamente. "A mente sintetizadora" é capaz de absorver numerosas informações; aplicar critérios confiáveis para determinar o que frequentar e o que ignorar; exibir a capacidade para reunir as coisas de forma que a pessoa possa reservá-las (uma espécie de síntese *"just in time"*); e então, a menos que ela seja um eremita ou troglodita, comunicar a essência da síntese a outras pessoas de forma efetiva e fácil de memorizar. Na verdade, apenas começamos a entender o desafio da síntese eficaz, para não falar em desenvolver as ferramentas pedagógicas e digitais que podem tornar isso uma realidade para a maioria das pessoas. As vantagens irão fluir para as pessoas, de qualquer idade, que iniciarem antes este processo. Idealmente, deve-se misturar a capacidade dos jovens para absorver e armazenar novas informações com as bem desenvolvidas capacidades de julgar e avaliar das pessoas mais velhas.

Inevitavelmente, alguns indivíduos têm acesso mais rápido que outros a informações, conhecimentos e sínteses de qualidade. Contudo, no fim cabe a esse indivíduo decidir se deseja ou não manter-se em dia com o que está acontecendo no mundo. O desenvolvimento continuado da pessoa depende do tipo de ambiente – dia após dia – em que ela escolhe passar seu tempo. A pessoa pode permanecer com o mesmo grupo de amigos ou buscar novos amigos; pode jogar com as mesmas pessoas ou buscar novos parceiros e oponentes; pode ver e rever as mesmas obras de arte ou buscar novas obras; pode ter sempre as mesmas conversas ou evitar deliberadamente essas rotinas linguísticas e interpessoais. Em especial nesta era digital, ela pode preferir visitar os mesmos sites, em especial aqueles que concordam com suas visões, seus gostos e seu código moral, ou pode optar por visitar novos sites, em particular aqueles que refletem novos quadros e levantam novas perguntas. Em qualquer sociedade razoavelmente democrática, mais ninguém dita essas regras além da pessoa em questão.

Muitos fatores determinam as opções feitas pela pessoa a respeito de como passar seus dias e noites; a necessidade de manter seu emprego (ou avançar para um mais atraente); o desejo de manter a saúde ou melhorar suas finanças; a meta de se tornar um cidadão responsável; a busca para manter velhas amizades ou procurar por outras, para comunicar seus valores às pessoas íntimas, para conter sua própria curiosidade ou manter sua posição em conversas com os outros – mais velhos ou mais jovens, mais sábios ou necessitando de sabedoria. Poucas pessoas dizem explicitamente que seu objetivo é a busca da verdade, da beleza e da bondade. Contudo, o aprendizado por toda a vida não pode se dar ao luxo de evitar essas dimensões vitais.

Primeira verdade. Nas esferas de trabalho e vida da pessoa, haverá sem dúvida mais verdades práticas. Em meu caso, o que é preciso para redigir e publicar um artigo ou livro muda muitas vezes ao longo das décadas; e se eu continuasse a proceder da mesma forma como fazia no início dos anos 1970, teria tido pouco sucesso. Eu costumava "ser publicado e esperar pelas críticas"; hoje, a menos que eu fosse determinadamente pró-ativo, esperaria para sempre sem que alguém tomasse conhecimento de minha publicação. As mudanças são ainda mais evidentes no domínio do ensino, que muda mais devagar. Eu costumava fazer palestras de uma hora com no máximo um slide ocasional e um aparte eventual. Hoje quase todo o meu ensino tem a forma de seminários, as palestras estão à disposição on-line e os debates são pontuados com amplas apresentações em PowerPoint e acessos à web tanto para os estudantes como para mim. A política do local de trabalho assim como os processos da produção do trabalho estão sempre mudando. As crenças amplamente compartilhadas não são mais as mesmas nem permanecerão congeladas nas próximas décadas. Isso não quer dizer que todo o conhecimento anterior é passageiro. Determinadas verdades práticas e proposicionais perduram através das eras em escrita e edição: ensinar aos jovens, cuidar dos enfermos, fazer uma venda e manter um cliente. Valorizar essas verdades perpétuas é tão importante quanto permanecer aberto às novas.

Mas a vida profissional de uma pessoa não é a única, nem a mais importante, área de verdades mutáveis. Qualquer pessoa que tenha interesse no que está acontecendo no mundo precisa acompanhar nossa crescente compreensão coletiva (além, é claro, de nossas constantes confusões). Surgem novas descobertas das várias ciências; revisões históricas estão na ordem do dia. (Economia, psicologia e crítica literária também não param nem deveriam parar de mudar!) Não compreendemos a Guerra Civil nem a I Guerra Mundial nem a Guerra Fria da mesma maneira que nossos avós. A diferença em compreensão entre as eras anteriores e a nossa é ainda maior quando o assunto é ciências – de nosso crescente conhecimento sobre o nascimento, a idade e a extensão do universo à natureza e à flexibilidade do material genético e ao curso da evolução inicial dos hominídeos. Até mesmo as maneiras pelas quais a ciência é conduzida mudam enormemente – hoje os projetos envolvem dezenas ou mesmo centenas de pesquisadores, experimentos pesquisando temperaturas próximas do zero absoluto, velocidades muito superiores à do som, tecnologia no nível nano, vastas simulações inconcebíveis antes da era do computador. (Se itens sobre testes padronizados mudam pouco, eles refletem mais a respeito dos executores de testes do que a respeito da estabilidade da ciência em si.) Não é fácil manter-se em dia com a profusão de novas verdades; mas se a pessoa tentar, irá sem dúvida obter melhor compreensão do mundo em suas numerosas facetas.

Nem é preciso dizer – ao menos neste livro – que é preciso prosseguir no esforço para convergir no sentido das verdades. Que fatores determinam se, como adulta, uma pessoa terá sucesso nesta meta? Para começar, é necessário um compromisso de perseguir verdades, seja lá onde elas possam surgir, mesmo que elas contrariem uma crença arraigada. À luz desse compromisso, também é vital manter-se informado para acompanhar as últimas descobertas, para avaliá-las de forma crítica, mas não cética. Em alguns campos, essa "verificação" pode ser intermitente; mas como estudioso que tem procurado acompanhar as ciências biológicas ao longo de décadas, posso atestar que é preciso permanecer em constante vigilância para ter alguma esperança de se "manter em dia".

Quando o assunto é verdades práticas, é preciso estar vigilante da mesma forma. Apesar de ser menos provável que escrevam a seu respeito, as mudanças no laboratório, na oficina ou no ateliê podem ser bastante rápidas e, em especial nesta era altamente tecnológica, um tanto drásticas. Com frequência, em alguns aspectos o aprendiz pode estar mais "atualizado" que o mestre.

Esta é uma dimensão importante do desenvolvimento adulto em nossos tempos. Pode ser que, em eras anteriores, os mais velhos detivessem quase todas as cartas intelectuais e políticas. Não mais! Hoje, de muitas formas, os jovens dispõem do vigor intelectual e das qualificações técnicas importantes para todas as virtudes. As pessoas mais velhas, supostamente mais sábias, fazem bem em ouvir, observar e aprender com seus contatos jovens (sejam eles filhos, netos, alunos, aprendizes). Contudo, o relacionamento deve ser recíproco e complementar. Quando o assunto é o compromisso de perseguir a verdade e a capacidade para discernir o trivial do vital, as pessoas mais velhas têm muito para dar a seus amigos mais jovens – e é sua a responsabilidade de fazê-lo.

Também na esfera da beleza as mudanças estão na ordem do dia, mas aqui elas são muito menos lineares. Depois de períodos em que as tendências artísticas se deslocam de forma inexorável no sentido de uma maior complexidade e dificuldade de compreensão, há uma reação no âmbito virtual inevitável a favor daquilo que é simples, direto e decididamente popular. Contudo, a *forma* dessa reação não pode ser prevista. Em artes visuais, minimalismo, pop art, realismo à moda antiga foram reações possíveis e reais aos segredos do expressionismo abstrato. Na música, minimalismo, regularidade extrema, fusão, terceira corrente, romantismo deslavado foram reações possíveis e reais às complicações da música serial.

O desenvolvimento adulto nos permite reconhecer nossa individualidade – as maneiras pelas quais nos assemelhamos a todas as pessoas ou a algumas, porém, e mais importante, como diferimos de todas as outras pessoas. Esse maior discernimento acompanha nossas experiências com uma ampla gama de pessoas e nossa reflexão, continuada e criteriosa, sobre a natureza dessas experiências – mais especificamente, aquelas que abrangem o domínio do belo. Com referência às artes, podemos reconhecer as obras – musicais, literárias, cinematográficas, gráficas – que se mostram populares, até mesmo amadas, por outras pessoas. Ao mesmo tempo, podemos vir a entender – e até apreciar – nossos gostos particulares – nosso senso individualizado de beleza. Gosto de pensar nesse crescimento como sendo um acúmulo continuado de um portfólio pessoal de todas as nossas experiências significativas com obras de arte (e, a este respeito, nossos encontros com a natureza).

Já foi dito, de maneira intrigante, que depois que a pessoa passa dos quarenta, a mente tem extrema dificuldade para absorver normas estéticas realmente novas. As propensões se esclerosam. Em termos concretos – assim dizem – se você é um ocidental com mais de cinquenta anos cuja mente nunca foi exposta às artes da Ásia, nunca poderá apreciar realmente música indiana, pergaminhos chineses ou a dança balinesa.

Essa afirmação não pode ser verdadeira no sentido literal. A despeito das piadas de Jack Benny, um comediante muito popular da era do rádio, não há nada de sagrado a respeito da idade de 39 anos. Além disso, muitas coisas dependem da experiência anterior da pessoa – sua amplitude, sua continuidade – e de sua abertura a mudanças, que as diferenças individuais podem superar as diferenças em estágio da vida e em local e data de nascimento.

Contudo, assim como os cientistas mais velhos têm dificuldade cada vez maior para aceitar novos paradigmas – até mesmo o respeitável Albert Einstein nunca conseguiu aceitar as poderosas verdades, aparentemente estranhas, da mecânica quântica –, olhos e ouvidos mais velhos não absorvem com prontidão gêneros artísticos demasiado novos. Irei mais longe. Olhos e ouvidos sofisticados podem ser capazes de assimilar uma nova forma – e até mesmo colocar em palavras os méritos dessa nova forma, porque ela fascinou críticos e públicos mais jovens. Entretanto, no nível do sentimento, pode mesmo ser difícil para uma pessoa de quarenta, cinquenta ou setenta anos aceitar com facilidade e ter prazer com uma obra musical, de literatura, pintura, escultura ou um filme que se desvie muito das apresentações antes conhecidas e apreciadas. Uma área de arte inteiramente nova – por exemplo, figuras geradas por um computador ou música eletrônica – pode ser em particular ilusória. A tendência central de nosso senso de beleza pode se fixar nelas e alterações são acompanhadas com dificuldade crescente. É por isso que as estações de rádio dos "tempos dourados" e os filmes clássicos exercem um poder quase hipnótico sobre aqueles que um dia foram jovens.

Note que essas limitações às alterações do gosto nada têm a ver com as predisposições iniciais. Os gêneros de que uma pessoa vem a gostar (ou odiar) devem-se quase inteiramente às experiências dela de viver em uma ou mais culturas durante uma era histórica específica. As normas são emergentes, não determinadas. Porém, uma vez que se tornem arraigadas, em grande parte devido à idade e à repetição, essas normas tornam-se cada vez mais difíceis de alterar – constituindo um desafio aos nossos sistemas emocional e cognitivo.

Essa é a má notícia, mas não é a última palavra. Uma aversão crescente ao "novo" não precisa ser fatal. Como afirmei, o desafio importante no mundo das artes é a capacidade de perceber diferenças. Se sou incapaz de fazer discriminações dentro de uma nova forma de arte, veículo ou gênero, então é claro que não posso relacionar-me com ela de forma significativa. Mas se eu puder aprender a fazer as distinções importantes – e todo tipo de ajuda é bem-vindo, de qualquer fonte, humana ou eletrônica –, terei cruzado uma linha importante. Pelo menos entenderei o que se passa. E talvez – apenas talvez – eu consiga fazer a transição entre notar a diferença crítica e gostar dela. Descrevi anteriormente algumas de minhas "mudanças de formigamento" com relação às obras do pintor Anselm Kiefer e do compositor Elliott Carter.

As mudanças na sensibilidade artística afetam artistas e também os membros de uma audiência. Durante décadas, o compositor Igor Stravinsky não conseguiu ocultar seu desprezo pela música serial de 12 tons de seu contemporâneo Arnold Schoenberg. Contudo, o maestro Robert Craft, contemporâneo de Stravinsky mas muito mais novo, continuou a expô-lo à música serial. E para surpresa geral, pouco depois da morte de Schoenberg, Stravinsky começou a compor nesse difícil gênero – e, na opinião de muitos, ganhou vida nova como compositor. Este é um caso, no domínio da beleza, em que jovem e velho uniram suas forças de maneira poderosa. Enquanto escrevo, Elliott Carter passou de cem anos e ainda compõe obras poderosas e belas. Tendo aberto tantos caminhos musicais em décadas anteriores, ele consegue construir sobre eles, sintetizá-los e até mesmo mudá-los de forma significativa em seu segundo século de vida. (O grande biólogo evolucionário Ernst Mayr publicou cinco livros quando tinha mais de noventa anos.) O romancista Philip Roth, o poeta W. B. Yeats, o pintor Gerhard

Richter e o coreógrafo Merce Cunningham são outros artistas cujos trabalhos mais recentes falavam às audiências da época. Se a pessoa continuar aberta ao mundo e a manter em boa ordem seus instrumentos de criação, não haverá barreiras intransponíveis ao crescimento estético continuado.

Em termos de desenvolvimento adulto, o domínio da moralidade e da ética tem sido marcado por controvérsias. Lawrence Kohlberg – o principal estudioso do desenvolvimento moral dos últimos tempos – via o julgamento moral atingindo seu auge na terceira década de vida. No estágio "pós-convencional", o jovem adulto pensa por si mesmo em questões morais de forma organizada; ele é capaz e está disposto a se opor às regras predominantes, caso as considere injustas; também está disposto a aceitar as consequências e empenhar-se em práticas de desobediência civil da maneira demonstrada por exemplos de moral como Mahatma Gandhi, Martin Luther King Jr., Aung San Suu Kyi, Liu Xiaobo ou Nelson Mandela.

Nossos próprios estudos, no entanto, sugerem que, "no domínio do bem", os pontos de vista se desenvolvem de forma muito mais gradual e muitos continuam a crescer e se aprofundar por toda a vida ativa da pessoa.

Mais uma vez, a clareza a respeito do "bem" é acentuada se a pessoa respeita a distinção entre moralidade amigável e a ética dos papéis. Com relação à moralidade amigável não encontramos, nem devemos esperar encontrar, novas injunções. As ações prescritas e proibidas em relação a nossos vizinhos evoluem ao longo de dezenas de milhares de anos e é improvável que mudem em aspectos fundamentais. Trapacear, mentir, roubar, mutilar, matar – tudo isso continua proibido. Contudo, é evidente que os meios e a gama da moralidade amigável estão constantemente em negociação. Em minha vida, minhas lealdades foram ampliadas para além dos membros do meu grupo étnico (durante minha infância, famílias de judeus alemães vivendo no nordeste da Pensilvânia) para uma esfera muito mais ampla e continua a se ampliar até hoje e, espero, enquanto eu viver. Muitas pessoas que no passado se afastavam de outras com origens raciais ou étnicas diferentes ou com orientação sexual alternativa não mais o fazem. Em muitas partes do mundo, a inclinação no sentido da pseudoespeciação – a crença segundo a qual alguns grupos na verdade não fazem parte da família humana e portanto não merecem ser tratados como seres dessa espécie – está em declínio agudo. Contudo, seria ingenuidade considerar inexoráveis essas tendências inclusivas: estereotipar e estigmatizar continuam sendo poderosas inclinações humanas que podem ser ativadas por eventos ou demagogos.

Quando o assunto é a "ética dos papéis", o quadro é muito diferente. Mudanças estão na ordem do dia e podem continuar a sacudir muitos de nós. Profissões vêm e vão – e profissões antes seguras, como o jornalismo impresso, mudam em questão de anos ou mesmo meses. (Em 1993, o *New York Times* pagou mais de US$1 bilhão pelo *Boston Globe*; em 2011, o jornal vale somente uma pequena fração daquela quantia.) Novas profissões emergem; equipes compostas por profissões ou disciplinas diferentes quase se tornaram a norma. Como se comportar e em que acreditar nesses ambientes profissionais alterados tem de ser a fonte de mudanças continuadas e, em muitos casos, de confusão continuada. Por exemplo, como – nos espasmos do ciclo ininterrupto das notícias – pode o jornalista gastar tempo para confirmar as fontes? Um médico deve rejeitar um tratamento que recomenda sempre só porque um website de prestígio o declarou ineficaz? Como advogados e agentes literários lidam com propriedade intelectual em uma época em que é tão fácil transmitir qualquer conteúdo pela internet? Até mesmo os profissionais que desejam ardentemente fazer a coisa certa podem se perder; se nosso grupo de pesquisa quisesse ajudá-los, precisaríamos de um "kit de ferramentas" em constante mudança para cada profissão.

Considere as rápidas mudanças em minha área, a psicologia. Quando anunciei a meus professores, há quatro décadas, que achava vital estudar os efeitos de danos no cérebro sobre a cognição, eles (a quem ainda venero) garantiram que eu estava perdendo meu tempo – que poucas coisas importantes a respeito da mente humana foram ou seriam apuradas por estudos do cérebro ou de danos ao sistema nervoso. Trinta anos atrás, quando propus que uma agência de financiamento apoiasse um novo campo emergente denominado neurociência cognitiva, fui imediatamente dispensado. Hoje ninguém ousaria assumir posições tolas como essas, que são obviamente falsas. Na verdade, a psicologia cedeu lugar à ciência cognitiva e esta está cedendo lugar rapidamente à neurociência cognitiva e outras subdisciplinas derivadas.

Virtualmente ninguém pode prever as questões éticas que surgem em disciplinas emergentes como essas. O que fazer depois da revelação inadvertida de uma informação a respeito de um sistema nervoso em desenvolvimento que sugere que uma pessoa – talvez até um feto ou um recémnascido – corre o risco de sofrer uma séria incapacitação? Principalmente em se tratando de uma incapacitação para a qual não se conhece um remédio eficaz? O que pensar a respeito do desenvolvimento e da comercialização de um medicamento dispendioso que poderá melhorar de forma significativa a atenção ou a memória de um estudante rico que está se preparando para o vestibular? Está certo recomendar uma tecnologia de engenharia genética que poderá aumentar a competitividade atlética de uma criança? Qualquer pessoa envolvida em profissões de ajuda, medição ou ensino pode ser – ou logo será – confrontada com dilemas como esses. Contudo, até onde sei, existe pouca orientação – na forma de cursos ou certificados em neuro ou bioética – que prepare os profissionais para enfrentar esses desafios.

Idealmente, a ética dos papéis se expande no decorrer da vida. No trabalho, o jovem adulto pensa principalmente na responsabilidade para com seu chefe e sua família; o adulto de meia-idade pensa mais a respeito da responsabilidade perante a organização e os valores essenciais da profissão na qual entrou; e o adulto maduro, que apelidamos de "curador", assume responsabilidade parcial pela saúde geral da profissão e sua relação com a comunidade. Pode ocorrer uma expansão paralela em relação à cidadania. Enquanto o adulto jovem pensa primordialmente em termos da sua rua ou cidade, pessoas mais velhas podem se ver como cidadãs de coletividades cada vez maiores – chegando, nos casos mais dramáticos, a todo o planeta. Mais uma vez, pode ser útil pensar em um portfólio em expansão e aprofundamento de experiências nos domínios moral e ético.

Com relação ao "bem", temos novamente um terreno em que jovens e velhos podem unir forças de forma produtiva. Quase sempre, os novos campos de trabalho são ocupados por estudiosos e praticantes mais jovens. Eles conhecem os detalhes técnicos do novo terreno. Nem suas experiências nem seus modelos anteriores, porém, se mostram muito úteis para lidar com os "dilemas do bem" que surgem. As pessoas mais velhas podem não ter conhecimento técnico sobre a nova profissão ou disciplina. Contudo, ao menos nos casos mais felizes, essas pessoas maduras estão alertas para os pântanos éticos e podem utilizar exemplos relevantes de outras áreas, existentes há mais tempo (bem como de conceber exemplos, aparentemente semelhantes, que não mais são comparáveis ou relevantes). Assim, por exemplo, métodos e protótipos de ética médica do tempo de Hipócrates podem fornecer indicações úteis a respeito de como questões surgem em campos emergentes como aconselhamento genético ou neuroeducação. Na mesma linha de raciocínio, modos de falar e agir criados na antiga Atenas continuam a inspirar hoje as pessoas envolvidas em ações civis.

Apesar de sabermos hoje que o desenvolvimento – cognitivo, social, emocional – pode continuar por toda a vida ativa de uma pessoa, devemos reconhecer que esse desenvolvimento não é certo nem fácil. Manter-se em dia com o que acontece em esferas de interesse, refletir sobre o significado dessas ocorrências e procurar manter atualizada sua compreensão são passos cruciais. Seja no domínio da verdade, da beleza ou do bem, é preciso ficar alerta a respeito da manutenção de velhos hábitos de pensamento e ação, mesmo que eles sejam confortáveis, e permanecer aberto a novas linhas de pensamento e ação, mesmo que sejam desconfortáveis e ameaçadoras. Talvez de maneiras diferentes, as atitudes e habilidades de jovens e velhos possam se complementar.

Mesmo que a expressão *pós-modernismo* nunca tivesse sido dita, mesmo que estivéssemos avançando sem os novos meios digitais de comunicação, o aprendizado continuado por toda a vida iria constituir um desafio formidável – ou, para as pessoas pertencentes à turma do "copo meio cheio", uma oportunidade convidativa. Nem todos se esforçam por esse aprendizado – muitos se contentam em permanecer enterrados em suas covas ou descansando em suas poltronas. Nem todos aqueles que se esforçarem terão sucesso – sorrimos diante do autodidata que pensa ter atingido novas alturas, mas na verdade caiu de cara para o chão! E como o sistema nervoso (talvez felizmente) não sabe o que está errado com ele, somos poupados do conhecimento de que fracassamos nos esforços para permanecer informados, em dia e à frente do grupo.

Para aqueles que não são nativos digitais e aqueles que não acompanham as mudanças na velocidade, no estilo e na transmissão de informações através dos novos meios, o aprendizado continuado representa desafios ainda maiores. Corremos o risco de ficar cada vez mais para trás daqueles que dominaram os meios, que conhecem os mais recentes truques e têm acesso aos aplicativos mais atuais, que conseguem combinar e sintetizar conhecimentos a uma velocidade cada vez maior. Esta é uma das áreas em que o Efeito Matthew – "os ricos ficam ainda mais ricos" – reina supremo. Para aqueles com inteligência digital muito foi dado e, quanto mais, maior a vantagem cumulativa. Immanuel Kant refletiu brilhantemente sobre alguns dos maiores enigmas do mundo enquanto seguia para Koenigsberg há 250 anos; mas ninguém sabe se ele, em termos de assimilação e organização de informações, poderia competir hoje com um jovem precoce equipado com um dispositivo portátil versátil.

Pessoas mais velhas podem optar por evitar os meios digitais – correndo o risco de perder grande parte, se não a maior, daquilo que está acontecendo no mundo, em termos tecnológicos e também de conteúdo. As pessoas, não mais jovens, que se aventurarem nos novos meios digitais encontram questionada grande parte de nossa visão do mundo. Encontramos na internet uma pletora de supostas verdades, todos os códigos e costumes morais éticos e uma barragem constante de apresentações estéticas sempre em mudança, que podem ou não conduzir a experiências de beleza. A busca por verdades firmes, por uma ética universal ou um consenso sobre beleza parece condenada a fracassar ou a recuar continuamente.

Contudo, enquanto mapeiam ou surfam a mídia, os adultos também estão em vantagem. Dispondo de conhecimento e padrões, eles podem aplicá-los sobre as muitas informações disponíveis. Compreendendo a natureza das reivindicações e contrarreivindicações, de formas rivais de conhecimento, e da natureza mutável da compreensão, as pessoas mais velhas podem estar em posição privilegiada para fazer julgamentos de veracidade – não no sentido de verdades absolutas ou finais, mas sim no sentido de dados ou informações convergindo para a verdade. E é aqui que essas capacidades que emergem depois da adolescência – para pensamento sistêmico, para deixar de lado a própria agenda – colocam a pessoa em boa posição.

Grande parte da mesma linha de raciocínio se aplica a experiências de beleza e opções no domínio ético. Os novos meios digitais apresentam um rol infindável de objetos e eventos para apreender e avaliar, que inicialmente podem parecer esmagadores. Mas a preparação nos primeiros anos de vida pode ser um enorme benefício. Essa preparação deve incluir algum tipo de portfólio – tangível, virtual, mnemônico – bem estocado, com referências a experiências anteriores. No caso da beleza, esse portfólio consiste em experiências sentidas como belas. No caso do bem, o portfólio consiste em experiências da pessoa com dilemas éticos (navegadas ou não com sucesso). Um julgamento bem ponderado pode conduzir ao aumento do senso de beleza individual e a ações mais bem concebidas e argumentadas no trabalho e em esferas cívicas relevantes.

Enquanto escrevo estas palavras, recordo as palavras sagazes de John Gardner (não é meu parente), um estimado mentor. Gardner falou com admiração de um colega que tinha uma "mente organizada". A capacidade para assimilar e absorver rapidamente pode ser ajudada hoje pelo acesso aos meios de comunicação e às tecnologias mais recentes, mas não substitui a clareza de visão, o propósito e o método. Absorva todas as informações que puder; organize-as o melhor possível; mas não perca de vista aquilo que é mais importante, valioso e como você usa esses conhecimentos a serviço "do bem". Mais uma vez, as pessoas mais velhas, em especial aquelas que mantêm seu portfólio de experiências anteriores e refletem sobre ele, podem oferecer uma perspectiva valiosa para seus sucessores.

Enquanto a ascensão dos meios digitais pode parecer súbita e dramática – em especial para os assim chamados imigrantes digitais –, a perspectiva pós-moderna está no ar há décadas. Assim, ela parece menos surpreendente e insidiosa para a maioria dos adultos. Já afirmei que a perspectiva pós-moderna não constitui uma ameaça durante a infância. Mesmo que a criança seja exposta regularmente ao ceticismo a respeito das verdades (digamos que ela vive em uma casa pós-moderna), é pouco provável que esse ceticismo tenha muita força. Afinal, o que significa rejeitar a verdade ou a beleza se a pessoa carece de um senso desenvolvido por completo desses termos e conceitos? E de fato, a missão cognitiva do meio da infância, na visão dos pesquisadores, é precisamente aprender as visões da sociedade, a sabedoria convencional como ela era com relação à verdade, à beleza e à bondade – seus detalhes, suas personificações, seus inimigos.

Qualquer consenso em relação ao trio provavelmente será questionado durante a adolescência – a menos que isso seja proibido por uma comunidade totalitária ou fundamentalista. Os adolescentes são capazes de pensar sobre o mundo de maneiras diferentes daquelas que ele é e este avanço cognitivo significa que a sabedoria recebida não recebe aprovação automática. É por isso que as marchas de protesto são comuns para as pessoas de 15 anos e raras para as de cinco ou cinquenta anos. Com o passar dos anos, as realidades de ganhar a vida, criar uma família, combater os efeitos do envelhecimento e das doenças ganham prioridade; o luxo de combater o *status quo* torna-se assim o território de uma minoria – se de fato essa minoria tem permissão para se expressar. Para cada *enfant terrible* que envelhece, há legiões que marcham diretamente para as fileiras dos velhos antiquados. Como disse Winston Churchill: "Se um jovem não for socialista aos vinte anos, ele não tem coração... se ele não for conservador aos quarenta, ele não tem cérebro."

(Note a dificuldade para se determinar a verdade nos dias que correm. Quando vi esta citação na web, encontrei versões dela atribuídas a Georges Clemenceau, Benjamin Disraeli, David Lloyd-George, George Bernard

Shaw e Woodrow Wilson. Está claro que esta é uma frase prontamente atribuída a um certo tipo de homem ocidental de meia-idade e politicamente consciente, vivendo em uma sociedade democrática – especialmente se for o caso de ele se chamar George! Mas caso eu esteja certo, é preciso ser capaz de descobrir o autor dessas palavras, ou pelo menos o que ele quis dizer.)

Seja como for, a "perspectiva pós-moderna" está aí para ficar. Ela tem efeito sobre pessoas de todas as idades, quer elas tenham lido as obras relevantes ou nunca tenham ouvido as palavras relevantes. Como um boneco João Teimoso que se ergue cada vez que é derrubado, as reservas e reversões incorporadas ao pensamento pós-moderno não podem ser reprimidas. De fato, graças aos meios digitais, essas dúvidas estão mais insistentes do que nunca. Uma vantagem para os adultos é que eles provavelmente estão familiarizados com as críticas e podem colocá-las em perspectiva. Embora um desafio à própria possibilidade de verdade possa seduzir um adolescente por algum tempo, é mais provável que isso seja tolerado por aqueles "que já estiveram lá".

O que acontece durante a vida adulta quando a crítica pós-moderna se cruza com as virtudes do belo e do bom? Em relação à beleza, fica muito fácil proclamar que "gosto não se discute". Mas então ficamos com a intragável conclusão de que qualquer um pode gostar de qualquer coisa, por qualquer razão; e que não existe nem mesmo a possibilidade – para não falar na legitimidade – de acordo entre as pessoas. Em relação à arte e ao entretenimento, as pessoas sempre podem votar com os pés – decidindo a que eventos comparecer, que objetos comprar, quando atirar buquês fragrantes ou tomates podres no palco. Mas existe o risco, especialmente quando envelhecemos, de ignorar objetos e experiências que podem ter méritos – e nos tornarmos simplesmente criaturas do hábito, continuando a preferir os mesmos artistas, as mesmas obras, os mesmos teatros e até mesmo os mesmos lugares e os mesmos lanches.

Em relação a isso, os novos meios digitais podem ajudar. Hoje em dia podem-se acessar facilmente centenas, milhares e até mesmo dezenas de milhares de críticas do que é belo (e você pode substituir qualquer adjetivo avaliativo que preferir). De fato, é fácil ser exposto aos sensos daquilo a que todas as pessoas dão valor e por quê. Além disso, outras pessoas em outros comprimentos de onda estéticos, ou redes neurais programadas em relação às preferências da pessoa, podem oferecer um cardápio regular de objetos e experiências dos quais a pessoa pode estar predisposta a gostar. O índice de satisfação corrente da pessoa pode subir, mas talvez ela deva instruir deliberadamente esses "empurradores", humanos ou computacionais, a se esforçarem um pouco mais – oferecendo não apenas os itens de que ela tem 90% de chance de gostar, mas também aqueles cuja média de acerto pode ser mais baixa, mas com recompensas concomitantes que podem aumentar sua consciência, elevar a secreção de serotonina e aumentar suas chances de fluidez. Neste caso, cada pessoa tem a opção de determinar quão aberta ou fechada ela quer estar em relação a novas ofertas estéticas.

O desenvolvimento continuado de um senso de beleza depende da ampliação da noção de mérito artístico. Como afirmei antes, a beleza no sentido clássico, de fato em qualquer sentido, não precisa ser o árbitro das obras de arte. Características como interesse, capacidade de lembrança da forma, potencial para induzir respeito são considerações igualmente válidas; a zona de prazer da pessoa pode se ampliar de forma agradável à medida que se adota uma posição mais abrangente. Existe, é claro, o risco de resignação abjeta em relação a *qualquer* padrão – a conclusão de que "qualquer coisa serve", a recusa a fazer qualquer julgamento de beleza ou mérito. Felizmente, por mais forte que seja como posição retórica, esta postura na prática é impossível. Como seres humanos iremos fazer opções, estabelecer preferências e algumas vezes mudá-las; também podemos prosseguir da maneira mais informada e aberta possível.

Enquanto permanecerem abertos a novas experiências estéticas, os adultos poderão esperar por resultados felizes em relação ao domínio da beleza. Caso tenham motivação para aproveitar os novos meios de comunicação, explorando obras de arte desconhecidas, pesquisando uma gama de elogios e críticas e dando um passo para trás para formar seus próprios julgamentos, aumentarão a possibilidade de um senso de beleza individualizado e genuíno. Aqui não são necessárias novas capacidades cognitivas – a exposição voluntária a novas experiências começa cedo na vida e não tem limitações. Mas a capacidade para ver claramente o próprio ego – não como você gostaria de ser visto, mas como realmente é – e para distinguir semelhanças e diferenças em relação aos outros lança as bases para um senso pessoal de beleza. E desde que você mantenha a mente aberta, esse senso de beleza pode ser sempre alterado e melhorado.

Isso nos leva a ponderar a manchete "Moral e ética enfrentam o desafio pós-moderno". Para a maioria dos observadores, o desafio pós-moderno tem sido mais evidente em relação à esfera moral em sua concepção ampla. Com exceção dos mais ignorantes, todos estão cientes de que pessoas, grupos, culturas diferem profundamente em suas visões a respeito de como viver; que limites respeitar; o que é apropriado com respeito a religião, sexo antes do casamento ou fora dele, preferência sexual, poligamia, contracepção, pena de morte, eutanásia, culpa coletiva e muitas outras questões sensíveis. E mesmo quando parece haver consenso, ou quase, dentro de uma determinada comunidade ou nação (por exemplo, Dubai, Polônia ou Costa Rica), você tem simplesmente de cruzar uma fronteira ou um curso d'água para encontrar – cara a cara – culturas ou subculturas com visões radicalmente diferentes sobre o que é apropriado, aceitável ou tabu.

A maneira de lidar com esses contrastes difere drasticamente entre indivíduos e sociedades. A escala vai da intolerância desafiante exibida por um grupo fundamentalista como o Talibã até a posição talvez indulgente em excesso dos escandinavos – pelo menos antes que o influxo de imigrantes de uma multidão de culturas submetesse a famosa tolerância escandinava a um teste sem precedentes. O chefe de uma família muçulmana mata a filha solteira porque, querendo ou não, ela teve relações sexuais com um jovem sueco. Como justificativa, o pai explica que o suposto ato de assassinato é ditado pelos mais profundos sistemas de crença religiosa, desafiando assim os costumes do Norte da Europa. As práticas de moralidade amigável chocam-se com as visões universalistas de cidadania. E, é claro, dentro da sociedade hospedeira as reações diferem, mesmo dentro das famílias.

Na área da ética e da moral, como em outras áreas, as pessoas mudam suas mentes nas décadas posteriores da vida. Um exemplo pessoal: eu costumava acreditar que a liberdade da imprensa significava que qualquer coisa podia ser publicada. Em 2005 um jornal dinamarquês publicou um conjunto de caricaturas ridicularizando o Islã. A reação foi rápida. Houve tumultos em várias cidades islâmicas, pessoas perderam as vidas, sérias ameaças foram feitas contra o cartunista e o editor que autorizou a publicação. Essas consequências sérias me fizeram mudar de ideia. Hoje eu acredito que a imprensa não deve publicar desnecessariamente matérias provocadoras – no caso, cartoons ridicularizando líderes e ícones religiosos. A imprensa deve poder expressar suas opiniões de forma livre e honesta, mas de maneira clara e sem ambiguidade e não através de caricaturas provocadoras. Para mim, a liberdade de imprensa continua a ser um valor importante – na verdade, um valor essencial da profissão de jornalista. Mas seguindo uma linha de argumentação utilitária, também acredito que, em algumas ocasiões, a imprensa deve exercer a autocensura. Aqui um princípio ético universal dá lugar a formas de moralidade mais tradicionais.

(É claro que nestes dias da internet, toda e qualquer imagem circula – não há como impedir. Assim, é necessário fazer uma distinção entre a imprensa responsável e a outra – a imprensa "irresponsável". Por minha ética revisada, a imprensa responsável deve continuar a publicar todas as visões, mas deve se esforçar para fazê-lo de maneiras que não sejam desnecessariamente incendiárias.)

O potencial para mudar de ideia em relação às virtudes permanece importante por todo o ciclo de vida. Talvez um indivíduo, como adulto criterioso, não deva mudar de ideia com facilidade, particularmente a respeito de questões nas quais foi obtido um amplo consenso entre pessoas bem informadas. Contudo, deve-se igualmente evitar uma posição fundamentalista. (Como já observei, quando uso a expressão *fundamentalista* não estou me referindo a uma pessoa de crenças religiosas rígidas. Uso o termo para designar *qualquer* pessoa que assume o compromisso de não mudar de ideia sobre qualquer assunto – ou todos os assuntos.) Poucas vezes vale a pena gastar tempo tentando fazer com que um fundamentalista mude de ideia, porque ele se comprometeu de forma irrevogável com um conjunto de suposições totalmente diferente.

Uma pessoa é menos propensa a mudar de opinião quando ocorrem três condições: (1) ela tem essa opinião há muito tempo; (2) essa opinião tem um forte componente emocional ou afetivo; e (3) ela assumiu em público essa opinião. Por outro lado, quando um ponto de vista é relativamente novo, não é acompanhado por emoções arraigadas e não foi divulgado, as mudanças de ideias são mais fáceis de ocorrer.

Pessoas, grupos e culturas diferem entre si em termos de quais esferas permitem mudanças de ideias mais fáceis e quais se mostram mais refratárias a modificações. Os julgamentos de verdade dependem em grande parte da esfera em questão. Eles provavelmente são mais fáceis de mudar em relação a áreas de conhecimento a respeito das quais a pessoa sabe pouco (por exemplo, quantas cordas na teoria das supercordas, como obter um determinado som em um instrumento de cordas chinês), e mais difíceis se ela é mais bem informada e se as questões afetam sua vida. Como regra geral, julgamentos e experiências de beleza são mais fáceis de mudar porque as relações da pessoa com outras pessoas têm menor probabilidade de estar em jogo – a menos que ela seja um artista ou crítico amplamente conhecido.

Em contraste, as áreas de moralidade e ética podem ser mais difíceis de invadir e alterar – as visões tendem a persistir, a conter fortes nuances emocionais, em especial quando a pessoa se torna responsável por outras ou está perante outros e tem ocasiões para fazer pronunciamentos públicos. Muitas vezes os valores morais fazem parte de uma posição religiosa, com a qual a pessoa tem uma ligação emocional forte e prolongada. É preciso um evento realmente dramático – digamos, quando um homofóbico descobre que um de seus filhos é gay – para provocar ou facilitar uma mudança de opinião na arena moral.

Mas em alguns casos a mudança de ideia em relação a questões éticas é possível por intervenções menos dramáticas. Ocasionalmente uma pessoa conhece e gosta de alguém pertencente a uma classe social muito diferente de sua. No decorrer da convivência, ela descobre aos poucos que esse alguém tem visões muito diferentes das suas. Nessas ocasiões, é possível ter conversas que levam a mudanças de opiniões por uma ou mesmo ambas as pessoas. Robert Wright fala desses encontros como sendo o exercício de "imaginação moral" – a capacidade para se colocar na pele de outra pessoa. As Comissões de Paz e Reconciliação em sociedades devastadas pela guerra utilizam esse potencial do inter-relacionamento humano. A capacidade para essa empatia não declina ao longo da vida – e talvez, no melhor dos casos, possa até florescer, em particular se a pessoa permanecer alerta às experiências alheias. É o que parece ter acontecido no caso dos ex-presidentes John Adams e Thomas Jefferson. Adversários havia muito tempo, eles se reconciliaram e até passaram a concordar mais um com o outro com o passar do tempo.

Uma outra razão para se manter aberto para mudanças de opinião: em alguns casos, quase todas as pessoas estão erradas. Apesar do suposto firme consenso de que os mercados financeiros inevitavelmente se corrigem por si mesmos, mais de uma grande perturbação financeira ocorreu em menos de um século. Apesar da crença de que o fim da Guerra Fria significava o triunfo do capitalismo democrático, o capitalismo de Estado está hoje em ascensão. Não esquecerei o que Noam Chomsky, o notável estudioso da linguística, disse-me uma vez: "Nunca aceito a palavra de outra pessoa a respeito de qualquer coisa." O acúmulo de experiências em que ela própria ou outras erraram pode fazer a pessoa se tornar mais disposta a considerar descrições alternativas da realidade. Modéstia e flexibilidade não se correlacionam em particular com a idade. Elas refletem traços que a pessoa pode denegrir ou cultivar.

Hoje em dia as pessoas, em sua maioria, vivem mais que no passado. E a exposição a uma gama de proposições, experiências e valores nunca foi maior. As pessoas com mentes flexíveis e abertas possuem uma distinta vantagem, comparadas com aquelas que querem respeitar cada palavra pronunciada por seus pais ou pela Virgem Maria e Nosso Senhor. Assim são as pessoas que sabem como suas mentes funcionam e podem organizar esse conhecimento metacognitivo nos casos em que o rumo a seguir não está claro. Finalmente, as pessoas que conseguem se distanciar mais de si mesmas podem, paradoxalmente, vir a entender melhor as maneiras pelas quais elas realmente se distinguem. Elas também podem estar em melhor posição para determinar o que podem aprender com os jovens e o que podem lhes transmitir.

Como já afirmei, nossa era prenunciou um campo de jogo que coloca pessoas mais jovens e mais velhas em posições admiravelmente complementares. Os adolescentes e jovens adultos geralmente têm o domínio dos novos meios da comunicação; eles também cresceram em um mundo em que as ideias pós-modernas de diversidade, relativismo e ceticismo fazem parte da atmosfera intelectual. Por sua vez, os adultos possuem muito mais experiência em fazer julgamentos em suas áreas de conhecimento, o domínio da beleza, as esferas de trabalho e ação cívica. Além disso, em particular se acumularam e acompanharam seus estudos, eles podem contribuir com uma profundidade de julgamento que complementa o vigor e a capacidade de aprendizado maiores das pessoas jovens. Trabalhando em conjunto, jovens e velhos podem dominar os meios e as variedades do pensamento modernista, em vez de serem por eles esmagados.

Essa complementaridade e energia representam uma aspiração inspiradora. Cedo ou tarde, porém, todos teremos de lidar com nossa mortalidade. O escritor Albert Camus pode ter exagerado quando declarou que "existe somente um problema filosófico realmente sério: o suicídio". Mas é preciso ser um indivíduo verdadeiramente benigno para ignorar a realidade de que ele pode morrer a qualquer momento e, exceto em circunstâncias bizarras, provavelmente irá morrer antes de seus descendentes. As tendências iniciais passaram há muito; as normas sociais já foram absorvidas; as forças inexoráveis de decomposição biológica, gradual ou agressiva, com ou sem um declínio cognitivo concomitante, vêm à superfície. O crescimento das pessoas está no fim ou perto dele; o foco muda para o que as pessoas mais jovens podem aprender com as palavras e os exemplos das mais velhas.

De acordo com meu professor Erik Erikson, os anos finais da vida são caracterizados por uma luta entre sentimentos de integridade e sentimentos de desespero. A pessoa pondera as maneiras pelas quais sua vida fez sentido para ela mesma e para as outras, as contribuições que fez, bem como as feridas, físicas ou fisiológicas, a curto ou longo prazo, intencionais ou não, que ela pode ter infligido a outras. Ela pondera também as aspirações e as missões onde teve sucesso e onde ficou abaixo do que ela ou outras desejavam. E, supondo que essa pessoa viva em uma comunidade que dá apoio ou pelo menos é atenciosa, outras pessoas estarão curiosas para saber a que ela dava valor e por quê, e que lições ela irá passar às futuras gerações. É claro que essa "demanda" é maior em sociedades que se movem mais devagar e onde os mais velhos são respeitados por sua sabedoria, do que em sociedades, como a maior parte de hoje, que se movem rapidamente, têm pouca memória para o passado e são atraídas para o jovem, o rápido, o superficial e o novo, seja ele o exemplar ou o chocante. Apesar disso, em particular em tempos difíceis, as lições da experiência se mostram valiosas ou mesmo inestimáveis.

E assim, se devemos olhar para os que viveram muito tempo ou com profundidade, qual configuração de virtudes é mais vital para valorizar e passar adiante? Eu escolheria duas: as verdades práticas de uma vida bem vivida e a moral e a ética de uma vida para servir aos outros. Até certo ponto, essas verdades e bondades podem ser verbalizadas e é essa a razão pela qual algumas vezes nos agarramos às palavras daqueles que estão para partir. Mas são as vidas desses idosos que mais atraem nossa atenção e ativam nossas imaginações morais.

Para mim, é lastimável que tantos jovens não encontrem hoje alguém para admirar ou restrinjam a admiração a pessoas conhecidas deles e de seu círculo imediato. Fico grato por poder olhar para figuras públicas do século XX como John Gardner, Eleanor Roosevelt ou Mahatma Gandhi ou, no mundo contemporâneo, para o dissidente birmanês, Aung San Suu Kyi, o violoncelista Yo-Yo Ma, o empreendedor social William Drayton, a cientista e naturalista Jane Goodall, o filantropo George Soros, o pioneiro microfinancista Muhammad Yunus – e admirar as verdades que eles descobriram ou afirmaram, as belezas que admiraram ou criaram e os valores que eles incorporaram e transmitiram aos jovens. As gerações de nosso mundo seriam diminuídas na ausência dos modelos por eles oferecidos. E também vale a pena salientar que essas figuras admiráveis continuaram a buscar os jovens a sua volta e aprender com eles. Desta maneira, eles mostram que a complementaridade entre pessoas mais jovens e mais velhas pode estar escassa nesta era digital pós-moderna.

CONCLUSÃO

OLHANDO PARA A FRENTE

No início deste livro, comparei o esplendor austero e a unidade da Idade Média, conforme retratados pelo historiador Henry Adams, com o pastiche de citações diretas, paráfrases e materiais supostamente originais colhidos pelo autor contemporâneo David Shields. As visões do mundo apresentadas nessas obras não poderiam ser mais diferentes. Adams assumia que, ao menos de um modo ideal, pode existir um mundo verdadeiro, belo e bom – e em um único momento histórico. As passagens selecionadas por Shields apresentam uma perspectiva contrastante: um extremo ceticismo a respeito dessas virtudes fazerem sentido hoje.

Tenho me perguntado se, caso Adams e Shield pudessem de alguma forma se reunir, eles teriam algo a dizer um ao outro. Adams dificilmente suportaria a América de um século atrás. Em contraste, Shields parece adotar plenamente as possibilidades artísticas do mundo contemporâneo – a incrível capacidade dos meios digitais para combinar e recombinar todos os tipos de criações literárias e gráficas. Ele também parece aceitar os mais importantes princípios do pós-modernismo. Portanto, fiquei um pouco surpreso ao descobrir, enquanto surfava na internet, que a autobiografia de Henry Adams, *The Education of Henry Adams*, é um dos livros mais admirados por David Shields. Quer Adams tivesse ou não qualquer uso para as ideias de Shields, podemos assumir que este iria ao menos prestar seu respeito a um mestre literário de outra era.

Minha incumbência aqui foi navegar entre a utopia nostálgica de Adams, de um lado, e o ceticismo pós-moderno e o latitudinarianismo literário de Shields, do outro. Talvez ambos ficassem ofendidos por meus esforços. Adams provavelmente me veria como aceitando demais os recentes questionamentos à verdade, à beleza e à bondade. Suponho que ele não teria o que fazer com o caos epistemológico ligado aos novos meios digitais. (É difícil imaginá-lo com um celular ou um computador pessoal.) Por sua vez, Shields talvez me veria como retrógrado por ter desenvolvido e defendido minhas próprias versões de verdade, beleza e bondade e por não ter gostado de uma "obra montada" como *Reality Hunger*.

Quaisquer que fossem os veredictos de Adams ou Shields, creio que meu empreendimento está justificado. As virtudes precisam ser reformuladas na nossa era, usando as ferramentas analíticas e disciplinares mais adequadas à tarefa em questão. Focalizei dois fatores – um epistemológico e um tecnológico – que parecem questionar especialmente as perspectivas tradicionais. Mas devo enfatizar que as tendências hoje observadas não resultam com exclusividade do pensamento pós-moderno ou dos meios digitais. Incertezas a respeito da natureza da verdade, da beleza ou da bondade são levantadas desde os tempos clássicos (na verdade, elas constituíam a base de grande parte dos diálogos de Sócrates e dos escritos de Platão). Por toda a história você pode encontrar professores, filósofos e artistas criteriosos que lutaram com muitas das questões levantadas neste livro. Poderia ser formulada uma história do pensamento humano em termos das facetas constantes e mutáveis da verdade, da beleza e da bondade: tomando emprestada uma frase da área de humanidades – três grandes cadeias de ser.

Contudo, eu não teria escrito este livro apenas para derramar vinho novo em garrafas velhas. Argumentos e perspectivas que no passado foram claros para alguns artistas fazem parte hoje do discurso comum, ao menos em todo o mundo desenvolvido. Pode-se discutir a respeito de se as diferenças são mais bem caracterizadas como quantitativas (maior ceticismo a respeito da verdade, maior relutância para falar a respeito da beleza, maior consciência dos diferentes sentidos do bem), qualitativas ou então saltos quânticos. Contento-me em caracterizá-las como importantes, merecedoras de tratamento prolongado, contendo uma ampla promessa, mas também um perigo considerável.

Ao longo do tempo, mudei de ideia mais de uma vez a respeito dos aspectos produtivos e destrutivos do pós-modernismo e dos meios digitais. Acredito que todas as pessoas refletidas precisam ser expostas às críticas pós-modernistas e se envolver com seus princípios e suas implicações. Nesse sentido as críticas podem ser salutares. Contudo, até o ponto em que o ceticismo a respeito desses conceitos impede considerações que poderiam ser valiosas em visões tradicionais de verdade, beleza e bondade, ele pode ser destrutivo. Sugeri que talvez possa haver uma sinergia produtiva entre as energias abundantes, mas irreverentes, dos jovens por um lado, e as experiências acumuladas dos mais velhos, pelo outro.

Depois de considerar tudo, estou otimista a respeito do potencial dos novos meios digitais. A princípio eles podem dominar e parecer que colocam as virtudes sob ameaça constante ou mesmo permanente. Mas no fim, todas as três virtudes podem ser fortalecidas por meio de suas posições na esfera dos meios digitais. Aumentam as chances para uma verdade mais bem fundamentada; abundam as possibilidades de um senso pessoal e significativo de beleza; e nossos florescentes contatos com toda a humanidade podem conduzir por fim a um senso comum de bondade.

Contudo, dificilmente dou como certos esses resultados. Falando francamente, temos muito potencial para estragar tudo. Um motivo para escrever este livro nesta época e desta maneira foi para expor alguns dos potenciais mais positivos dos novos meios e sugerir como eles poderão ser realizados com nossos estudantes, nossos jovens e nós mesmos.

Os desafios pós-modernos e digitais possuem pesos diferentes sobre cada uma das três virtudes – os perigos e as oportunidades que representam variam de um domínio para o outro e nossas respostas a esses desafios devem variar na mesma proporção. Para muitas pessoas, a busca pela verdade – ou verdades – parece bastante clara. Podemos discutir a respeito da existência ou não de mais de uma verdade e com que firmeza as verdades podem ser estabelecidas. Mas a menos que você não acredite na realidade, em como as coisas estão (ou não estão) e na(s) maneira(s) pelas quais elas podem ser descritas, a busca por ela(s) parece razoável. Como disciplinas, as ciências têm certamente verdades estabelecidas; pelo mesmo raciocínio, os praticantes em qualquer domínio que estão por aí há algum tempo podem relacionar as verdades práticas que resistiram ao teste do tempo. Esses processos devem continuar.

Analogamente toda sociedade e, de fato, todo indivíduo, demonstra algum senso do que significa ser bom e algumas ideias a respeito de como conseguir sê-lo. Na medida em que aprendemos mais a respeito de diferentes religiões, sistemas de crença e práticas culturais, começamos a entender que nosso senso de bom pode não ser o mesmo de outras pessoas ou grupos, em outros lugares e outras épocas. E à medida que as sociedades se tornam mais complexas, precisamos de delineamentos do bem em relação a profissões específicas e a variedades de cidadania. E assim podemos ou não ter sucesso em chegar a uma visão consensual do bem. Mas a busca pelo bem, o impulso para lutar por ideias diferentes do bem, além da esperança de que pode surgir uma espécie de consenso viável continuam essenciais. Esses impulsos são quase tão antigos quanto a história escrita. E quase certamente permanecerão conosco enquanto houver seres humanos pensantes e com sentimentos tentando habitar – e não destruir – este pequeno planeta isolado.

A beleza apresenta uma série de questões aparentemente menos evidentes com referência às outras virtudes. Em primeiro lugar, há a questão discutida até certo ponto nestas páginas – a respeito de se nosso senso de beleza tem ou não uma base biológica ou é, totalmente ou em grande parte, determinado por nosso ambiente cultural. Talvez a verdade esteja em algum ponto no meio – o que só levanta outras perguntas. Mesmo que haja uma base biológica para julgamentos iniciais a respeito da beleza de objetos e experiências específicas, até onde esses julgamentos podem ser alterados?

Então existe a questão do *domínio* da beleza. Neste livro, focalizo quase inteiramente obras de arte, mas certamente elementos naturais (como montanhas, lagos ou florestas) parecem belos para as pessoas, e outras invenções humanas (teorias científicas, provas matemáticas) muitas vezes também são consideradas belas. Devemos perguntar se esses domínios exigem ou não tratamentos de beleza separados.

Dado meu foco nas artes, surge a questão de se a criação de beleza é – ou deveria ser – o propósito da arte. No passado havia um amplo consenso de que as artes (ou seu equivalente natural, caso a palavra não existisse) eram dedicadas à criação de experiências belas – e havia um considerável consenso sobre o que constituía a beleza. Independentemente do fato da produção de beleza ser proeminente para o artista, a experiência da beleza era claramente um motivador importante para a maior parte dos membros da audiência. Hoje em dia, porém, devido em grande parte a tecnologias novas (computadores) e não tão novas (câmeras, gravações), a beleza por si só é muito menos proeminente nas artes. Características como o interesse das ideias e conceitos e a memorabilidade da forma sob a qual eles são apresentados passaram a ter mais importância.

Portanto, a experiência da beleza no domínio das artes não é completamente paralela ao acúmulo de proposições no domínio do bem. O curso da beleza é muito menos previsível e a oportunidade para uma experiência individual de beleza é muito maior do que no caso das duas outras virtudes. Talvez a definição de beleza seja um alvo móvel, esquivo. Vamos também deixar claro que a beleza não chega a ser uma questão de vida e morte como as outras virtudes. Chegar a um acordo sobre o bem e proteger-se contra o mal são itens importantes para a sobrevivência. É da mesma forma vital ser capaz de distinguir a verdade da falsidade.

Contudo, as experiências de beleza permanecem entre as principais razões para estar vivo, para querer permanecer vivo, para dividir as alegrias de viver com os outros. É verdade que, do ponto de vista da teoria da evolução, nossa tarefa na Terra é nos reproduzirmos abundantemente e sair do caminho. Mas, quando vamos além da simples sobrevivência – e quase todos nós têm a sorte de estar nessa posição –, a qualidade da vida da pessoa é essencial. E uma vida destituída de beleza – ou, se preferir, sem o potencial para experiências belas – é vazia.

Assim, não existe uma "história" idêntica para as três virtudes. A história da verdade é convergente e confirmatória. A da beleza é divergente, refletindo variações infindáveis e imprevisíveis, com a possibilidade de diferentes experiências pessoais significativas. A história da bondade prossegue em dois planos diferentes, o primeiro (moralidade amigável) muito mais arraigado que o segundo (a ética dos papéis). Para colocar o assunto no vocabulário deste livro, permanecendo ao mesmo tempo divergentes em relação a convenções culturais e costumes locais, é imperativo reter a moralidade amigável e convergir em relação às preocupações éticas.

O que então guarda o futuro para nossas três virtudes? Com respeito à verdade, prevejo uma continuação do debate: estamos convergindo para um conjunto de verdades único ou pequeno, ou haverá uma pluralidade cada vez maior de verdades, extraídas de disciplinas diferentes e, talvez em certo sentido, que não podem ser comparadas entre si? No espírito pós-moderno continuará havendo as vozes que insistem na predominância da hegemonia e da luta. De acordo com esta interpretação, em vez da busca desinteressada da verdade a qualquer custo, é melhor permitir apenas que as posições políticas, econômicas, sociais e culturais alternativas lutem entre si – e que vença o contendor retoricamente mais convincente!

O perigo que vejo é exemplificado pela Wikipédia. Ninguém tem um mandato explícito para avaliar a veracidade dos verbetes neste recurso baseado na web. A medida de aceitabilidade é se uma declaração apareceu em alguma outra publicação. A Wikipédia simplesmente representa a visão consensual corrente de um assunto – nem especialidade nem a verdade entram na equação. E assim, apesar de ser de forma inadvertida, esta notável criação representa o triunfo dos meios digitais em roupagem pós-moderna.

De fato, para muitos jovens (e alguns que não são mais jovens), o valor da veracidade das declarações não é mais privilegiado. Essas pessoas estão interessadas principalmente em autenticidade (a pessoa que fala *parece* real, comprometida, engajada?) e em transparência (a pessoa que fala revela de onde vem ou disfarça e oculta?). Caso essas tendências continuem, então a veracidade absoluta pode se tornar menos importante. Contudo, a ideia de transparência se apoia na suposição de que existe uma verdade subjacente, a qual pode ser mostrada ou oculta. A transparência depende de –

na verdade, pressupõe – testes de veracidade. No final, uma posição que inclui a verdade contém a própria destruição ou a autocontradição.

Passando à segunda virtude, sobrevivemos ao período no qual a "beleza" foi efetivamente banida do léxico das "conversas sobre arte". (Na verdade, ela nunca foi banida como experiência pessoal, como pode atestar qualquer um que tenha espreitado visitantes em um museu de belas-artes, num parque nacional ou numa venerável atração turística.) Para quase todas as pessoas, emanando de quase todos os grupos, certos objetos e experiências – retratos de família, entretenimento vespertino, competições atléticas, obras de arte – continuarão a ocupar um lugar especial em que o interesse despertado, a facilidade de lembrança da forma e um sentimento agradável se juntam e convidam para uma maior exploração. Porém, as *espécies* de experiências que são julgadas belas, por indivíduos e grupos, podem variar muitas vezes de forma imprevisível, e em arte os caprichos não podem ser previstos – e sou pessoalmente grato ao destino por as coisas serem assim. Quem poderia ter previsto os efeitos revolucionários das pinturas de Picasso, dos poemas de T. S. Eliot, das composições de Igor Stravinsky, das danças de Martha Graham – e a velocidade com a qual eles foram absorvidos pelo *establishment*? Em outras palavras, eu apostaria na Sobrevivência da Beleza muito antes de apostar na Ciência da Beleza. Ao mesmo tempo, a beleza em si na verdade desistiu para sempre de sua posição proeminente na determinação dos membros no Panteão das Artes.

Nossas noções de bondade, no sentido moral individual, são muito mais arraigadas que nossas concepções de beleza. Aquilo que esperamos dos amigos e vizinhos e aquilo que eles esperam de nós não se alteraram de forma fundamental ao longo dos séculos – embora talvez sejamos mais tolerantes em alguns aspectos e menos em outros. Nesta era de muitos laços fracos e mobilidade virtualmente irrestrita, podemos ser menos responsáveis do que no passado; mas itens básicos como a Regra de Ouro e os Dez Mandamentos não precisam ser recalibrados.

Contudo, no passado recente, a vida ética tornou-se muito mais complicada devido aos diversificados e mutáveis papéis profissionais e cívicos ocupados por indivíduos em sociedades complexas e altamente diferenciadas. Discernimentos de biologia, antropologia ou história não podem prover uma orientação confiável a respeito de como assumir esses papéis de maneira responsável. As esferas profissional e cívica, e os problemas e enigmas por elas gerados são novos e complexos; suas soluções não podem ser deduzidas prontamente daquilo que foi feito antes e da maneira pela qual eles foram articulados. Ao longo das décadas, podem ser desenvolvidas normas práticas – como aconteceu, por exemplo, em profissões como o jornalismo ou a arquitetura e com respeito à participação em Estados democráticos ou entidades supranacionais como a União Europeia. Mas esses casos raramente são mostrados com clareza na forma de certo e errado; com frequência se trata de ponderar um "certo" em relação a outro, ou de optar pelo menor dos males.

As forças centrífugas em ação aqui são grandes e às vezes as partes podem concluir que precisam "concordar em discordar". Contudo, se houver um caso em que as pressões para se chegar a um consenso aumentam, será no cumprimento da ética dos papéis. Não podemos ter uma sociedade global viável na qual profissões ou empresas em cada nação, para não falar em cada comunidade, atuam por conta própria. Nem podemos lidar com questões como a disseminação de doenças, as ameaças do terrorismo, as realidades da mudança climática e a necessidade de responsabilidade fiscal e transparência entre nações ou mesmo regiões. Como brincou Benjamin Franklin ao assinar a Declaração da Independência: "Devemos de fato nos manter juntos, ou certamente seremos enforcados separadamente."

O domínio do "bem" é ameaçado por forças opostas: por um lado um absolutismo estúpido e por outro um relativismo cultural impotente. Não podemos legislar bondade de cima para baixo, mas também não podemos nos resignar e apenas declarar "seja o que vier". As críticas pós-modernas são adequadamente preventivas e ocasionalmente devastadoras, mas não se pode permitir que se tornem decisivas. Os meios digitais podem desempenhar um papel positivo em nos expor a uma gama de alternativas, em apresentar para debate as diversas visões "do bem" e em modelar práticas que se mostram eficazes além de nossas fronteiras e fora de nossa consciência. Um suprimento abundante de "melhores práticas" por parte da mídia pode ser necessário, mas não suficiente.

Em última análise, precisamos por um lado de um diálogo profundo e continuado e, por outro, de praticantes de mídia (que aspiram vir a ser profissionais). Na extensão em que os cidadãos pedem apresentações de alternativas amplas bem acabadas, esta mensagem pressiona ou libera mídia imparcial e abrangente. Mas até o ponto em que os cidadãos não desempenham seus papéis de forma responsável – são indiferentes ou fixados em celebridades, ou interessados somente em obter apoio para suas opiniões e seus preconceitos –, a mídia irá simplesmente expandir a névoa da ignorância e do preconceito.

Minha crença – ou, mais corretamente, minha esperança – é que os fatos inexoráveis da globalização irão acabar estimulando pessoas, grupos e instituições a buscar por um "bem" que transcenda fronteiras individuais ou qualquer senso isolado e recebido de absolutos morais. Esse "bem" emergente não precisa ser adquirido ao custo de práticas locais distintivas e diversas, desde que a busca do local não prejudique o imperativo de se buscar um consenso transcultural sobre as questões mais prementes do momento. Em outras palavras, o máximo de liberdade ou divergência em relação a assuntos de conveniência e acordo e convergência gradual em relação a padrões éticos.

Ironicamente, a confluência do pós-modernismo com os meios digitais pode ter o potencial para uma segunda era do iluminismo. Perto do final do século XVIII, pensadores na Europa e nas nações emergentes americanas foram inspirados pela razão misturada ao ceticismo, pelo declínio do preconceito e pela ascensão da tolerância, pela busca de compreensão científica, pelas realidades do progresso tecnológico e pela emergência de instituições robustas e bem concebidas. Esses e outros fatores levaram a uma visão esperançosa da condição humana que poderia ser realizada em escala universal – pela qual todos tinham direito à vida, à liberdade e à busca da felicidade. A despeito das violentas transformações dos séculos XIX e XX, a concepção sobreviveu e reforça instituições como as Nações Unidas e documentos altamente respeitados como a Declaração Universal dos Direitos Humanos.

Sem questão: dois vivas para o iluminismo, mas três ainda não. Apesar de todo o brilho, ele continua demasiado ocidental em sua conceituação. As ideias do iluminismo não são literalmente universais; elas foram geradas em grande parte na Europa Ocidental, por um pequeno grupo de filósofos articulados e influentes, todos homens, é claro, e quase todos cristãos praticantes. Para que tenhamos uma estrutura ética realmente universal, ela precisa levar em conta, desenvolver e incorporar ideias e conceitos poderosos de outras tradições filosóficas e religiosas importantes, abrangendo do confucionismo ao Islã, do budismo ao humanismo secular, sem excluir preceitos e práticas vitais emanando das populações indígenas dos vários continentes. Uma sabedoria profunda caracteriza muitas tradições culturais. Em vários lugares, esta tarefa já começou – mas para solidificá-la e obter ampla aprovação, será preciso um diálogo sustentado, aprendizado mútuo e grandes quantidades de humildade.

Ninguém familiarizado com história poderia prever com certeza o destino de nossas três virtudes. Com respeito à verdade, quem poderia ter previsto a indeterminação da mecânica quântica ou as leis da geometria não euclidiana? Com respeito à beleza, o que fazer com um século que começou com o urinol de Marcel Duchamps e terminou com o tubarão de Damien Hirst? E com respeito à bondade, que sentido extrair de um tempo (o nosso) em que um pai executa um "assassinato de honra" da filha, ao mesmo tempo em que uma equipe de cientistas tenta clonar um ser humano? A escritora Virginia Woolf declarou certa vez que "por volta de dezembro de 1910, o caráter humano mudou". Concedendo licença poética, esta declaração capta bem as formas assumidas por nossa espécie no século passado.

Contudo, se a futurologia é uma profissão de risco, a história é necessária. Aqueles que ignoram a história estão condenados a repeti-la. A filosofia é igualmente imperativa. Todos nós temos filosofias de vida e conhecimen-

Olhando para a frente

to subjacentes – a única diferença é se estamos ou não cientes delas. Sem os critérios da ciência e os frutos da tecnologia, ainda estaríamos vivendo na Idade Média – literal e metaforicamente. Apliquei neste livro algumas lentes contemporâneas a um conjunto de conceitos antigos. Não posso afirmar que sei o destino futuro desses conceitos, individualmente ou em conjunto. Mas posso afirmar com confiança que eles irão continuar a ser importantes, que eles terão de assimilar novas entidades emergentes como o pós-modernismo e os meios digitais e que as ferramentas analíticas que aqui utilizei continuarão a ser relevantes. Como elas serão tornadas operacionais e quais serão as conclusões extraídas, não posso dizer.

Nas páginas iniciais deste livro, descrevi esta pesquisa como inerentemente multidisciplinar. E mantive minha palavra! Em vários pontos e em vários lugares, vali-me da história e da pré-história (por exemplo, com respeito às origens da escrita e da filosofia); da biologia e da psicologia evolutiva (para explicar por que certas cenas são atraentes para seres humanos do mundo inteiro, mas também por que esta verdade não explica o poder de obras de arte individuais); da sociologia e da antropologia (por exemplo, os gostos e as predileções de diferentes grupos com referência aos cânones de beleza); da sabedoria humanística (descrições e avaliações de eventos e obras específicos); e de três ramos da filosofia – epistemologia (a natureza das declarações que refletem nosso conhecimento), estética (julgamentos de beleza e outras qualidades valorizadas) e ética (as crenças e ações que devem ser buscadas). Este estoque disciplinar pode ser maior do que a pessoa gostaria, mas não vejo como fazer justiça ao conjunto de questões sem levar em conta perspectivas acadêmicas importantes, individualmente e em conjunto.

Contudo, tenho criticado duas perspectivas que, nos últimos anos, dominaram grande parte do discurso acadêmico. Nos domínios da biologia e da psicologia, muitos estudiosos buscam explicar o pensamento e o comportamento humanos através da lente da psicologia evolutiva (chamada de sociobiologia algumas décadas atrás). Não há dúvida de que nosso passado evolucionário e nosso presente biológico impõem certos limites sobre aquilo que podemos conceber e o que podemos fazer. Os conceitos darwinianos são vitais em ajudar a definir e considerar esses limites. Contudo, tenho insistido que as questões mais importantes para a presente tarefa ganham relativamente pouco destaque pelo ponto de vista evolutivo.

Nossa busca pela verdade e nossa capacidade de avaliação de verdades se baseiam inicialmente em nossos órgãos sensoriais. Mas em última análise a busca pela verdade é muito mais dependente de declarações e conjuntos de declarações verificados através de práticas informais e de investigações científicas sistemáticas. Verdades temporárias e mais firmemente estabelecidas emergem de seres humanos trabalhando juntos para compreender seu mundo. Analogamente, nossas experiências de beleza podem destacar inicialmente características de ambientes amistosos para nossos ancestrais hominídeos; mas esses cânones são logo superados por história, costumes, práticas e acidentes das coletividades nas quais vivemos, como nossos ancestrais. E embora nossas posições morais em relação a nossos vizinhos se inspirem em restrições evolucionárias, nossas posições éticas surgiram muito mais tarde, principalmente através de interações entre trabalhadores das várias profissões e através de interações comparáveis de líderes com cidadãos responsáveis em várias jurisdições políticas.

Na retaguarda de grande parte do discurso contemporâneo encontra-se uma outra poderosa disciplina – a economia convencional. Ao longo de décadas, o consenso econômico baseia-se em duas hipóteses amplas: a sabedoria, ou mesmo a perfeição, do mercado; e a racionalidade do "*Homo economicus*". Mas estudos empíricos de psicólogos, em alguns casos em colaboração com economistas, derrubaram quase inteiramente a visão de os seres humanos serem criaturas fundamentalmente racionais. Operamos via heurística e não por computações estatísticas; com alguma frequência, somos bastante irracionais. E é claro, crises frequentes e imprevisíveis – mais recentemente em setembro de 2008 – desmentem qualquer noção coerente sobre a sabedoria do mercado. "Caos", "oscilações violentas" ou "exuberância irracional" parecem ser descritores mais exatos.

Se me pedem para caracterizar os seres humanos, não assumo nem a racionalidade nem a irracionalidade. Acredito que a racionalidade é uma vitória duramente conquistada, mas também que os seres humanos têm a capacidade para intensificar os poderes de raciocínio e organizá-los de forma judiciosa, em especial se estão alertas com respeito às armadilhas da irracionalidade e da autoilusão. Há muito admiro a afirmativa de Freud, que diz: "a voz do intelecto é baixa, mas não descansa enquanto não é ouvida." Os seres humanos não são inerentemente racionais, mas podem desenvolver seus poderes racionais. Com relação à bondade, os mercados não são inerentemente sábios, mas os seres humanos podem tentar acertá-los de maneira sábia. Afinal, os países que dispunham de regulamentos estáveis em vigor – por exemplo, Austrália, Canadá, Chile, Cingapura – são os que melhor estão se saindo na esteira das mais recentes crises financeiras.

Vejo esta "perspectiva de mercado" – em especial quando ampliada para além do mercado da aldeia – como prejudicial à conquista das virtudes. A verdade não deve ser produto de um voto formal ou de um consenso informal sobre aquilo que "parece" certo. Ela deve ser o produto emergente de proposições testadas e retestadas. Beleza não é o que a maioria das pessoas admira ou pela qual pagam; ela é uma descrição das experiências das pessoas com fenômenos – seja um casal ou uma multidão – na presença de objetos e eventos.

Finalmente, o mercado não é o mecanismo por excelência através do qual o "bem" da excelência, do engajamento e da ética deve ser determinado. Quando muito, deveria ser decomposto juntamente com outros fatores, que vão da razão à religião. Para buscar inspiração sobre esses assuntos, recorro a três formidáveis pensadores. Repetindo Thomas Hobbes, acredito que um mundo governado exclusivamente pelas forças do mercado será provavelmente "indecente, estúpido e limitado". O que nos torna humanos no melhor sentido é nosso potencial para ir *além* do interesse individual e pensar a respeito daquilo que faz sentido em termos do bem-estar geral, do bem comum. Aqueles que citam Adam Smith em favor de mercados livres se esquecem de que ele pressupôs uma cidadania que incorporava "sentimentos morais". E é inspirador recordar as palavras da antropóloga Margaret Mead: "Nunca duvide de que um pequeno grupo de pessoas comprometidas pode mudar o mundo. De fato, é a única coisa que já fez isso."

Qualquer que seja sua posição na comunidade acadêmica de hoje (e em suas "classes tagarelas"), nem a psicologia evolutiva nem a economia convencional têm muito a dizer em relação às duas forças contemporâneas que examinamos aqui. O pós-modernismo não demonstra mais paciência para as asserções da psicologia evolutiva ou da economia do que para as asserções de qualquer outra disciplina erudita – com a possível exceção daquela chamada desconstrucionismo. E a velocidade, a complexidade e as complicações dos novos meios digitais teriam deixado Charles Darwin e Adam Smith tão perplexos quanto eles deixaram confusos comentaristas de nosso tempo. Estamos todos em território não mapeado: um amálgama de disciplinas, judiciosamente dosadas, tem maior probabilidade de iluminar do que as apostas feitas em uma única disciplina.

Quanto ao futuro, há todas as razões para crer que continuaremos a precisar de um arsenal de disciplinas existentes para entender nosso mundo e, sem dúvida, novas interações que irão surgir. Acredito que essas disciplinas podem moderar a atual proeminência das disciplinas evolucionárias e econômicas. À medida que mais grupos de seres humanos se tornarem visíveis e sem papas na língua, crescerão as visões antropológica e sociológica. Não há mais grupos invisíveis; as sociedades não são mais dominadas por um gênero ou grupo racial ou étnico único; a diversidade reina suprema e um amplo espectro de vozes será ouvido (como deve ser).

Antigamente, a história era em grande parte política e militar – uma narrativa de vitoriosos e vitórias, pontuada pelos homens que comandavam as tropas. Hoje temos todos os tipos de subcampos, da história econômica à história social e à história de grupos, como os afro-americanos, os hispano-americanos ou as mulheres. Esses agrupamentos de histórias irão continuar a ser escritos e reescritos. Quer ou não continuaremos a ter papel impresso em nossas mãos, os jornalistas continuarão a preparar o primeiro esboço da história. Assim, esses historiadores da cena contemporânea nos irão contar o que está acontecendo e tentar explicar o significado.

Às suas fileiras se somarão blogueiros e outros cronistas instantâneos. Será crucial definir critérios pelos quais serão julgados esses novos participantes do domínio da documentação histórica e jornalística; caso contrário valerá tudo, uma situação que poderá agradar aos pós-modernistas radicais e aos experts em computadores, mas irá frustrar todo o restante.

Trabalhando lado a lado com os já mencionados disciplinadores estarão os estudiosos de humanidades. Em vez de focalizar a sequência de eventos (natural ou histórica) e suas possíveis relações causais, os humanistas dirigem sua atenção e seus talentos analíticos a eventos e trabalhos específicos – como foram realizados, como muitas vezes contêm significados diversos (e quais poderiam ser esses significados) e como eles se encaixam no cenário de sua época. Em alguns casos os humanistas elucidam uma obra específica, como *Guernica* ou *Moby Dick*; em outros, esclarecem uma época, como a era clássica ou romântica; e às vezes eles questionam os sistemas de classificação que herdamos, como fizeram os cronistas da mostra *Design and the Elastic Mind*. Em relação aos artefatos humanos, os estudiosos humanistas serão essenciais em suas interpretações.

Um dos aspectos mais alarmantes do reducionismo – em suas variedades científica natural (teoria evolucionária) ou científica social (análises econômicas) – é a implicação ocasional de que o estudo humanista é supérfluo. (Esta não é uma ameaça vazia: menos de 5% dos estudantes universitários de hoje se especializam em áreas de estudos humanistas.)

Na verdade os cientistas, em especial aqueles que lidam com as esferas biológica e humana, continuarão a ter grande participação em nossa discussão das virtudes. Na esteira de obras influentes como *Consilience*, de E. O. Wilson, os cientistas reivindicaram grande parte do território deste livro. Eles o fazem de duas maneiras: apresentando explicações fundamentais do que os seres humanos fazem e por quê; e oferecendo elos que conectam ciências díspares, desde o humilde átomo, até os grupos sociais ou os superorganismos (nome aplicado igualmente a uma grande quantidade de formigas e aos membros de uma instituição humana auto-organizada).

Sinalizei meu ceticismo a respeito de tudo que é humano poder ou dever ser consignado a dados, modelos e teorias apresentados por cientistas. Sou igualmente cético a respeito da enorme arena chamada Vida poder ser reunida ao longo de uma única "grande cadeia do ser". Mas seria preciso que a pessoa fosse uma ludista (membro de um grupo de trabalhadores que no século XIX se insurgiu contra as mudanças provocadas pela Revolução Industrial) para ignorar as descobertas e os modelos explicativos dos cientistas; e ela seria uma tola em não integrar afirmações e integrações relevantes sempre que pareçam pertinentes. E com o advento de modelos interdisciplinares mais sutis – por exemplo, aqueles que provêm de estudos de economia comportamental ou evolução cultural –, as investigações podem ser enriquecidas.

Em último lugar, mas talvez também em primeiro, estão as ferramentas e as preocupações da filosofia. Não tive treinamento formal em filosofia, mas provavelmente não foi por acaso que sempre li em primeiro lugar dois grupos de críticas de livros – os que tratavam de ciências biológicas e os que tratavam de filosofia. Se uma pessoa está interessada na natureza do conhecimento e em como pensar a respeito dele, os filósofos oferecem as ideias mais confiáveis e profundas – desde a época dos atenienses até os que estão interessados hoje pela mente.

Assim sendo, considero necessário e apropriado pensar em minha investigação como sendo baseada na filosofia. Somente através dela é que podemos pensar a respeito da natureza das declarações e alegações que invocam os termos *verdadeiro, belo* e *bom*, e os territórios em que essas declarações prevalecem – muitas vezes de maneira pouco sutil. E uma vez que a pessoa vá além da delineação de declarações, ela chega aos subcampos da filosofia – epistemologia para verdade, estética para beleza, ética para bondade. Espero ter redimido meu amor diletante pela filosofia com as maneiras pelas quais explorei esses terrenos.

Mas a filosofia também lucra com seus contatos com outros campos. Como psicólogo, estou particularmente interessado em esforços para unir os pontos fortes da experimentação de meu campo aos poderes conceituais da análise filosófica. Meu professor Nelson Goodman dizia que um psicólogo era um filósofo com licença para pesquisar; ele também observou que a psicologia cognitiva é o ramo mais interessante da filosofia. Anthony

Olhando para a frente

Appiah, um filósofo contemporâneo, chegou a cunhar uma expressão – *filosofia experimental* – para descrever uma fusão parcial desses campos.

Isto é: enquanto os seres humanos estiverem interessados por questões de verdade, beleza e bondade, continuaremos a utilizar a filosofia e outros campos de orientação humanista. Um famoso debate ocorrido em Davos, Suíça, em 1929, entre o pensador iluminista Ernst Cassirer e Martin Heidegger, partidário da irracionalidade, continua relevante até hoje. Pode ser que certos campos, como a ciência do cérebro ou a genética, se tornem mais abertos, ao passo que outros, como a psicologia ou a sociologia, passarão a ser menos dominantes; mas não espero que a natureza e o intercâmbio entre participantes importantes das disciplinas se tornem menos vigorosos no futuro previsível.

Quase no fim desta investigação, eu gostaria de oferecer duas observações. Embora sigam direções diferentes, elas são igualmente cruciais. Primeira, o papel do acaso, do destino e dos caprichos será importante, talvez decisivo. Em todos os assuntos que envolvem seres humanos, o sacudir dos dados é importante. Dificilmente poderíamos conceber nossa compreensão dos mundos físico e biológico se Albert Einstein, aos 25 anos, não tivesse trabalhado em um escritório de patentes, ou se Charles Darwin, também aos 25 anos, não tivesse viajado no *Beagle*. Contudo, a despeito do poder da física de Einstein e da biologia de Darwin, nenhuma dessas disciplinas teria sido tão proeminente para nossa investigação quanto as forças da história e suas influências, as quais por sua vez são salpicadas com ocorrências acidentais. Como prever os efeitos – positivos, negativos, imprevistos, quase certamente caóticos – da inteligência artificial, da nanotecnologia, da manipulação genética, do aquecimento global e da possível convergência das redes neurais humanas e das "redes neurais" de computadores para uma Singularidade sem precedentes?

Minha outra observação: a despeito do papel da contingência nos assuntos humanos, os indivíduos *são* importantes – os líderes, aqueles que trabalham com eles para ajudar a realizar as aspirações mútuas, aqueles que buscam – de maneira corajosa ou destrutiva – enfraquecer a missão dos líderes. Os esforços e as opções feitas por indivíduos podem desempenhar um papel decisivo no destino da humanidade. Graças a Galileu Galilei, temos uma nova compreensão das verdades que regem nosso ambiente físico. Graças a James Watson e Francis Crick, ganhamos uma maior compreensão do mundo natural. Graças ao pintor e escultor Michelangelo Buonarrati, temos uma noção mais rica de beleza; graças à dançarina Martha Graham, temos uma noção expandida do que é belo. Graças a Mahatma Gandhi e aos fundadores de grandes religiões e tradições filosóficas, temos um senso mais completo do que é uma boa pessoa, uma boa ação e uma boa vida.

Nem todas as pessoas atingem esse apogeu, mas não devemos desistir facilmente. Nossas opções não precisam ser ditadas por nossos genes nem pelas forças impessoais da oferta e da demanda. Podemos nos reunir ao redor de uma fogueira, uma mesa ou uma tela de videoconferência e participar de conversas a respeito das virtudes. Podemos ir mais longe. Com base em séculos de conhecimento prático e acadêmico, podemos selecionar o excesso de informações e prosseguir no sentido do estabelecimento de verdades. Começando cedo e contemplando a gama de criações artísticas e naturais, podemos formar um portfólio de objetos e experiências belas, talvez até criar nossos próprios objetos de beleza, e chegar a nossa sensibilidade estética individualizada. Quanto à moralidade e à ética, devemos respeitar a moralidade amigável e respeitar as convenções das diversas culturas. Ao mesmo tempo, devemos nos esforçar para nos tornarmos bons trabalhadores e bons cidadãos, não apenas em nossa própria sociedade, mas em toda a comunidade global. Nossos atos devem transcender o egoísmo. Fazendo isso, poderemos prover modelos poderosos que irão inspirar outras pessoas a agir de maneiras mais responsáveis.

AGRADECIMENTOS

Este livro nasceu em uma série de três palestras no outono de 2008 no Museum of Modern Art em Nova York. Pelo indispensável apoio, agradeço a Emma Enderby, Pablo Helguera, Glenn Lowry, Jennifer Russell e Wendy Woon. Como palestrantes, tive o privilégio de ter Peter Galison em Verdade, Paola Antonelli em Beleza e Antonio Damasio em Bondade.

Minha mulher Ellen Winner fez uma leitura cuidadosa do manuscrito, deu muitas boas ideias e sugeriu o título do livro. Além disso, pelos comentários úteis sobre várias partes do manuscrito, agradeço a Eric Blumenson, Michael Connell, George Klein, Tanya Luhrmann, Sara Rimer, Zak Stein, Marcelo Suarez-Orozco, Sandy Thatcher e Steven Weinberg. Graças ao apoio generoso de Judy e Jamie Dimon e da Fundação MacArthur, fui capaz de explorar a mídia digital – agradeço especialmente a John Seely Brown, Jonathan Fanton, Bob Gallucci, Julia Stasch e Connie Yowell. Minha assistente Kirsten Adam foi uma parceira maravilhosa na preparação de muitos aspectos das conferências, bem como no manuscrito do livro – sem sua ajuda, eu ainda estaria trabalhando no manuscrito! Jessica Creighton, nossa colega de escritório, sempre esteve por perto quando precisávamos de ajuda.

Numa época em que a edição de livros é uma arte em extinção, Lara Heimert concedeu ao manuscrito várias leituras detalhadas e fez muitas sugestões valiosas. Tenho uma dívida considerável com ela. No Basic Books, agradeço também a Christine Arden, Sandra Beris e Adam Eaglin pela ajuda especializada com a produção do livro. E por seu apoio incrível ao longo dos anos, devo um agradecimento especial a Ike Williams e Hope Denekamp, como agentes literários e amigos.

HOWARD GARDNER
Cambridge, Massachusetts

NOTAS

PREFÁCIO

10 "O Monte inteiro...": H. Adams, *Mont-Saint Michel and Chartres* (Boston: Houghton Mifflin, 1933). Este livro circulou em caráter privado em 1904 e foi publicado inicialmente em 1913. Consegui as citações de uma edição de 2009 publicada pela CreateSpace.

11 "A duração de um fato...": D. Shields, *Reality hunger: A manifesto* (Nova York: Knopf, 2010), pp. 21,52,136,160.

CAPÍTULO 1
AS VIRTUDES E OS DESAFIOS

14 Modernismo e pós-modernismo: Inúmeras obras são úteis sobre esses assuntos. Veja C. Belsey, *Poststructuralism: A very short introduction* (Nova York: Oxford University Press, 2002); C. Butler, *Postmodernism: A very short introduction* (Nova York: Oxford, 2003); P. Gay, *Modernism: The lure of heresy from Baudelaire to Beckett and beyond* (Nova York: Norton, 2007); F. Jameson e S. Fish, *Postmodernism* (Durham: Duke University Press, 1991); G. Josipovici, *Whatever happened to modernism?* (New Haven: Yale University Press, 2010); G. Kitching, *The trouble with theory: The educational costs of postmodernism* (State College: Pennsylvania State University Press, 2008); C. Lemert, *Postmodernism is not what you think* (Malden, MA: Blackwell Publishers, 1997); S. Lukes, *Moral relativism* (Nova York: Picador, 2008); e J.-F. Lyotard, *The postmodern condition* (Minneapolis: University of Minnesota Press, 1984).

15 Novos meios digitais: Veja N. Carr, *The shallows: What the internet is doing to our brains* (Nova York: Norton, 2010); M. Ito et al., *Hanging out, messing around, geeking out* (Cambridge, MA: MIT Press, 2009); H. Jenkins, *Convergence culture: Where old and new media collide* (Nova York: NYU Press, 2008); J. Lanier, *You are not a gadget: A manifesto* (Nova York: Knopf, 2010); M. Levinson, *From fear to Facebook: One school's journey* (International Society for Technology in Education, 2010); N. Negroponte, *Being digital* (Nova York: Vintage, 1996); J. Palfrey e U. Gasser, *Born digital* (Nova York: Basic

Books, 2010); C. Shirky, *Here comes everybody: The Power of organizing without organizations* (Nova York: Penguin Press, 2008); *Cognitive surplus* (Nova York: Penguin Press, 2010).
16 "A mais segura caracterização...": A. N. Whitehead, *Process and reality* (Nova York: Free Press, 1979), p. 37. Publicado originalmente em 1928.
17 "Guerra é paz...": G. Orwell, *1984* (Nova York: Signet Classic, 1981). Publicado originalmente em 1949.
18 "Só uma coisa na Terra...": Albert Camus citado em R. Riemen, *Nobility of spirit* (New Haven: Yale University Press, 2008), p. 75.
18 "Não há distinções claras...": Pinter escreveu essa passagem em 1958. Foi citado em Anne-Marie Cusac, "Harold Pinter interview", *The Progressive*, março de 2001.
18 Livros sobre beleza: U. Eco, *On beauty: History of a Western idea* (Londres: Secker and Warburg, 2004); E. Scarry, *On beauty and being just* (Princeton: Princeton University Press, 2001); e R. Scruton, *Beauty* (Nova York: Oxford University Press, 2009).
19 Verdade intuitiva: O termo *truthiness* (verdade intuitiva) é geralmente atribuído ao comediante americano Stephen Colbert. Ele se refere a proposições que uma pessoa deseja que sejam verdadeiras, ao contrário daquelas cuja veracidade foi demonstrada; ou, na colocação de Colbert, declarações que a pessoa aceita por instinto e não pelos livros.
20 "Na forma de imagens fotográficas...": S. Sontag, *On photography* (Nova York: Picador, 1973), p. 174.
21 "Contra qualquer lógica, as crianças esperam...": B. Schlink, *Homecoming* (Nova York: Pantheon, 2008), p. 127.
21 "'Ma-at' significava verdade, justiça, equilíbrio...": M. Atwood, *Payback debt and the shadow side of wealth* (Toronto: House of Anansi, 2008). Essa passagem é citada por John Gray em "The way of all debt", *New York Review of Books*, 9 de abril de 2009.
22 um arco da beleza através da verdade até a bondade: Veja H. Gardner, "A blessing of influences", em J. Schaler, ed., *Howard Gardner under fire* (Chicago: Open Court Publishing, 2006).
22 Meus estudos da inteligência: Veja H. Gardner, *Frames of Mind: The Theory of multiple intelligences* (Nova York: Basic Books, 1983/2011) e *Multiple intelligences: New horizons* (Nova York: Basic Books, 2006).
22 Minha própria filosofia educacional: Veja H. Gardner, *The disciplined mind* (Nova York: Simon and Schuster, 1999). Reimpresso pela Penguin em 2000.
23 De acordo com uma pesquisa recente realizada pelo grupo Barna: Veja *Christianity Today*, 24 de outubro de 2007.
24 "É tão estranho que a tecnologia tenha nos trazido...": D. Kehlmann, *Fame: A novel in nine episodes* (Nova York: Pantheon, 2010).
26 As pessoas que estão presas a considerações biológicas ou econômicas: para uma crítica semelhante, veja A. Wolfe, *The future of liberalism* (Nova York: Knopf, 2009).
26 A lente biológica: Veja D. Buss, *Evolutionary Psychology* (Boston: Allyn and Bacon, 2007); D. Dutton, *The art instinct* (Nova York: Bloomsbury, 2009); M. Konner, *The tangled wing: Biological constraints on the human spirit* (Nova York: Holt, 2003); S. Pinker, *The blank slate: The modern denial of human nature* (Nova York: Penguin, 2003); J. Tooby e

Notas

L. Cosmides, "The psychological foundations of culture", em J. Barkow, L. Cosmides e J. Tooby, eds., *The adapted mind* (Nova York: Oxford University Press, 1991); e E. O. Wilson, *Sociobiology* (Cambridge, MA: Harvard University Press, 1975).

27 A lente econômica: Veja J. Bhagwati, *In defense of globalization* (Nova York: Oxford University Press, 2007); R. Epstein, *Principles for a free society* (Nova York: Basic Books, 2002); M. Friedman, *Capitalism and freedom: Fourtieth anniversary edition* (Chicago: University of Chicago Press, 2002); G. Gilder, *The spirit of enterprise* (Nova York: Touchstone Books, 1985); N. G. Mankiw, *Principles of economics* (Cincinnati: South-Western College Publishing, 2008); e S. Patterson, *The quants: How a new breed of math whizzes conquered Wall Street and almost destroyed it* (Nova York: Crown, 2010).

27 Críticas à lente do mercado: Veja P. Krugman, "How did economists get it so wrong?", *New York Times Magazine*, 6 de setembro de 2009; R. Reich, *Aftershock* (Nova York: Knopf, 2010); G. Soros, *The crash of 2008 and what it means* (Nova York: Public Affairs, 2009); e J. Stiglitz, *Freefall: America, free markets and the sinking of the world economy* (Nova York: Norton, 2010).

27 Livros mais conhecidos de Malcolm Gladwell: M. Gladwell, *The tipping point: How little things can make a big difference* (Nova York: Back Bay Books, 2002); *Blink* (Nova York: Back Bay Books, 2007); e *Outliers: The story of success* (Nova York: Little, Brown, 2008).

CAPÍTULO 2
VERDADE

31 Tratamentos filosóficos da verdade: Veja S. Blackurn, *Truth: A guide* (Nova York: Oxford University Press, 2007).

33 Frustração da criança em um simulacro: Veja T. Bower, *Development in infancy* (San Francisco: W. H. Freeman, 1974).

34 Como nossos sentidos podem ser enganosos: Veja S. Asch, *Social psychology* (Nova York: Oxford University Press, 1987); R. Burton, *On being certain: Believing you are right even when you're not* (Nova York: St. Martin's Press, 2009); B. M. Hood, *SuperSense: Why we believe in the unbelievable* (Nova York: Harper One, 2009); A. Newberg e M. R. Waldman, *Why we believe what we believe* (Nova York: Free Press, 2006); e S. Wang e S. Aamodt, "Your brain lies to you", *New York Times*, 27 de junho de 2008.

35 A natureza das diferentes disciplinas: Veja H. Gardner, *The Disciplined mind* (Nova York: Simon and Schuster, 1999) e *Five minds for the future* (Boston: Harvard Business School Press, 2007).

36 As origens das teorias de Einstein: Veja P. Galison, *Einstein's clocks, Poincaré's maps: Empires of time* (Nova York: Norton, 2004).

36 Mudanças de paradigma no pensamento científico: Veja T. S. Kuhn, *The structure of cientific revolutions* (Chicago: University of Chicago Press, 1970/2009).

38 "Acredito que existe uma verdade...": B. Morris, "Politics by other means", *The New Republic*, 22 de março de 2004.

40 Jornalismo como profissão ameaçada: Veja J. Fallows, *Breaking the news: How the media undermine American democracy* (Nova York: Vintage, 1997); H. Gardner, M. Csikszentmihalyi e W. Damon, *Good work: When excellence and ethics meet* (Nova York: Basic Books, 2001); H. Gardner, *Responsibility at work* (San Francisco: Jossey-Bass, 2008); e A. Jones, *Losing the news* (Nova York: Oxford University Press, 2009).

41 "Se coubesse a mim decidir...": As observações de Thomas Jefferson foram feitas numa carta a Edward Carrington datada de 10 de janeiro de 1787.

42 Tratamento filosófico do ceticismo: Veja E. Blumenson, "Mapping the limits of skepticism in law and morals", *Texas Law Review* 74, nº 3 (fevereiro de 1996): 523-576.

44 "O mundo realmente não funciona...": Assessor de Bush citado em Jones, *Losing the news*, pp. 219-220.

44 "Ele acreditava que havia, na maior parte das histórias, algo que se aproximava da verdade...": Esta comemoração da frase de David Rosenbaum é citada em T. Purdum, "Robin Toner, 54, Times Political Reporter" (obituário), *New York Times*, 13 de dezembro de 2008, p. B9.

45 "Todos nós sabemos que arte não é verdade...": P. Picasso, "Picasso speaks", *The Arts*, maio de 1923.

46 Provocação de William F. Buckley: "Prefiro confiar o governo dos Estados Unidos às primeiras quatrocentas pessoas relacionadas na lista telefônica de Boston do que ao corpo docente da Harvard University."

CAPÍTULO 3

BELEZA

52 Certas características geométricas favorecidas em obras de arte: Veja G. Birkhoff, *Aesthetic measure* (Cambridge, MA: Harvard University Press, 1933); e S. Smee, "Is beauty a matter of mathematics?", *Boston Globe*, 22 de fevereiro de 2009.

52 Pesquisa de Alexander Melamid e Vitaly Komar sobre preferências artísticas: Veja J. Wypijewski, ed., *Komar and Melamid's guide to art* (Berkeley e Los Angeles: University of California Press, 1999).

52 Abordagens evolucionárias às preferências estéticas: Veja E. Dissanayake, *Homo aestheticus: Where art comes from and why* (Seattle: University of Washington Press, 1995); D. Dutton, *The art instinct* (Nova York: Bloomsbury, 2009); N. Etcoff, *Survival of the prettiest: The science of beauty* (Nova York: Anchor, 2000); S. Pinker, *The blank slate: The modern denial of human nature* (Nova York: Penguin, 2003); e "Why music? Biologists are addressing one of humanity's strangest attributes, its all singing, all dancing culture", *Economist*, 20 de dezembro de 2008.

52 Reações biológicas a obras de arte: Veja I. Biederman e E. Vessel, "Perceptual pleasure and the brain", *American Scientist* (maio-junho de 2006): 249-255.

54 Culturas que valorizam objetos e artefatos de arte diferentes: Veja G. Robb, *The Discovery of France* (Nova York: Norton, 2007); e O. Pamuk, *Istanbul: Memories and the city* (Nova York: Vintage, 2007).

55 Outros relatos com base biológica: Veja D. Dutton, *The art instinct* (Nova York: Bloomsbury, 2009); e J. Tooby e L. Cosmides, "Does beauty build adapted minds? Toward an evolutionary theory of aesthetics, fiction, and the arts", *SubStance* (University of Wisconsin Press, n⁰ ½ (edição 94/95): 6-27.

55 Estilo versus *ideia*: Veja A. Schoenberg, *Style and Idea: Selected writings* (Berkeley: University of California Press, 1984).

56 Neurônios espelhos: Veja A. S. Byatt, "Observe the neurons: Between, above, below John Donne", *Times* (Londres), 22 de setembro de 2006.

56 Crítica de Tallis às alegações de Byatt: R. Tallis, "License my roving hands: Does neuroscience really have anything to teach us about the pleasures of reading John Donne?", *Times Literary Supplement* (Londres), 11 de abril de 2008. Veja também R. Tallis, *The kingdom of infinite space* (Nova York: Yale University Press, 2009). Para uma outra visão cética da relevância das descobertas neurocientíficas para a explicação das virtudes, veja S. Berker, "Can normative conclusions be wrung from neural bases?", estudo não publicado, 30 de novembro de 2008, Harvard University.

57 "Nós, que vivemos nesta sociedade rápida...": L. Fendrich, *Chronicle Review*, 11 de julho de 2008, p. 22.

58 "Conceito aberto": Veja M. Weitz, "The role of theory in aesthetics", *British Journal of Aesthetics* (setembro de 1956).

59 Características da beleza artística: Veja N. Goodman, *Languages of art* (Indianapolis: Hackett, 1976) e *Ways of worldmaking* (Indianapolis: Hackett, 1978).

59 Estética experimental: Veja D. Berlyne, *Aesthetics and psichology* (Nova York: Appleton-Century Crofts, 1971); C. Martindale, *The clockwork muse: The predictability of artistic change* (Nova York: Basic Books, 1990); P. Silva, *Exploring the psychology of interest* (Nova York: Oxford University Press, 2006); e E. Winner, *Invented worlds: The psychology of arts* (Cambridge, MA: Harvard University Press, 1982).

60 "Em comparação com o extravagante aparato barroco...": J. Adams, *Hallelujah junction* (Nova York: Farrar, Straus and Giroux, 2008), p. 313.

60 Arte conceitual: Veja A. Alberro e J. Stimson, *Conceptual art: A critical anthology* (Cambridge, MA: MIT Press, 2000).

61 *Não farei mais nenhuma arte entediante*: A obra de Baldessari foi originalmente parte de um curta-metragem. Veja também *John Baldessari – Pure Beauty*, Exposição, New York Metropolitan Museum of Art, 2010.

62 "o tipo de mágica...": Arthur Danto citado em "Sitting with Marina", *New York Times*, 23 de maio de 2010.

66 Elliott Carter: Veja C. Rosen, "Happy birthday, Elliott Carter", *New York Review of Books*, 12 de março de 2009.

68 Matthew Barney: Veja "His body, himself": Estranha e apaixonada exploração do gênero de Matthew Barney, em C. Tomkins, *Lives of the artists* (Nova York: Holt, 2008).

68 Ou que Miró não tivesse decidido: Em 1927, Miró declarou: "Quero assassinar a pintura." Essa observação tornou-se a tese da exposição de 2008 *Joan Miró: Painting and Anti-Paiting, 1927-1937*, no Museum of Modern Art de Nova York.

70 Abordagem econômica ao valor artístico: Veja D. Galenson, *Painting outside the lines* (Cambridge, MA: Harvard University Press, 2002) e *Artistic capital* (Londres: Routledge, 2006).
71 Conteúdo familar dos antigos meios apresentados na forma dos novos meios: Veja M. McLuhan, *Understanding media: The extensions of man* (Nova York: McGraw-Hill, 1964).
72 Distinções questionadas: Veja P. Antonelli, *Design and the elastic mind* (Nova York: Museum of Modern Art, 2008).
76 Limites turvos: Veja P. Galison, Comentários sobre a palestra de Howard Gardner sobre "Verdade". Museum of Modern Art, 25 de novembro de 2008; W. T. Gowers, "Bridging the cultural divide: Art and mathematics review of conversations across art and science", *Science* 320 (16 de maio de 2008); R. Kennedy, "Art made at the speed of the Internet: Don't say 'geek', say 'collaborator'", *New York Times*, 19 de abril de 2010; M. Leslie, "An artist develops a new image – with aid of bacteria", *Science* 322 (19 de dezembro de 2008); e D. Overbye, "Art and science: Virtual and real, under one big roof", *New York Times*, 23 de setembro de 2008.
76 As divisões entre disciplinas, artes e ofícios: Veja Gowers, "Bridging the cultural divide"; Leslie, "An artist develops a new image"; e Overbye, "Art and science".
77 O museu sem paredes: Veja A. Malraux, *The voices of silence* (Princeton: Princeton University Press, 1978).
79 "Em vez de criar uma única linguagem de movimento...": Carla Peterson citada em C. La Rocco, "Say, just whose choreography is this?", *New York Times*, 24 de agosto de 2008, p. 25.

CAPÍTULO 4
BONDADE

84 Nosso senso moral: Veja M. Hauser, *Moral minds: The nature of right and wrong* (Nova York: Harvest, 2007); e R. Wright, *The moral animal* (Nova York: Vintage, 1995).
86 Tamanho do grupo: Veja R. Dunbar, *How many friends does one person need? Dunbar's number and other evolutionary quirks* (Londres: Faber and Faber, 2010).
88 Senso do bem e do mal no início da vida: Veja P. Bloom, "The moral life of babies", *New York Times Magazine*, 9 de maio de 2010; e J. Kagan, *The second year* (Cambridge, MA: Harvard University Press, 1981).
89 A ética dos papéis: Veja H. Gardner, *GoodWork: Theory and practice* (Cambridge, MA, 2010). Disponível on-line em http://www.goodworkproject.org/publications/books.htm.
91 "Comunidade justa": J. Rawls, *A theory of justice* (Cambridge, MA: Harvard University Press, 1970/2005).
93 Pesquisa sobre "bom trabalho": L. Barendsen e W. Fischman, "The GoodWork Toolkit: From theory to practice", em H. Gardner, ed., *Responsibility at work* (San Francisco: Jossey-Bass, 2007); H. Gardner, *GoodWork: Theory and practice*; e H. Gardner, M. Csikszentmihalyi e W. Damon, *Good Work: When excellence and ethics meet* (Nova York: Basic Books, 2001).

93 Para executar o Projeto Bom Trabalho: Veja http://www.good workproject.org e os dez livros lá citados.
94 Práticas sociais: Veja S. Blackmore, *The meme machine* (Nova York: Oxford University Press, 2000).
97 Encorajando o bom trabalho: Veja W. Fischman, B. Solomon, D. Greenspan e H. Gardner, *Making good: How young people cope with moral dilemmas at work* (Cambridge, MA: Harvard University Press, 2004).
98 Religião e comportamento ético: Veja R. Wright, *The evolution of God* (Back Bay Books, 2010).
99 Ataques à religião: Veja R. Dawkins, *The God Delusion* (Mariner Books, 2008); R. Dennett, *Breaking the spell* (Nova York: Penguin, 2007); S. Harris, *The end of faith* (Nova York: Norton, 2005); e C. Hitchens, *God is not great* (Nova York: Twelve Publishers, 2010).
99 Relação entre taxa de criminalidade e secularismo: Veja G. S. Paul, "Cross-national correlations of quantifiable societal health with popular religiosity and secularism in the prosperous democracies", *Journal of Religion and Society* 7 (2005).
100 Liberdade moral: Veja A. Wolfe, *Moral freedom: The search for virtue in a world of choice* (Nova York: Norton, 2002).
100 Tendência no sentido da moderação em visões religiosas: Veja Wolfe, *Moral freedom*; M. Mellman, "Another country", *New Tork Times*, 17 de setembro de 2008; e R. Putnam e D. Campbell, *American Grace: How religion divides and unites us* (Nova York: Simon and Schuster, 2010).
101 Estudo de bom trabalho entre os jovens americanos: Fischman, Solomon, Greenspan e Gardner, *Making good*.
101 fino dossiê ético: Veja D. Callahan, *The cheating culture: Why more Americans are doing wrong to get ahead* (Nova York: Harvest Books, 2004).
102 Sessões de "reflexão": Veja W. Fischman e H. Gardner, "Implementing GoodWork programs: Helping students to become ethical workers", Estudo nº 59 (2008). Disponível on-line em goodworkproject.org.
103 Argumentos pós-modernos: Veja C. Belsey, *Poststructuralism: A very short introduction* (Nova York: Oxford University Press, 2002); C. Butler, *Postmodernism: A very short introduction* (Nova York: Oxford, 2003); P. Gay, *Modernism: The Lure of heresy from Baudelaire to Beckett and beyond* (Nova York: Norton, 2007); F. Jameson e S. Fish, *Postmodernism* (Durham: Duke University Press, 1991); G. Josipovici, *Whatever happened to modernism?* (New Haven: Yale University Press, 2010); G. Kitching, *The trouble with theory: The educational costs of postmodernism* (State College: Pennsylvania State University Press, 2008); C. Lemert, *Postmodernism is not what you think* (Malden, MA: Blackwell Publishers, 1997); S. Lukes, *Moral relativism* (Nova York: Picador, 2008); e J.-F. Lyotard, *The postmodern condition* (Minneapolis: University of Minnesota Press, 1984).
103 Trapaças de estudantes: Veja E. Ramirez, "Cheating on the rise among high school students", *US News and World Report*, 2 de dezembro de 2008.
104 Raciocínio moral dos adolescentes: Veja L. Kohlberg, "Development of moral character and moral ideology", em M. L. Hoffman e L. Hoffman, eds., *Review of child development research*, vol. 1 (Nova York: Russell Sage Foundation, 1964).

104 O Good Play Project. Veja C. James et al., *Young people, ethics, and the new digital media: A synthesis from the Good Play Project* (Cambridge, MA: MIT Press, 2009).
106 Lori Drew e Megan Meier: Veja J. Steinhauer, "Arguments in case involving net and suicide", *New York Times*, 19 de novembro de 2008. Disponível on-line em http://www.nytimes.com/2008/11/20/us/20myspace.html.
107 Em comparação, histórias trágicas: Veja "Suicide of Rutgers freshman tied to webcast", *Los Angeles Times*, 1º de outubro de 2010.
107 O "aparato": G. Shteyngart, *Super Sad True Love Story* (Nova York: Random House, 2010).
110 "Qualquer que seja o objeto...": T. Hobbes, *Leviathan*, Parte VI.

CAPÍTULO 5
UM COMEÇO PROMISSOR

114 Livros de Alison Gopnik: A. Gopnik, *The philosophical baby* (Nova York: Farrar, Straus and Giroux, 2009); e A. Gopnik, A. Meltzoff e P. Kuhl, *The scientist in the crib* (Nova York: Harper, 2000).
114 por todo o mundo: Veja H. Gardner, *Developmental psychology* (Boston: Little, Brown, 1982) e *The unschooled mind* (Nova York: Basic Books, 1991).
115 Influências pré-natais: Veja A. Paul, *Origins: How the nine months before birth shape the rest of our lives* (Nova York: Free Press, 2010).
118 Confortos em macacos e crianças: Veja H. Harlow, *Learning to Love* (Nova York: J. Aronson, 1978).
118 uma vez satisfeitas essas demandas, elas passam a desejar: Veja a exposição de Maslow sobre a hierarquia de necessidades em A. Maslow, *Toward a psychology of being* (Nova York: Wiley [1961] 1998).
119 Para uma clássica visão do egocentrismo: Veja J. Piaget, "Piaget's theory", em P. Mussen, ed., *Handbook of child psychology*, vol. I (Nova York, Wiley, 1970).
120 Teoria da mente: Veja J. Astington, *The child's discovery of the mind* (Cambridge, MA: Harvard University Press, 1994); A. Leslie, "Pretense and representation: the origins of 'theory of mind'". *Psychological Review* 94, nº 4 (1987): 412-426; e J. Perner, *Understanding the representational mind* (Cambridge, MA: MIT Press, 1991).
121 Aceitar testemunho: Veja P. Harris, "Trust". *Developmental Science* 10, nº 1 (2007): 135-138.
121 Regras de conversação: Veja H. P. Grice, *Studies in the way of words* (Cambridge, MA: Harvard University Press, 1991); e J. Searle, *Speech acts: An essay in the philosophy of language* (Cambridge, UK: Cambridge University Press, 1970).
121 Gravitando no sentido de adultos úteis: Veja J. Hamlin, K. Wynn e P. Bloom, "Social evaluation by preverbal infants", *Nature* 450 (22 de novembro de 2007), pp. 557-559. Veja também P. Bloom, "The moral life of babies", *New York Times Magazine*, 9 de maio de 2010.
122 Nascimento da moralidade: Veja J. Kagan, *The second year* (Nova York: Basic Books, 1981).

Notas

122 Distinguir o convencional do moral: Veja E. Turiel, *The development of social knowledge* (Nova York: Cambridge University Press, 2008).
123 Como o personagem Fagin de Lionel Bart: Bart é o compositor e letrista do musical *Oliver!*.
125 Melamid e Kolmar: Veja a exposição no Capítulo 3 deste livro, além de E. Dissanayake, *Homo aestheticus: Where art comes from and why* (Seattle: University of Washington Press, 1995); D. Dutton, *The art instinct* (Nova York: Bloomsbury, 2009); N. Etcoff, *Survival of the prettiest: The science of beauty* (Nova York: Anchor, 2000); S. Pinker, *The blank slate: The modern denial of human nature* (Nova York: Penguin, 2003); e "Why music? Biologists are addressing one of humanity's stangest attributes, its all singing, all dancing culture", *Economist*, 20 de dezembro de 2008.
127 Experiências agradáveis em crianças (e adultos): Veja P. Bloom, *How pleasure works: The new science of why we like what we like* (Nova York: Norton, 2010).
127 Crianças como essencialistas: Veja Bloom, *How pleasure works*; e S. Gelman, *The essential child* (Nova York: Oxford University Press, 2005).
128 uma vara foi batizada de cavalo de brinquedo: Veja Bloom, *How pleasure works*.
130 A possibilidade de falsificação: Veja K. Popper, *The logic of scientific discovery* (Londres: Routledge [1959] 2002).
131 Concepções erradas mantidas pelas crianças: Veja Gardner, *The unschooled mind*.
131 Ensinar e aprender para compreender: Veja H. Gardner, *The disciplined mind* (Nova York: Simon and Schuster, 1999); e S. Wiske, ed., *Teaching for understanding* (San Francisco: Jossey-Bass, 1997).
132 domínio da cultura STEM: C. P. Snow, *The two cultures and the scientific revolution* (Cambridge, UK: Cambridge University Press, 1960). Distribuído pela Reith Lectures em 1959.
132 Engajamento construtivo: Veja W. Damon, *Greater expectations* (Nova York: Free Press, 1996). Veja também D. Meier, *The power of their ideas* (Boston: Beacon Press, 1995).
133 Mudança para "atitudes proposicionais": Veja D. Olson, *The world on paper* (Nova York: Cambridge University Press, 1996).
135 Desenvolvimento moral e educação: Veja W. Damon, *The moral child* (Nova York: Free Press, 1988) e *Greater expectations* (Nova York: Free Press, 1996).
138 Desenvolvimento artístico em crianças: Veja N. Freeman, *Strategies of representation in young children* (Nova York: Academic Press, 1980); A. Housen, *A review of studies on aesthetic education* (Minneapolis: American Association of Museums, 1996); M. Parsons, *How we understand art* (Nova York: Cambridge University Press, 1989); e E. Winner, *Invented worlds: A psychology of the arts* (Cambridge, MA: Harvard University Press, 1982).
138 Desenvolvimento artístico na adolescência: Veja H. Gardner, *Artful scribbles: The significance of children's drawings* (Nova York: Basic Books, 1980).
139 Educação formal e informal: Veja Gardner, *The unschooled mind*.
140 a oportunidade de observar obras que são valorizadas: Veja P. Antonelli, *Design and the elastic mind* (Nova York: Museum of Modern Art, 2008), bem como a discussão sobre essa exposição no Capítulo 3 deste livro.
142 Teoria de Kohlberg: Veja L. Kohlberg, *Essays on moral development: The psychology of moral development* (San Francisco: Harper and Row, 1984). Veja também o resumo de

uma pesquisa semelhante em E. Turiel, "The development of morality", em W. Damon, ed., *Handbook of child psychology*, vol. 3 (Nova York: Wiley, 1998).

142 no caso das artes: Veja H. Gardner, *The unschooled mind* (Nova York: Basic Books, 1999) e *The arts and human development* (Nova York: Basic Books, 1994).

143 os jovens se mostrem capazes de resistir: Veja H. Gardner, *Changing minds* (Boston: Harvard Business School Press, 2004).

148 Visões de identidade dos psicólogos: Veja E. Erikson, "Identity and the life cycle", *Psychological Issues* I, nº 1 (1959).

149 Uso dos novos meios digitais pelos jovens: Veja C. James, K. Davis, A. Flores et al., *Young people, ethics, and the new digital media: A synthesis from the GoodPlay project* (Cambridge, MA: MIT Press, 2009).

150 Sessões Good Work: Veja H. Gardner, *GoodWork: Theory and practice* (Cambridge, MA, 2000). Disponível on-line em http://www.goodworkproject.org/publications/books.htm.

152 Conhecer o bem depois de enfrentar o mal: Veja D. Keltner, *Born to be good: The science of a meaningful life* (Nova York: Norton, 2009); e S. Seider, "Social justice in the suburbs", *Educational Leadership* 66, nº 1 (2008): 54-58.

154 Afirmações confiantes da verdade postas em questão: W. Perry, *Forms of ethical and intellectual development in the college years: A scheme* (San Francisco, Jossey-Bass, 1998).

154 Metacognição: Veja J. Dunlovsky e J. Metcalfe, *Metacognition* (Thousand Oaks, CA: Sage, 2008); e D. Kuhn, *Education for thinking* (Cambridge, MA: Harvard University Press, 2008).

157 Wikipédia: Veja J. Giles, "Special report: internet encyclopedias go head to head", *Nature* 438 (15 de dezembro de 2005), pp. 990-991.

157 Jovens fragmentados: Veja S. Seider e H. Gardner, "The Fragmented generation", *Journal of College and Character* 10, nº 4 (2009): 1-4.

CAPÍTULO 6

APRENDENDO POR TODA A VIDA

159 "O sexto estágio muda...": W. Shakespeare, *As you like it*, II ato, cena vii, versos 157-166.

159 Esquema de Piaget: Veja J. Piaget, "Piaget's theory", em P. Mussen, ed., *Handbook of child psychology*, vol. 1 (Nova York: Wiley, 1970).

160 Pensamento pós-formal: Veja C. Alexander e E. Langer, eds., *Higher stages of human development* (Nova York: Oxford University Press, 1990); P. Baltes, U. Lindenberger e U. Staudinger, "Life span theory in developmental psychology", em R. M. Lerner, ed., *Handbook of child psychology*, vol. 1 (Nova York: Wiley, 2006); e M. L. Commons, F. A. Richards e C. Armon, *Beyond formal operations: Late adolescent and adult cognitive development* (Nova York: Praeger, 1984).

161 Pensamento sistêmico depois da adolescência: Veja K. Fischer e T. Bidell, "Dynamic development of action and thought", em W. Damon, ed., *Handbook of child psychology*, vol. 1 (Nova York: Wiley, 2006).

162 Vida adulta emergente: Veja J. Arnett, *Emerging adulthood* (Nova York: Oxford University Press, 2006); e R. Henig, "What is it about 20-somethings?", *New York Times Magazine*, 18 de agosto de 2010.

162 "Terceiro estágio" da vida adulta: Veja S. Lawrence-Lightfoot, *The third chapter* (Nova York: Farrar, Straus e Giroux, 2009).

163 Mulheres em severos ambientes islâmicos: Veja Ayaan Hirsi Ali, *Nomad: From Islam to America. A personal journey through the clash of civilization* (Nova York: Free Press, 2010); e Z. Salbi, *Beyond two worlds: Escape from tyranny: Growing up in the shadow of Saddam* (Nova York: Gotham Books, 2010).

163 Sociedades "quentes" e "frias": Veja C. Lévi-Strauss, *Myth and meaning* (Londres: Routledge, 1999).

163 Laços fracos e fortes: Veja M. Granovetter, *Getting a job: A study of contacts and careers* (Chicago: University of Chicago Press, 1995).

166 Plasticidade do sistema nervoso: Veja S. Barry, *Fixing my gaze* (Nova York: Basic Books, 2010); N. Doidge, *The brain that changes itself* (Nova York: Viking, 2007); e J. Ledoux, *Synaptic self: How our brains become who we are* (Nova York: Penguin, 2003).

167 Envelhecer com sucesso: Veja R. Butler, *The longevity revolution* (Nova York: Public Affairs, 2008); e G. McKhann e M. Albert, *Keeping your brain young* (Nova York: Wiley, 2002).

167 Sentir-se esmagado: Veja R. Kegan e L. Lahey, *Immunity to change* (Boston: Harvard Business School Press, 2009).

167 Imperativo para sintetizar: Veja H. Gardner, *Five minds for the future* (Boston: Harvard Business School Press, 2007), Cap. 3.

168 O papel crescente da ação individual no mundo contemporâneo: Veja J. Hagel, S. Brown e L. Davison, *The Power of pull: How small moves, smartly made, can set big things in motion* (Nova York: Basic Books, 2010).

171 Tendências artísticas ao longo do tempo: Veja C. Martindale, *The clockwork muse: The predictability of artistic change* (Nova York: Basic Books, 1990).

172 Gosto e idade de 39: Veja a obra de Robert Sapolsky, descrita em "Investigations, Open Season", *New Yorker*, 30 de março de 1998, p. 57.

174 Desenvolvimento moral depois da adolescência: Veja L. Kohlberg, *Essays on moral development: The psychology of moral development* (San Francisco: Harper and Row, 1984).

174 Pseudoespeciação: A noção de pseudoespeciação tem sido atribuída ao biólogo Julian Huxley e ao psicólogo Erik Erikson.

175 precisaríamos de um "kit de ferramentas" em constante mudança para cada profissão: L. Barendsen e W. Fischman, "The GoodWork Toolkit: From theory to practice", em H. Gardner, ed., *Responsibility at work* (San Francisco: Jossey-Bass, 2007).

175 Questões éticas em neurociência: Veja K. Sheridan, E. Zinchenko e H. Gardner, "Neuroethics in education", em J. Illes, ed., *Neuroethics: Defining the issues in research, practice, and politics* (Nova York: Oxford University Press, 2005); e H. Gardner, "Quandaries for neuroeducators", *Mind, Brain, and Education* 2, nº 4 (2008): 165-169.

178 O Efeito Matthew: Esta expressão foi criada pelo sociólogo Robert K. Merton; veja "The Matthew Effect in Science", *Science* 159 (1968): 56-63.
183 O chefe de uma família muçulmana: Veja U. Wikan, *Honor and agony: Honor killings in modern-day Europe* (Chicago: University of Chicago Press, 2008).
185 Pensamento fundamentalista: Veja H. Gardner, *Changing minds: The art and science of changing our own and other people's mind* (Boston: Harvard Business School Press, 2004).
185 Facilidade e dificuldades para mudar de ideia: Veja Gardner, *Changing minds*.
186 "Imaginação moral": Veja R. Wright, *Nonzero* (Nova York: Vintage, 2001); e *The evolution of God* (Nova York: Little, Brown, 2009).
186 Aviso de Chomsky: Veja N. Chomsky, entrevista concedida a Howard Gardner. Harvard Graduate School of Education, 11 de dezembro de 2007.
187 "existe somente um problema filosófico realmente sério...": A. Camus, *The myth of Sisyphus and other essays* (Nova York: Vintage, 1991).
188 os anos finais da vida: E. H. Erikson, *Childhood and society* (Nova York: Norton, 1963).

CONCLUSÃO
OLHANDO PARA A FRENTE

192 três grandes cadeias de ser: Veja A. O. Lovejoy, *The great chain of being: A study of the origin of an idea* (Nova York: Harper Torchbooks, 1936).
198 "Devemos de fato nos manter juntos...": esta frase, atribuída a Franklin, é repetida em *Ben Franklin, laughing*, de P. M. Zall, que foi publicado em 1908.
200 Ideias do iluminismo: Veja E. Cassirer e P. Gay, *The philosophy of the Enlightenment* (Princeton: Princeton University Press, 2009); R. Nisbet, *History of the idea of progress* (Piscataway, NJ: Transaction Press, 1994); e R. R. Palmer, J. Colton e L. Kramer, *A history of the modern world* (Nova York: McGraw-Hill, 2006).
200 "... o caráter humano mudou": Virginia Woolf fez esta observação em seu ensaio de 1924 "Mr. Bennett and Mrs. Brown".
201 Abordagens biológica e econômica: Para referências sobre essas abordagens, veja sob "A lente biológica" e "A lente econômica" nas notas para o Capítulo 1.
202 Nossa questionável racionalidade: Veja, por exemplo, D. Ariely, *Predictably irrational* (Nova York: Harper Perennial, 2010); R. Burton, *On being certain: Believing you are right even when you're not* (Nova York: St. Martin's Press, 2009); B. M. Hood, *SuperSense: Why we believe in the unbeliable* (Nova York: Harper One, 2009); D. Kahneman e A. Tversky, eds., *Choices, values, and frames* (Nova York: Cambridge University Press, 2000); A. Newberg e M. R. Waldman, *Why we believe what we believe* (Nova York: Free Press, 2006); e S. Wang e S. Aamodt, "Your brain lies to you", *New York Times*, 27 de junho de 2008.
202 A crise financeira de 2008: Veja M. Lewis, *The big short: Inside the doomsday machine* (Nova York: Norton, 2010); R. Lowenstein, *The end of Wall Street* (Nova York: Penguin, 2010); S. Patterson, *The quants: How a new breed of math whizzes conquered Wall Street*

and almost destroyed it (Nova York: Crown, 2010); R. Reich, Aftershock (Nova York: Knopf, 2010); e A. R. Sorkin, *Too big to fail* (Nova York: Viking, 2009).

203 afirmativa de Freud: Esse comentário tem sido creditado a Sigmund Freud nas cartas escritas a Carl Jung e a Marie Bonaparte. E também aparece em uma publicação de Freud de 1930 *Civilization and its discontents*. (Nova York: Norton, 1969).

203 Crítica da economia: Veja J. Fox, *The myth of the rational market: A history of risk, reward, and delusion on Wall Street* (Nova York: Harper Business, 2009); P. Krugman, "How did economists get it so wrong?", *New York Times Magazine*, 6 de setembro de 2009; D. Leonhardt, "Theory and morality in the new economy", *New York Times Book Review*, 23 de agosto de 2009; S. Marglin, "Why economists are part of the problem", *Chronicle Review*, 27 de fevereiro de 2009; e D. Rushkoff, "Economics is not natural science", 13 de agosto de 2009, disponível on-line em http://www.edge.org/3rd_culture/rushkoff09/rushkoff09_index.html.

204 Ligando as várias ciências: Veja E. O. Wilson, *Sociobiology* (Cambridge, MA: Harvard University Press, 1975); e *Consilience: The Unity of knowledge* (Nova York: Vintage, 1999).

205 Interesse em declínio por humanidades: Veja J. Engell e A. Dangerfield, *Saving higher education in the age of money* (Charlottesville: University of Virginia Press, 2005); A. Kronman, *Education's end: Why our colleges and universities have given upon the meaning of life* (New Haven: Yale University Press, 2008); e L. Menand, *The marketplace of ideas* (Nova York: Norton, 2009).

205 cientistas reivindicaram grande parte do território deste livro: W. Chace, "The decline of the English department", *American Scholar* (outono de 2009).

207 Filosofia experimental: A. Appiah, *Experiments in ethics* (Cambridge, MA: Harvard University Press, 2008).

207 Um famoso debate: Veja P. Gordon, *Continental divide: Heidegger, Cassirer, Davos* (Cambridge, MA: Harvard University Press, 2010).

markgraph

Rua Aguiar Moreira, 386 - Bonsucesso
Tel.: (21) 3868-5802   Fax: (21) 2270-9656
e-mail: markgraph@domain.com.br
Rio de Janeiro - RJ